BIBLIOTHÈQUE CHINOISE

Collection dirigée

par

ANNE CHENG

Professeur titulaire de la Chaire d'histoire intellectuelle de la Chine au Collège de France

MARC KALINOWSKI

Directeur d'études à l'École pratique des Hautes Études

STÉPHANE FEUILLAS

Professeur de littérature et philosophie chinoises classiques à l'Université Paris-Diderot

LIVRES DE MORALE RÉVÉLÉS PAR LES DIEUX

善書八種

BIBLIOTHÈQUE CHINOISE

Collection dirigée par Anne Cheng, Marc Kalinowski et Stéphane Feuillas
Édition bilingue (texte et traduction)

Parus

YANG Xiong, *Maîtres mots*, traduction par Béatrice L'Haridon.

La Dispute sur le sel et le fer (Yantielun), traduction par Jean Levi.

Dix-neuf poèmes anciens, traduction par Jean-Pierre Diény.

SU Shi, *Les Commémorations*, traduction par Stéphane Feuillas.

WANG Chong, *Balance des discours. Destin, Providence et Divination*, traduction par Marc Kalinowski.

YI I, *Principes essentiels pour éduquer les jeunes gens (Kyŏngmong yogyŏl)*, traduction par Isabelle Sancho.

Écrits de Maître Wen (Wenzi), traduction par Jean Levi.

Écrits de Maître Guan (Guanzi), traduction par Romain Graziani.

ZHU Xi, LU Jiuyuan, *Une controverse lettrée*, traduction par Roger Darrobers et Guillaume Dutournier.

Livres de morale révélés par les dieux, traduction par Vincent Goossaert.

LU Jia, *Nouveaux discours*, traduction par Stéphane Feuillas et Béatrice L'Haridon.

FAXIAN, *Mémoire sur les pays bouddhiques* (*Foguo ji*), traduction par Jean-Pierre Drège.

ZHU Xi, *Mémoire scellé sur la situation de l'empire*, traduction par Roger Darrobers.

YANG Xuanzhi, *Mémoire sur les monastères bouddhiques de Luoyang*, traduction par Jean-Marie Lourme.

LIU Zhiji, *Traité de l'historien parfait (Shitong)* (dynastie Tang), traduction par Damien Chaussende.

FUJIWARA NO AKIHIRA, *Notes sur de nouveaux divertissements comiques*, traduction par Francine Hérail.

WANG Shifu, *Le Pavillon de l'Ouest (Xixiang ji)* (dynastie des Yuan), traduction par Rainier Lanselle.

Trois pièces du théâtre des Yuan, traduction par Isabella Falaschi.

DU Fu, *Poèmes de jeunesse, Œuvre poétique I*, traduction par Nicolas Chapuis.

Écrits de Maître Xun (Xunzi), traduction par Ivan Kamenarović.

Notes diverses sur la capitale de l'Ouest, traduction par Jacques Pimpaneau.

KANG Youwei, *Manifeste à l'Empereur*, traduction par Roger Darrobers.

À paraître

NAKAE Chômin, *Écrits sur Rousseau*, (XIXe siècle), traduction d'Eddy Dufourmont et Jacques Joly.

BIBLIOTHÈQUE CHINOISE

LIVRES DE MORALE RÉVÉLÉS PAR LES DIEUX

善書八種

TEXTES PRÉSENTÉS, TRADUITS ET ANNOTÉS
PAR
VINCENT GOOSSAERT

Deuxième tirage

PARIS
LES BELLES LETTRES
2017

La traduction de ce volume a été revue par Marc Kalinowski.
Cet ouvrage à été mis en page par Rudy Nimsguerns.
Les éditeurs tiennent à remercier Marie-José D'Hoop pour son concours en vue de cette édition.

95, boulevard Raspail, 75006 Paris
www.lesbelleslettres.com

ISBN : 978-2-251-10011-1

À la mémoire de mon père,
qui savait vraiment ce que sont la bonté et la morale

Remerciements

Je suis très reconnaissant à Anne Cheng et Marc Kalinowski d'avoir accueilli ce travail dans la collection « Bibliothèque chinoise » qu'ils dirigent. Je remercie également les collègues et amis qui m'ont aidé dans l'étude des livres de morale, notamment deux grands savants que sont Wang Chien-ch'uan et Yau Chi-on, qui ont répondu à mes questions ininterrompues et ont mis leur très riche documentation à ma disposition, Pierre-Henry de Bruyn, pour ses précieuses suggestions, et Isabelle Charleux, pour sa lecture avisée.

Une partie importante des textes traduits ici ont été lus et discutés en 2011 lors d'un séminaire doctoral avec mes étudiants, notamment Chiang Fu-chen, Wen Lin-chun, Julie Remoiville, Eva Salerno et Marc Lebranchu, dont les remarques, questions et critiques m'ont aidé à approfondir ma lecture des textes : qu'ils en soient remerciés.

INTRODUCTION GÉNÉRALE

Les livres de morale, *shanshu* 善書[1], sont encore peu étudiés et traduits en langues occidentales en dépit de leur importance fondamentale dans la pratique sociale, éthique et religieuse en Chine, depuis le XIIe siècle jusqu'à nos jours[2]. On peut les définir comme des ouvrages destinés à exhorter leurs lecteurs, par le raisonnement et l'exemple, à se conduire vertueusement. Ces exhortations se fondent sur la notion, commune à l'ensemble de la religion chinoise, de la rétribution morale des actes (*bao* 報), notion que l'on trouve également exprimée, quoique sur des bases théologiques distinctes, dans les classiques des Trois Enseignements (confucianisme, bouddhisme et taoïsme). Par religion chinoise, j'entends ici l'ensemble des croyances et pratiques faisant appel aux ressources (textes, clergés, rites, symboles) des Trois Enseignements tout en étant le plus souvent largement indépendantes[3]. Les livres de morale, en accord avec les Trois Enseignements, affirment que tout acte vertueux (*shan* 善) entraîne, immédiatement

1. Littéralement « bons livres ».

2. La première synthèse sur les livres de morale et leur importance dans la culture chinoise était Eberhard, *Guilt and Sin*, paru en 1967 ; les principaux travaux récents sont : Sakai Tadao, *Zōho Chūgoku zenshu ;* Brokaw, *Ledgers ;* Yau Chi-on, *Quanhua jinzhen*, *Shan yu ren tong* et *Shanshu yu Zhongguo zongjiao ;* et Zheng Zhiming, *Zhongguo shanshu yu zongjiao*. Je reprends et développe ici des passages tirés de mon *Interdit du bœuf*, chapitre IV.

3. Pour une discussion de la notion de « religion chinoise », voir Goossaert, « Religions chinoises ».

ou à terme, des conséquences favorables – des bénédictions, *fu* 福 –, tandis que les actes vicieux (*e* 惡) entraînent des conséquences défavorables – des malédictions, *huo* 禍. Ils mettent en garde le lecteur contre les punitions qu'entraînent les péchés et les enjoignent à faire leur salut en leur prescrivant de façon concrète un programme de vie pure menant à une bonne mort voire à la divinisation.

Les livres de morale : définition et histoire

Les livres de morale constituent une catégorie bibliographique largement reconnue depuis le XVIe siècle, définie par leurs buts et non par leurs formes. Les continuités avec d'autres genres littéraires sont nombreuses, et les limites parfois difficiles à établir précisément avec les règles et instructions familiales (*jiaxun* 家訓), les recueils de maximes des grands penseurs (*geyan* 格言), les saints édits impériaux (*shengyu* 聖諭) avec leurs commentaires et adaptations[4], les écritures canoniques (*jing* 經) bouddhiques et taoïstes, les manuels de fonctionnaires (*guanzhen* 官箴) dont certains ont une forte dimension moralisatrice, les encyclopédies (*leishu* 類書), les livres d'éducation populaire ou de pédagogie (*mengxue* 蒙學), certains récits édifiants (*baojuan* 寶卷) issus des groupes dévotionnels, les ballades et autres formes de littérature orale véhiculées par les conteurs, voire certains romans et pièces de théâtre édifiants qui se donnent explicitement comme des

4. Il existait déjà des saints édits sous les Ming, mais ce terme désigne habituellement les seize maximes proclamées par l'empereur Kangxi en 1670 et le commentaire (*Shengyu guangxun* 聖諭廣訓) de l'empereur Yongzheng composé en 1724. Ce dernier texte devait être lu en public (*xuanjiang* 宣講) dans tous les villages les 1er et 15e jours du mois ; il existe une floraison de textes commentant et adaptant le *Shengyu guangxun* à une prédication orale simple : voir Mair, « Language and Ideology ».

commentaires narratifs des livres de morale[5]. Les recoupements entre ces genres sont nombreux tant dans le style que dans l'objet, car ils font unanimement référence à une morale commune, accordant une place cruciale au respect des relations sociales normatives et des vertus correspondantes, en particulier la piété filiale. Néanmoins, par rapport à tous ces autres genres, les livres de morale se distinguent par une insistance particulière sur les lois de la rétribution et la sanction divine des actes humains.

Historiquement, le genre *shanshu* s'est formé progressivement. Une première étape, sous les Song (960-1279), voit l'apparition de deux textes appelés à devenir des classiques, où l'inspiration taoïste est dominante : les « Versets du Très-Haut sur les effets des actes », *Taishang ganyingpian* 太上感應篇, le plus ancien, révélé entre le XIe et le XIIe siècle ; et le « Barème des mérites et démérites de l'immortel seigneur de la Grande Ténuité », *Taiwei xianjun gongguoge* 太微仙君功過格 (1171). D'autres textes révélés, proposant également un programme moral complet et non confessionnel (c'est-à-dire non limité aux membres d'un groupe religieux spécifique), se forment entre les XIIIe et XVe siècles, comme les « Exhortations laissées par le seigneur suprême du Ciel noir du mont Wudang », *Wudangshan Xuantian shangdi chuixunwen* 武當山玄天上帝垂訓文, qui sera par la suite renommé « Règles de jade et d'or du seigneur suprême du Ciel noir », *Xuantian shangdi jinke yulü* 玄天上帝金科玉律. La fin du XVIe siècle voit l'essor très rapide de nouveaux textes, et leur promotion comme guides normatifs de la conduite individuelle dans une partie importante des milieux lettrés : Yuan Huang 袁黃 (1533-1606) propage l'usage des barèmes de mérites et démérites (*gongguoge* 功過格) qui permettent de quantifier bonnes et mauvaises actions et d'en tenir soi-même les comptes[6]. À la même époque le culte

5. Durand-Dastès, *La Conversion de l'Orient*, p. 201-205.
6. Brokaw, *Ledgers*.

de Wenchang 文昌 favorise la formation de nouveaux textes révélés, dont notamment le « Texte des récompenses invisibles, par le seigneur Wenchang », *Wenchang dijun yinzhiwen* 文昌帝君陰騭文.

Les textes de référence les plus cités et les plus commentés tout au long de la période des Qing forment un trio qui achève de se constituer au XVIIe siècle : au *Taishang ganyingpian* et au *Wenchang dijun yinzhiwen* qui se forme à la fin des Ming vient s'ajouter l'« Authentique révélation pour éveiller le monde, par le seigneur saint Guan », *Guansheng dijun jueshi zhenjing* 關聖帝君覺世真經, qui apparaît quelques décennies plus tard. Le *Yinzhiwen* et le *Jueshi zhenjing* sont deux textes très concis (environ 650 caractères chacun), semblables au *Taishang ganyingpian* dans leur structure et leur inspiration. Si, comme le souligne Yau Chi-on, ces trois classiques du genre *shanshu* sont tous présents dès les environs de 1700, les XVIIIe et XIXe siècles seront l'âge d'or des livres de morale : l'abondance des commentaires et des élaborations, et la diffusion très large d'éditions toujours plus nombreuses feront des livres de morale le type de livre le plus répandu et le plus influent dans toutes les couches de la société à cette période[7]. Un propos courant chez les missionnaires en Chine au début du XXe siècle, bien que difficile à étayer précisément, voulait que dans l'histoire de l'humanité le *Taishang ganyingpian* ait été imprimé en plus d'exemplaires que la Bible[8].

Le contenu des livres de morale relève de trois grandes catégories : les révélations émanant de dieux, en général relativement courtes, sous forme de texte doctrinal ou de poème ; les commentaires à ces écritures, faisant eux-mêmes intervenir des explications didactiques, des anecdotes éclairant la rétribution liée aux divers péchés, des citations d'auteurs anciens (classiques, philosophes) ainsi que d'autres révélations ; enfin

7. Yau Chi-on, *Quanhua jinzhen*, p. 8.
8. Suzuki & Carus, *Treatise on Response & Retribution*, p. 3.

des barèmes permettant de compter les mérites et démérites. Le présent volume privilégie la première catégorie, fondatrice, mais ces éléments s'y combinent généralement, car les livres de morale sont par nature cumulatifs et anthologiques ; ils se répètent et se recopient très fréquemment. En particulier, les livres de morale associent systématiquement des textes révélés par les dieux avec d'autres écrits composés par des humains.

Leur structure prosodique limpide distingue les livres de morale des essais philosophiques d'un côté, à la prose complexe, faits pour être lus et médités, et des textes liturgiques de l'autre, faits pour être appris par cœur et chantés, et souvent très denses en figures de style et en allusions. La langue classique simple des *shanshu* (plus accessible au lecteur dont le niveau d'éducation est modeste, que la langue vernaculaire très fleurie des romans) est faite de phrases parallèles de rythme plus ou moins régulier (souvent de quatre ou six caractères), mais sauf exception non rimées. On peut réciter ces textes pour soi (ils étaient souvent appris par cœur et récités chaque jour par des pratiquants dévots), mais ils ne sont pas, sauf exception, intégrés à une liturgie formelle[9] ; leur format est de plus peu adapté à la lecture publique, où ils seraient peu aisément compréhensibles aux auditeurs. Leur vocabulaire est relativement simple, et les allusions littéraires rares, puisqu'ils sont faits pour exhorter et convaincre le plus grand nombre possible de personnes ; les traduire ici ne vise donc pas à révéler un trésor littéraire ou philosophique, mais plutôt à rendre accessible en français des textes qui ont connu et connaissent encore une diffusion et un impact extrêmement important dans la société chinoise. Les livres de morale ne nous offrent pas de théorie sur l'origine et la nature du mal ; ils nous exhortent à nous en débarrasser et nous expliquent comment procéder. On ne saurait pour

9. Dans certains cas, des *shanshu* sont chantés dans un contexte liturgique, comme chez les Hakka du sud de Taiwan.

autant exagérer leur aspect « populaire » ; cette prose ramassée reste malgré tout peu accessible aux auditeurs si elle est lue à voix haute. Le message des livres de morale a également été adapté et diffusé par le théâtre, les ballades chantées et les prédicateurs. Cependant, leur forme révélée a été, de part son format se prêtant à une circulation de masse, un vecteur de diffusion essentiel au sein de toute cette partie de la population sachant lire sans avoir pour autant suivi une formation lettrée complète.

Cette spécificité stylistique des livres de morale détermine donc des modes de diffusion propres, qui jouent aussi un grand rôle dans la construction du genre *shanshu*. Si bon nombre de livres de morale, notamment dans leurs éditions illustrées et abondamment commentées par de grands lettrés, ont circulé et circulent encore par les réseaux habituels des presses commerciales, le moyen privilégié a été celui de la distribution gratuite. L'État impérial a souvent encouragé et financé l'impression et la distribution de livres de morale au titre de l'éducation morale du peuple (*jiaohua* 教化), et au XXe siècle diverses organisations ont pris le relais pour les distribuer dans les écoles, les prisons et les armées[10]. De nos jours, le visiteur entrant dans un temple chinois, que ce soit à Shanghai, à Taipei ou à Paris, trouve le plus souvent des étagères couvertes de livres (ainsi désormais que des CD et DVD) offerts à qui veut les prendre, imprimés et donnés aux temples (ou restaurants végétariens ou autres lieux) par toutes sortes d'institutions charitables. On y trouve bon nombre de sutras et sermons bouddhiques, mais il est fort rare de n'y pas trouver au moins deux ou trois des textes traduits ici. Pour être gratuits, ces textes n'en sont pas moins traités avec respect et abondamment lus[11]. Internet a bien sûr été rapidement

10. Kiely, « Shanghai Public Moralist ».

11. Ling Chi-Shiang, « Morality Books and the Moral Order » ; Clart, « Merit beyond Measure ».

adopté par les activistes cherchant à diffuser les livres de morale, et les textes reproduits ici s'y trouvent, souvent en de nombreuses versions différentes : des sites spécialisés proposent de télécharger des centaines de livres de morale différents[12]. La présente anthologie est consacrée aux classiques anciens du genre, mais il faut garder à l'esprit que celui-ci est bien vivant et continue à inspirer, à un rythme qui ne faiblit pas, non seulement de nouvelles interprétations (commentaires, bandes dessinées, romans) mais aussi de nouvelles révélations.

Fondements doctrinaux

Composés sur plus de huit siècles, dans des milieux très divers, les livres de morale ne présentent pas une absolue cohérence doctrinale, et puisent à diverses sources. Parmi celles-ci se trouvent les préceptes moraux, *jie* 戒, que les adeptes jurent d'observer à chaque niveau d'initiation, dans le bouddhisme comme dans le taoïsme. Si un très vaste ensemble de préceptes de ce type existe, il convient de signaler ici le texte le plus ancien et à de nombreux égards fondamental : le *Laojun yibaibashi jie* 老君一百八十戒, « Les Cent Quatre-Vingts Préceptes de Laojun »[13], qui semble dater du IIe ou IIIe siècle de notre ère et a servi de texte normatif fondamental à l'Église du Maître céleste (Tianshidao 天師道), la première organisation taoïste structurée connue dans les sources. On y trouve déjà la quasi-totalité des thèmes qui seront développés plus tard dans les livres de morale, ce

12. Voir par exemple 中文善書网 http://www.sharebook.net/index0.htm, consulté le 11 mars 2011.

13. Ce texte semble être issu du Taipingdao 太平道 et avoir été transmis par le Tianshidao. Il a été conservé en quatre versions différentes dans le Canon taoïste, notamment dans *Yunji qiqian*, 39.1a-14b. Voir Schipper, « Daoist Ecology », et Hendrischke & Penny, « *The 180 Precepts Spoken by Lord Lao* ».

qui montre bien le rôle crucial des traditions taoïstes dans la formation de ce genre.

Certains fondements doctrinaux cependant se retrouvent dans l'ensemble des productions du genre. Le premier, évidemment, est que tout acte (y compris mental) entraîne immanquablement des conséquences. Ce principe reste valable que l'on considère le mécanisme de la rétribution comme spontané, par écho, *ganying* 感應, ou comme le travail d'une bureaucratie morale de l'au-delà – et aucun des Trois Enseignements n'est univoque sur ce point. Si de nombreux essais doctrinaux, aussi bien confucianistes que bouddhiques, ont mis l'accent sur une théologie morale sans acteur divin (les bonnes actions entraînent naturellement des conséquences favorables, sans qu'il soit besoin d'invoquer des dieux accordant des « récompenses »), les livres de morale dans leur grande majorité font intervenir une bureaucratie divine (en large partie d'inspiration taoïste) en charge de la surveillance des humains et de l'administration de la rétribution. Certains textes (notamment le *Taishang ganyingpian*) détaillent cette bureaucratie, voire mettent en place un véritable système de surveillance avec des soldats divins suivant en permanence chaque humain, d'autres se limitent au rôle du dieu qui les révèle, mais toutes s'appuient sur une conception légaliste et bureaucratique. Les descriptions des tribunaux des enfers (ou plutôt, du purgatoire), dont le *Calendrier de Jade* est le grand classique, en sont l'expression la plus développée.

Paul Katz et Alan Bernstein, qui ont comparé le développement du jugement des morts en Chine et en Europe médiévale, ont souligné le parallèle entre ces deux processus de formalisation et de codification du jugement moral, mais aussi la spécificité du cas chinois, où le formalisme légaliste (code de loi, enregistrement systématique des bonnes et mauvaises actions au cours de la vie, procédures d'appel et recours à témoins) est beaucoup plus prononcé qu'en contexte chrétien[14]. De fait, l'essor des livres de morale est étroitement lié à la notion d'un code formel et écrit régissant l'ensemble des habitants du monde. Cette notion émerge au plus tard à l'époque des Han (IIe siècle avant notre ère-IIe siècle après), parallèlement à la bureaucratisation de l'empire ; le même terme, *zui* 罪, signifie « crime » devant la justice humaine et « péché » devant les dieux. Cependant, les plus anciens textes taoïstes nous montrent que les Chinois entretenaient alors des doutes sur la valeur morale et l'intégrité des juges de l'au-delà, et craignaient les punitions arbitraires, si bien que ces textes évoquent surtout les recours rituels possibles face aux punitions infligées par la bureaucratie de l'au-delà[15]. L'apport du bouddhisme a certainement contribué à progressivement renforcer l'idée d'un code moral universel (même si en permanente évolution) et à asseoir la confiance dans une administration neutre et fiable chargée de l'appliquer à tous. L'idée s'impose alors que la justice humaine est un aspect imparfait de la justice universelle, les deux partageant les mêmes valeurs et procédures et s'étalant sur un continuum permettant de faire appel devant les dieux des décisions des juges humains[16]. Dans le même temps, la peur des juges et les solutions rituelles pour les mettre de son côté ménagent une place à la confession et à l'espoir d'une grâce ; la tension dynamique entre une application mécanique du code moral universel (l'automaticité de la rétribution) et la possibilité du pardon par la dévotion, par le rituel, ou par les actes traverse l'ensemble des livres de morale.

Les barèmes de mérites et démérites qui apparaissent au XIIe siècle sont un reflet de cette confiance, puisqu'ils font connaître les règles par lesquelles les dieux augmentent ou diminuent la durée de vie des humains. Aux XIe-XIIIe siècles, à

14. Bernstein & Katz, « The Rise of Postmortem Retribution ».
15. Kleeman, « Exorcising the Six Heavens ».
16. Katz, *Divine Justice*.

la même époque où sont révélés le *Taishang ganyingpian* et le premier barème de mérites et démérites, de nouvelles traditions taoïstes compilent aussi des « codes des démons » (*guilü* 鬼律), qui sont des codes de loi, sur le même modèle que le code pénal impérial, régissant les actions non seulement des humains mais aussi des dieux, et surtout des esprits malfaisants, qu'il s'agit de discipliner (d'où leur nom), et punissant de façon graduée (souvent, pour les humains, en nombre d'années de vie) toutes les infractions possibles contre l'ordre moral de l'univers. Cette conception bureaucratique et légaliste qui sous-tend les premiers livres de morale accompagnera le développement du genre jusqu'à aujourd'hui ; l'un de ses achèvements les plus spectaculaires fut la révélation, au milieu du XIXe siècle, et dans un contexte où les milieux produisant les livres de morale s'engageaient dans une vision eschatologique de plus en plus marquée, d'un immense code de loi moral universel, couvrant des centaines de pages : le *Yuding jinke jiyao* 玉定金科輯要, « Compilation des règles d'or, sur ordre de l'empereur de Jade ». Ce livre fut par la suite adopté et largement diffusé par une des organisations religieuses les plus importantes de la première moitié du XXe siècle, le Daoyuan 道院, l'une des « sociétés rédemptrices » qui transmirent la morale traditionnelle en Chine moderne[17].

Cette vision légaliste de la rétribution est très étroitement articulée dans les livres de morale à une vision du salut, individuel le plus souvent, collectif dans certains cas. Si les *shanshu* mettent parfois beaucoup plus l'accent sur la punition des péchés que sur la récompense des vertus, les deux demeurent liés. Et, si punitions comme récompenses concernent souvent cette vie (maladie ou santé, progéniture, carrière, durée de

17. Sur les sociétés rédemptrices, voir Goossaert & Palmer, *Religious Question*, chapitre IV ; sur le Daoyuan, voir aussi DuBois, « The Salvation of Religion? », Young, « Sanctuary of the Tao » ; sur le *Yuding jinke jiyao*, voir Sakai Tadao, *Zōho Chūgoku zenshu*, vol. 2, p. 217-222.

vie), il ne s'agit pas uniquement de s'assurer une vie agréable : les pécheurs subiront une mort non naturelle et ne pourront devenir des ancêtres, ils deviendront des âmes errantes – la damnation à la chinoise. Les hommes de bien en revanche, après une vie longue et couronnée de succès, connaîtront des promotions dans l'au-delà. Comme l'a bien montré Philip Clart, les activistes qui diffusent les livres de morale et pratiquent la charité ont bien souvent comme motivation première leur propre divinisation *post mortem*[18]. Déjà le *Taishang ganyingpian* promettait l'immortalité aux individus capables de mettre en œuvre son programme moral ; de telles promesses sont réitérées dans toutes les révélations ultérieures.

Si promesse de salut et menace de damnation sont le plus souvent individuelles, les livres de morale les plus marqués par les courants eschatologiques qui traversent l'ensemble de l'histoire religieuse de la Chine les transposent sur le plan collectif. C'est l'ensemble de l'humanité qui, ayant accumulé les fautes, est menacée de damnation, et il appartient donc aux hommes de bien de former des communautés d'élus capables de se repentir et d'être épargnés lors de l'apocalypse (*jieshu* 劫數) plus ou moins imminente. Le *Xuantian shangdi chuixunwen* est le premier livre de morale à rendre cette dimension eschatologique explicite, et il sera suivi d'autres, notamment au XIXe siècle. À partir des années 1840, en effet, de nombreux textes révélés relatent que l'empereur de Jade avait décidé d'anéantir l'humanité pour ses péchés et que Guandi 關帝 a obtenu un sursis pour essayer de sauver le plus possible d'humains, en multipliant la révélation de livres de morale[19].

18. Clart, « Confucius and the Mediums ».

19. Wang Chien-ch'uan, « Taiwan "Guandi dang Yuhuang" chuanshuo de youlai » ; Yau Chi-on, « Fuhua yunei », p. 225-228.

Révélations

Les livres de morale attribués aux dieux sont issus de diverses techniques de révélation, dont les principales sont le rêve et, surtout, l'écriture inspirée, *fuji* 扶乩 ou *fuluan* 扶鸞. L'écriture inspirée est organisée par un groupe consacré au culte d'un (ou plusieurs) dieu(x) : lors des réunions du groupe, après purification des membres et invitation du dieu, l'un ou deux des membres agissant en médium(s) entre(nt) en transe et est/sont possédé(s) par le dieu. Il ou elle, tenant un bâton de bois consacré en forme de Y, écrit alors sur un support (papier, cendres, sable, ou même dans l'air) des caractères qui sont copiés par un scribe et vérifiés par les autres membres du groupe avant d'être collectés et éventuellement publiés[20]. L'écriture inspirée produit un nombre considérable de textes, dont les livres de morale ne sont qu'une petite partie, la plus diffusée et la plus universelle, mais qui doit aussi prendre sens au sein d'autres révélations, plus personnelles et contextuelles. De fait, même dans les livres de morale, les propos d'ordre général (comment être une bonne personne, comment faire son salut) sont insérés dans un discours où le dieu qui parle à la première personne s'adresse à ses dévots : cette communication directe et personnelle contribue pour beaucoup à l'impact des *shanshu*.

La personnalisation du discours reste assez limitée dans les premiers *shanshu* mais s'accroît avec le temps. Chaque dieu révélateur tend en effet à s'y présenter comme sauveur universel et unique planche de salut. Ce discours, que l'on pourrait penser relever de formes « populaires » et « sectaires » de religion, se retrouve en réalité aussi dans des écrits associés aux élites

---

20. Sur l'histoire de cette pratique, voir notamment Kleeman, *A God's Own Tale*, p. 8-16, Jordan & Overmyer, *Flying Phoenix*, et Xu Dishan, *Fuji mixin de yanjiu*.

lettrées. Ainsi, dans le *Jiujie baojing* 救劫寶經, « Précieuse révélation pour sauver les hommes de l'apocalypse » (début de la période des Qing), l'un des plus diffusés parmi les livres de morale révélés par Wenchang, le saint patron des lettrés, ce dernier se présente comme chargé par le Ciel (Tiandi 天帝) de sauver l'humanité immorale condamnée à sa perte à court terme, ce qu'il fait non par les grâces accordées, mais par l'enseignement de la morale. Il exige des hommes à la fois de réformer leurs pratiques et de réciter tous les jours son texte, ainsi que le *Taishang ganyingpian* et les invocations de cinq dieux taoïstes majeurs. Une telle élévation des dieux révélant les livres de morale au statut de sauveurs de l'humanité devient de plus en plus courante aux XIXe et XXe siècles, et semble intimement liée à la dynamique propre à la pratique des révélations par l'écriture inspirée.

L'écriture inspirée était une pratique courante depuis le début des Song au plus tard. Cependant, la plupart des révélations par l'écriture inspirée des époques Song et Yuan étaient encore plus ou moins contrôlées par les taoïstes qui encadraient les médiums ; à partir du XVIe siècle, ce sont surtout des groupes laïcs indépendants qui pratiquent le *fuji* et diffusent leurs enseignements par ce moyen, alimentant l'essor prodigieux de la production de livres révélés. Le clergé bouddhiste n'encouragea jamais l'écriture inspirée, ce qui n'empêcha pas de très nombreux bouddhistes laïcs de la pratiquer avec enthousiasme[21]. Enfin, le mouvement de production des livres de morale est étroitement lié à celui de création de fondations charitables, *shantang* 善堂[22], qui mettaient en œuvre le programme moral ainsi révélé, et qui souvent se formaient à partir des groupes pratiquant l'écriture inspirée.

21. Fan Chunwu, « Jinxiandai Zhongguo fojiao yu fuji ».

22. Sur l'histoire des fondations charitables, voir Liang Qizi, *Shishan yu jiaohua* ; Fuma Susumu, *Chūgoku zenkai zendōshi kenkyū* et Smith, *The Art of Doing Good.*

Un très grand nombre de dieux ont révélé des livres de morale au cours de l'histoire ; ceux qui ont connu le plus grand impact, cependant, émanèrent des grands dieux nationaux, souvent issus de cultes locaux et promus dans le panthéon taoïste avant d'être reconnus par l'État impérial. La présente anthologie inclut des textes de chacun de ces dieux les plus importants, qui seront présentés en introduction au texte qui les concerne : Wenchang ; Guandi ; Lü Dongbin 呂洞賓 (patriarche Lü 呂祖), notamment. Collectivement, ces trois dieux représentent l'idéal de la religion chinoise lettrée, combinant les trois autorités morales (clergés confucianistes, taoïstes et bouddhistes), et font figure de trinité suprême du panthéon des *shanshu* ; à Taïwan, dans de nombreux temples où l'on pratique l'écriture inspirée, ils sont vénérés sous le titre de Trois Bienfaiteurs (San enzhugong 三恩主公).

La multiplication exponentielle des révélations entraîna deux types de formation de corpus. D'une part, des groupes de dévots rassemblèrent l'ensemble des révélations (qu'ils jugeaient authentiques) d'un dieu donné. Ainsi, un même auteur, Liu Qiao 劉樵 (surnom Tishu 體恕, fl. 1740), compila successivement les révélations complètes de Guandi (*Wudi huibian* 武帝彙編), de Wenchang (*Wendi quanshu* 文帝全書) et du patriarche Lü (*Lüzu quanshu* 呂祖全書, 1744). Ces anthologies servirent de base à d'autres éditeurs qui par la suite les complétèrent et les republièrent. Par ailleurs, vers la même époque, des auteurs compilèrent et publièrent des anthologies plus courtes, comprenant les principaux livres de morale, quelques commentaires, ainsi, souvent, que d'autres textes religieux (les calendriers des fêtes et jeûnes et les anniversaires des principaux saints ; des remèdes médicaux ; des incantations d'usage courant), formant ainsi des sortes de catéchismes de la religion chinoise, très largement diffusés et définissant les fondements d'une culture religieuse commune. Deux bons exemples en sont le *Jingxinlu* 敬信錄, « Anthologie de la foi respectueuse » (première édition en 1749) et le *Chenzhonglu* 晨鍾錄, « Anthologie de la cloche matinale » (première édition en 1763). Ces deux types de corpus jouèrent un rôle fondamental dans la mise en ordre et l'émergence de principes d'autorité dans un champ religieux extrêmement ouvert et en perpétuelle expansion.

Le discours des livres de morale et la religion chinoise

Un des traits les plus caractéristiques des livres de morale est l'œcuménisme : si la dénonciation des pécheurs est violente, le discours qui s'y déploie cherche à rassembler tous les gens de bien. Les livres de morale n'adoptent pas d'approche confessionnelle et échappent totalement, dans leur élaboration et leur diffusion, aux institutions cléricales, qui au demeurant s'y rallient. Les *shanshu* sont l'une des plus importantes expressions de la religion chinoise dans son ensemble, et minimisent la concurrence entre les trois autorités morales. On y trouve certes des éléments anticléricaux, mais ce sont des expressions de l'anticléricalisme croyant[23], qui critique le mode de vie des religieux bouddhistes, taoïstes ou confucianistes sans remettre en question ces religions en tant que systèmes doctrinaux et symboliques. En d'autres termes, les livres de morale décrivent un monde à la fois très religieux et très sécularisé (au sens où les individus jouissent d'une très grande autonomie morale vis-à-vis des institutions religieuses). En cela aussi, les *shanshu* se distinguent d'autres genres littéraires avec lesquels ils présentent par ailleurs de fortes continuités : les *shanshu* encouragent la piété sous toutes ses formes (le *Yinzhiwen* et le *Jueshi zhenjing* enjoignent à leurs lecteurs de construire des temples et de prier), alors que d'autres genres à connotation morale (saints édits, règles familiales, manuels de fonctionnaires) mettent au contraire en garde contre la plupart

23. Sur l'anticléricalisme et ses types en contexte chinois, voir Goossaert (dir.), « Anticléricalisme en Chine ».

des activités religieuses collectives. Ces différents textes sont pourtant souvent produits et diffusés par les mêmes milieux. Il ne s'agit pas vraiment d'une contradiction, mais plutôt de différences propres aux genres littéraires : tandis que certains textes sont d'orientation nettement confessionnelle – par exemple, les saints édits et les règles familiales expriment l'orthodoxie du confucianisme dans ses deux dimensions, religion d'État et religion familiale –, les *shanshu* délimitent un champ commun à l'ensemble de la religion chinoise et n'abordent pas ou presque pas les éléments trop spécifiques à chaque confession. En d'autres termes, les *shanshu* sont par essence consensuels, et ils ne peuvent être autrement, faute du soutien d'institutions capables d'imposer leur système de valeur ; ils n'ont d'influence que dans la mesure où ils sont librement reconnus et acceptés. Pour autant, tous les *shanshu* ne disent pas la même chose ; certains véhiculent des thèmes polémiques et se démarquent d'une attitude purement conservatrice ; le genre a de plus une histoire, et son discours évolue au cours des générations.

La définition des livres de morale comme genre « consensuel » ne peut faire oublier qu'ils sont écrits par des lettrés. Mais, si certains *shanshu* parlent principalement du monde des lettrés, la plupart partagent le souci plus universel de trouver des fondements éthiques communs à toute l'humanité et de construire les bases d'une société où chacun puisse dignement tenir sa place. En d'autres termes, si la formulation est lettrée, les préoccupations dont elle est l'expression transcendent les classes sociales. Les *shanshu* constituent par conséquent l'une des facettes de la vision des lettrés chinois sur la société, et cette vision est plus « religieuse » et plus ouverte à la « culture populaire » que celle véhiculée par d'autres genres littéraires. Certains auteurs, notamment l'historien japonais Sakai Tadao, ont vu dans les livres de morale un outil pour populariser les valeurs morales de l'élite. Une influente tradition historiographique, en effet, voit dans tout livre de morale une sorte de vulgarisation du confucianisme[24]. Sans nier toute validité à cette approche, il me semble que les apports du bouddhisme et du taoïsme à la morale commune défendue par les *shanshu* sont également cruciaux – qualifier le *Taishang ganyingpian* de confucianiste, comme on le lit souvent, me paraît réduire dramatiquement le sens du texte ; de toute manière les livres de morale visent à transcender ces distinctions[25]. Plutôt que de parler de confucianisme populaire, il faudrait définir les livres de morale comme la littérature éthique de la religion chinoise.

Thèmes principaux

Les livres de morale ne sont pas des traités théoriques sur l'éthique : ce sont des manuels d'exhortation mettant en place des techniques de salut, en détaillant des pratiques, extrêmement riches et foisonnantes. Ces pratiques peuvent être rassemblées, pour le bénéfice de l'analyse comparative, en quelques thèmes majeurs, le plus souvent entrecroisés et combinés entre eux de façons multiples[26]. Les rapprochements au sein des énumérations sont d'ailleurs toujours très éclairants quoique souvent inattendus pour le lecteur occidental.

Un premier thème rassemble les rapports humains, qui doivent rester toujours conformes à l'ordre naturel servant de norme fondatrice aux rapports de genre et de filiation.

---

24. Clart, « Confucius and the Mediums », parle plus prudemment de « confucianisme populaire » dans le seul cas des groupes produisant et diffusant des livres de morale et se réclamant explicitement d'une identité confucianiste (*ru* 儒) ; or de tels groupes n'apparaissent qu'au XXe siècle.

25. Le débat sur la nature « confucianiste » ou au contraire « commune/consensuelle » des livres de morale est résumé par Bell, « A Precious Raft », p. 161-163.

26. Eberhard, *Guilt and Sin*, chap. IV, proposait une autre typologie : péchés liés à la sexualité et à l'impureté rituelle, aux rapports entre individus et normes sociales, à la propriété, et aux offenses envers les dieux.

Au cœur de ce thème se trouvent les Cinq Normes sociales (*wuchang* 五常 ou *wulun* 五倫) liant parents et enfants, mari et femme, frères aînés et cadets, souverain et sujet, ami et ami. Ces liens sont sacrés, dans son propre entourage mais aussi chez autrui (causer la désunion d'une famille est un très grave péché). C'est dans ce thème que l'on trouvera l'apport confucianiste le plus évident. À ce thème de la sacralité de la filiation autant que de l'alliance est lié celui de la morale sexuelle, évoqué dans tous les livres de morale et qui fait aussi l'objet de *shanshu* spécialisés. Les injonctions de la morale sexuelle portent moins sur des pratiques spécifiques (même s'il existe de nombreux tabous) que sur la sacralité du mariage qui, en tant qu'alliance jurée devant les dieux et garantie par les ancêtres, est susceptible d'être souillé par toute relation extraconjugale.

La question des rapports humains hors ceux de parenté et d'alliance est dominée par les exigences d'honnêteté (condamnation du vol, du mensonge, de l'abus de pouvoir), de respect (condamnation de la jalousie, de l'insolence envers les professeurs et les aînés, de la médisance) et de charité. La charité est recommandée envers les pauvres de façon générale, mais tout particulièrement envers les veuves et orphelins. Le souci d'autrui s'exprime tant par une attitude intérieure – avoir toujours un cœur compatissant – que par des pratiques caritatives bien précises, notamment la distribution de nourriture, de thé (c'est-à-dire d'eau bouillie, et donc saine) et de vêtements l'hiver, de médicaments, mais aussi, puisque la personne continue à exister au travers de la frontière poreuse de la mort, le respect des défunts, qui s'exerce en particulier par le don de cercueils pour les pauvres et par l'inhumation des corps abandonnés, marques du respect dû à chaque être humain (et aussi, parfois, aux animaux) dans la mort. Ces pratiques sont précisément celles des fondations charitables, les *shantang*, qui mettent en œuvre le programme de moralisation du monde exposé dans les *shanshu*.

L'exigence de compassion et de respect exprimée par les livres de morale ne se limite pas aux humains, elle s'étend à l'ensemble des êtres vivants et au respect de la nature en général. Leur discours de respect de la nature et de la vie, sans pouvoir être assimilé à ce que nous appelons écologie, en recoupe certaines préoccupations[27]. Il se nourrit tant de sources taoïstes (notamment *Les Cent Quatre-Vingts Préceptes de Laojun*) que bouddhiques et confucianistes qui toutes trois se rejoignent pour demander de respecter la vie en toutes circonstances, de tuer et consommer les animaux uniquement pour les besoins des sacrifices aux dieux et aux ancêtres (quelques livres de morale, minoritaires, vont plus loin en exigeant un strict végétarisme), et de ne jamais allumer de feux dans la nature, de ne pas polluer les sources et les rivières, ou de ne pas tuer les insectes ou les jeunes animaux. Les animaux utiles à l'homme et entrant avec lui dans un rapport d'échange – bovins, équidés, chiens –, sont particulièrement sacralisés[28].

Un autre thème majeur est celui du respect des dieux et des règles de pureté rituelle qui leur sont associées. Les livres de morale ne posent pas comme exigence de rendre un culte régulier aux dieux ou de se rendre aux temples pour y participer à des rituels, mais ils interdisent absolument le moindre manque de respect aux dieux (comme jurer ou invectiver le Ciel ou les éléments naturels), et indiquent comme étant méritoire le fait de contribuer à construire des temples et à imprimer et diffuser les livres saints des Trois Enseignements. Les règles générales de pureté exigent l'abstinence de viande et d'alcool ; d'autres concernent des dieux particuliers. Toutes sont particulièrement présentes dans le *Taishang ganyingpian*, où l'influence du rituel taoïste est massive ; elles sont moins en évidence dans d'autres livres de morale, mais elles n'en sont jamais totalement absentes. Il faut aussi inclure dans ce thème deux pratiques

27. Schipper, « Daoist Ecology ».
28. Goossaert, *L'Interdit du bœuf*.

qui s'adressent davantage à des symboles sacralisés de la civilisation qu'aux dieux eux-mêmes : le respect des caractères d'écriture (*xizi* 惜字) et des céréales (*xigu* 惜穀) – symbolisant respectivement culture et agriculture. Le fait de jeter ou de souiller le moindre grain de céréales ou un quelconque papier couvert d'écriture (quel que soit le texte, car c'est le principe même de l'écriture plus que le contenu d'un texte donné qui est sacré) constitue un grave péché[29]. L'importance de ces règles de morale a suscité la révélation d'un nombre important de textes qui leur sont entièrement consacrés.

Un dernier thème méritant d'être relevé est celui de la libre circulation des êtres et des biens. Les plus anciens textes d'éthique taoïste, notamment *Les Cent Quatre-Vingts Préceptes de Laojun*, encourageaient déjà à construire des routes, des gués et des ponts, à aider les voyageurs et à faire en sorte que chacun puisse circuler librement. L'exigence de libre circulation, étroitement liée à la vision taoïste du corps sain, selon laquelle toutes les énergies circulent librement et tout blocage entraîne une maladie, est à mettre en regard d'une vision marchande du monde, par opposition à une vision aristocratique où chacun doit rester à sa place. L'enrichissement par le commerce y est vu comme une bonne chose, s'il n'est pas entaché de malhonnêteté et de corruption. De fait, on trouve aussi dans les livres de morale des éléments d'éthique marchande tout à fait explicites et détaillés, tels que le respect des justes poids et mesures, les prix équitables et la qualité des marchandises.

Ces éléments ont mené certains historiens à voir dans les livres de morale l'expression d'une éthique proto-capitaliste chinoise, largement sécularisée et détachée de ses origines religieuses, comparable à l'analyse que fait Weber de l'éthique

---

29. Sur le respect des caractères d'écriture, voir Liang Qizi, *Shishan yu jiaohua*, p. 172-203 ; Goossaert, *L'Interdit du bœuf*, p. 174-176 ; Chau, « Script Fundamentalism ».

protestante[30]. Cependant, dans les textes révélés présentés ici, ce thème est toujours lié à la glorification, très bouddhique, du don, et ceux qui donnent tous leurs biens pour sauver une personne sont donnés en exemple, contrebalançant ainsi l'idéal d'accumulation vertueuse des biens. C'est en effet que les grands classiques des livres de morale sont des synthèses subtiles et ambitieuses où se fondent de nombreuses voix et influences, et auxquelles il est impossible de donner un sens univoque.

Le choix de la présente anthologie

Le choix des huit textes traduits ici, sélectionnés dans un corpus en comptant des milliers, est nécessairement en partie arbitraire. Néanmoins, la trilogie du *Ganyingpian*, du *Yinzhiwen* et du *Jueshi zhenjing* s'imposait à l'évidence, tant les milieux révélant, imprimant, commentant et diffusant les livres de morale s'accordent depuis le XVIIe siècle à reconnaître ces ouvrages comme fondamentaux. J'ai ensuite choisi un ensemble de textes révélés relativement anciens, qui, s'ils ne sont plus tous très largement diffusés aujourd'hui, ont joué un rôle majeur dans la formation du genre ; j'ai aussi voulu que soient représentées certaines divinités révélatrices majeures, ainsi que certains sous-genres spécifiques au sein des livres de morale. Le *Taiwei xianjun gongguoge* est l'un des plus anciens *shanshu*, et c'est le texte fondateur des « barèmes » qui constitue l'un des types les plus diffusés. Le *Xuantian shangdi jinke yulü* a également connu une grande diffusion, et est parfois considéré comme le quatrième classique du genre ; il en représente aussi la tendance eschatologique. Le *Yuanming doudi quanshiwen* 圓明斗帝勸世文, « Texte d'exhortation du monde par l'impératrice du Boisseau, Lumière parfaite », est le

30. Yu Ying-shih, *Rujia lunli yu shangren jingshen*.

seul texte retenu ici à être révélé par une divinité féminine ; il se signale pourtant par une vision très patriarcale de la morale familiale. Il mérite d'être inclus également pour l'accent qu'il met sur les rapports entre pratiques morales et pratiques dévotionnelles (la foi et les œuvres, en quelque sorte). Le *Lüzu xingxin zhenjing* 呂祖醒心真經, « Authentique révélation pour réveiller les cœurs, par le patriarche Lü », donne la parole à l'un des dieux les plus importants dans les milieux pratiquant l'écriture inspirée, et développe en détail les normes morales propres aux différents groupes sociaux. Enfin, le *Calendrier de Jade* s'imposait dans cette anthologie parce qu'il demeure, en ce début de XXIe siècle, un des ouvrages les plus diffusés du genre *shanshu*, y compris dans les temples chinois de Paris. Il représente aussi le sous-genre des descriptions des enfers et des punitions qui y attendent les différents types de pécheurs, qui figure parmi les plus créatifs à l'époque contemporaine.

La majorité de ces textes n'avait pas encore fait l'objet d'une édition critique ; je me suis contenté ici d'éditer et de ponctuer une édition de référence, en notant quand cela était pertinent des variantes significatives avec d'autres éditions également en circulation, mais sans relever l'ensemble des variantes mineures.

Une partie de ces textes a déjà été traduite en langues occidentales (de nombreuses fois pour le *Taishang ganyingpian*), d'autres sont inédits. Il m'a semblé utile de les rassembler tous, traduits ou retraduits de façon cohérente, car ils partagent un même vocabulaire et s'empruntent volontiers les uns aux autres ; les présenter ensemble permet de mettre en valeur la richesse du genre, de mieux mesurer ses variations et aussi sa cohérence profonde. Les notes ont volontairement été limitées aux allusions et citations indispensables à la bonne compréhension du texte, tandis que l'introduction de chaque texte retrace son histoire textuelle et le contexte de sa composition. Le vocabulaire que j'ai choisi pour rendre la langue des *shanshu* est volontairement religieux. La langue des *shanshu* est claire, faite de termes connus de tous ; il faut la traduire en des termes également simples, qui parlent à tous les lecteurs français. S'il existe des spécialistes pour s'offusquer de ce que l'on traduise des mots chinois par « péché », « enfers », « salut » ou « damnation », je pense pour ma part que c'est le seul registre à même de rendre compte de ce dont les *shanshu* nous parlent : les fautes, leurs punitions infligées par les dieux, le bien, le mal, le destin. Cela ne signifie évidemment pas que les conceptions de la religion chinoise sont identiques à celles du catholicisme dont notre vocabulaire français, pour parler de ces choses-là, est issu : elles sont évidemment différentes (même si elles peuvent être comparées, ce qui n'est pas mon propos ici), mais elles évoquent les mêmes questions fondamentales. Choisir un vocabulaire neutre, le plus laïc possible, reviendrait à nier le sens profondément religieux que donnent aux textes les Chinois, et se cantonner à un vocabulaire technique, avec abondance de termes chinois et sanskrits, ruinerait le projet même de la traduction.

BIBLIOGRAPHIE

Sources primaires

Les textes du Canon taoïste (*Daozang* 道藏) sont numérotés suivant Schipper & Verellen (dir.), *The Taoist Canon*.

Chenzhonglu 晨鍾錄, 1763, édition de 1886, dans *Sandong shiyi*, vol. 6.

Chishang caotang biji 池上草堂筆記, Liang Gongchen 梁恭辰 (1814-?), 1843, Kaifeng, Yiwentang, 1873, Taipei, Guangwen shuju, 1970.

Danguiji 丹桂籍, édité par Yan Zhangjing 顏章敬 (*zi* Shengyu 生愉), édition de 1898 du Shudetang 樹德堂, dans *Sandong shiyi*, vol. 6.

(Chongkan) Daozang jiyao (重刊) 道藏輯要, édition de 1906, Chengdu, Bashu shushe, 1995.

Guandi quanshu 關帝全書, 1858, édition de 1889 dans *Guandi wenxian huibian* 關帝文獻匯編, Beijing, Guoji wenhua chuban gongsi, 1995.

Gujin tushu jicheng 古今圖書集成, 1re édition de l'ère Yongzheng.

Huitu yuli baochao quanshiwen 繪圖玉歷寶鈔勸世文, Shanghai, Jinzhang tushuju, 1920.

(Zengding) Jingxinlu (增訂)敬信錄, 1749, édition de 1831 dans *Sandong shiyi*, vol. 5.

Jiujie baojing 救劫寶經, in *(Zengding) Jingxinlu*, 50a-59a.

Lüzu quanshu 呂祖全書, compilé par Liu Qiao 劉樵, 1744.

Ming Qing minjian zongjiao jingjuan wenxian 明清民間宗教經卷文獻, Wang Chien-Chuan 王見川, Lin Wanchuan 林萬傳, comp., Taipei, Xinwenfeng, 1999, 12 vol.

Qinghe neizhuan 清河內傳, *Daozang* n° 169.

Sandong shiyi 三洞拾遺, Hefei, Huangshan shushe, 2005, 20 vol.

Shengjing huizuan 聖經彙纂, édition de 1806 à la Bibliothèque nationale de France.

Sisheng zhenjun lingqian 四聖真君靈籤, *Daozang* n° 1298.

Taishang ganyingpian 太上感應篇, *Daozang* n° 1167.

Taiwei xianjun gongguoge 太微仙君功過格, *Daozang* n° 186.

Wudangshan Xuantian shangdi chuixunwen 武當山玄天上帝垂訓文, édition Ming (date précise illisible), *Zangwai daoshu* 藏外道書, Chengdu, Bashu shushe, 1992-1994 (36 vol.), vol. 22, p. 416-418.

Yinzhiwen zhu 陰騭文注, Zhu Gui 朱珪 (1731-1807), in *(Chongkan) Daozang jiyao*.

Yuding jinke jiyao 玉定金科輯要, *Sandong shiyi*, vol. 12.

Yunji qiqian 雲笈七籤, *Daozang* n° 1032.

Zitong dijun huashu 梓潼帝君化書, *Daozang* n° 170.

Littérature secondaire

Akizuki Kan'ei 秋月観暎, *Chūgoku kinsei dōkyō no keisei : Jōmyōdō no kisoteki kenkyū* 中國近世道教の形成–浄明道の基礎的研究, Tokyo, Sōbunsha, 1978.

Balfour, Frederic, *Taoist Texts: Ethical, Political and Speculative*, London/Shanghai, Trübner and Co./Kelly and Walsh, 1894.

Bell, Catherine, « "A Precious Raft to Save the World". The Interaction of Scriptural Traditions and Printing in a Chinese Morality Book », *Late Imperial China*, 17(1), 1996, p. 158-200.

Bernstein, Alan E. & Paul R. Katz, « The Rise of Postmortem Retribution in China and the West », *The Medieval History Journal*, 13(2), 2010, p. 199-257.

BOURGON, Jérôme, *Supplices chinois*, Bruxelles, La Maison d'à côté, 2007.

BROKAW, Cynthia J., *The Ledgers of Merit and Demerit. Social Change and Moral Order in Late Imperial China*, Princeton, Princeton University Press, 1991.

BROOK, Timothy, « Tormenting the dead », *in* Timothy BROOK, Jérôme BOURGON & Gregory BLUE (dir.), *Death by a Thousand Cuts*, Cambridge, Mass., Harvard University Press, 2008, p. 122-151.

CEDZICH, Ursula-Angelika, « The Cult of the Wu-t'ung/Wu-hsien in History and Fiction. The Religious Roots of the Journey to the South », in David JOHNSON (dir.), *Ritual and Scripture in Chinese Popular Religion*, Chinese Popular Culture Project 3, Berkeley, Institute of East Asian Studies, 1995, p. 137-218.

CHAO Shin-yi, *Daoist Ritual, State Religion, and Popular Practices: Zhenwu Worship from Song to Ming (960-1644)*, Londres, Routledge, 2011.

CHARD, Robert L., « Rituals and Scriptures of the Stove Cult », in David JOHNSON (dir.), *Ritual and Scripture in Chinese Popular Religion*, Chinese Popular Culture Project 3, Berkeley, Institute of East Asian Studies, 1995, p. 3-54.

CHAU, Adam Yuet, « Script Fundamentalism: The Practice of Cherishing Written Characters (Lettered Paper) (惜字紙) in the Age of Literati Decline and Commercial Revolution », in Philip CLART (dir.), *Chinese and European Perspectives on the Study of Chinese Popular Religion(s)*, Taipei, Boyang, à paraître.

CHEN Yaoqian 陳瑤蒨, *Taiwan de diyu sifa shen : Qing zhongye yilai shiwang xinyang yu Yuli baochao* 臺灣的地獄司法神：清中葉以來十王信仰與玉歷寶鈔, Taipei, Lantai chubanshe, 2007.

CHENIVESSE, Sandrine, « Fengdu, cité de l'abondance, cité de la male mort », *Cahiers d'Extrême-Asie*, 10, 1998, p. 287-339.

CLARKE, George W., « The Yü-li or Precious Records », *Journal of the China Branch of the Royal Asiatic Society* (for the year 1893-1894), N.S. vol. 28, 1898, p. 233-400. (Réedition : Nendeln, Liechtenstein, Kraus Reprint Ltd., 1967).

CLART, Philip, « Confucius and the Mediums: Is There a "Popular Confucianism"? », *T'oung Pao*, LXXXIX(1-3), 2003, p. 1-38.

CLART, Philip, « Merit beyond Measure. Notes on the Moral (and Real) Economy of Religious Publishing in Taiwan », in Philip CLART & Paul CROWE (dir.), *The People and the Dao. New Studies in Chinese Religions in Honour of Daniel L. Overmyer*, Sankt Augustin, Monumenta Serica, 2009, p. 127-142.

COHEN, Myron L., « Souls and Salvation: Conflicting Themes in Chinese Popular Religion », in James L. WATSON & Evelyn S. RAWSKI (dir.), *Death Ritual in Late Imperial and Modern China*, Berkeley, University of California Press, 1988, p. 180-202.

COYLE, Michael, « Book of Rewards and Punishments », in Patricia EBREY (dir.), *Chinese Civilization and Society. A Sourcebook*, New York, Free Press, 1981, p. 71-74.

DE BRUYN, Pierre-Henry, *Le Wudang shan : histoire des récits fondateurs*, Paris, Les Indes savantes, 2010.

DIESINGER, Gunter, *Vom General zum Gott: Kuan Yü (gest. 220 n.Chr.) und seine "posthume Karriere"*, Frankfurt am Main, Haag/Herchen, 1984.

DUAN Yuming 段玉明, « *Yuli zhibaochao* : jiuxi sheijia zhi shanshu ? 玉历至宝钞 : 究系谁家之善书 ? », *Zongjiaoxue yanjiu* 宗教学研究, 2, 2004, p. 31-38.

DUARA, Prasenjit, « Superscribing Symbols: The Myth of Guandi, Chinese God of War », *Journal of Asian Studies*, 47(4), 1988, p. 778-795.

DUBOIS, Thomas D., « The Salvation of Religion? Public Charity and the New Religions of the Early Republic », *Minsu quyi* 民俗曲藝, 172, 2011, p. 73-126.

DURAND-DASTÈS, Vincent, *La Conversion de l'Orient : une pérégrination didactique de Bodhidharma dans un roman chinois du XVIIe siècle*, Bruxelles, Institut belge des hautes études chinoises, 2008.

ESPOSITO, Monica, « The Discovery of Jiang Yuanting's *Daozang jiyao* in Jiangnan. A Presentation of the Daoist Canon of the Qing Dynasty », in MUGITANI Kunio 麥谷邦夫 (dir.), *Kōnan dōkyō no kenkyū* 江南道教の研究, Kyoto, Jinbun Kagaku Kenkyūjo, 2007, p. 79-110.

EBERHARD, Wolfram, *Guilt and Sin in Traditional China*, Berkeley, University of California Press, 1967.

FAN Chunwu 范純武, « Jinxiandai Zhongguo fojiao yu fuji 近現代中國佛教與扶乩 », *Yuanguang foxue xuebao* 圓光佛學學報, 3, 1999, p. 261-291.

FUMA Susumu 夫馬進, *Chūgoku zenkai zendōshi kenkyū* 中国善会善堂史研究, Kyoto, Dohosha Shuppan, 1997.

GILES, Herbert, *Strange Tales from a Chinese Studio. Third edition*, Shanghai, Kelly & Walsh, 1916.

GOH, Yu Mei, « Old Scripture in New Language. A Study of Discourse in Modern *Yuli Baochao* », in *Secularization, Religion and the State (UTCP Booklet, 17)*, Tokyo, University of Tokyo Center for Philosophy, 2010, p. 75-84.

GOOSSAERT, Vincent, « Zhu Gui, a Short Biography », Monica ESPOSITO & LAI Chi-tim (dir.), *Daozang jiyao manual*, travail en cours.

GOOSSAERT, Vincent (dir.), « Anticléricalisme en Chine », *Extrême-Orient Extrême-Occident*, 24, 2002.

GOOSSAERT, Vincent, *L'Interdit du bœuf en Chine. Agriculture, éthique et sacrifice*, Paris, Collège de France, Institut des hautes études chinoises, 2005.

GOOSSAERT, Vincent, « Religions chinoises », in *Dictionnaire des faits religieux*, Régine AZRIA & Danièle HERVIEU-LÉGER (dir.), Paris, PUF, 2010, p. 1075-1082.

GOOSSAERT, Vincent, « The Heavenly Master Ordination System in Modern China. A Preliminary Study of *Tiantan yuge* 天

壇玉格 », article pour un volume collectif édité par Lai Chi-tim, en cours d'évaluation.

Goossaert, Vincent & David A. Palmer, *The Religious Question in Modern China*, Chicago, University of Chicago Press, 2011.

Hendrischke, Barbara & Benjamin Penny, « *The 180 Precepts Spoken by Lord Lao*. A Translation and Textual Study », *Taoist Resources*, 6(2), 1996, p. 17-29.

Jordan, David, site web : http://anthro.ucsd.edu/~dkjordan/chin/yuhlih/yuhlih-contents.html

Julien, Stanislas, *Le Livre des récompenses et des peines*, Oriental Translation Fund, 1835. (http://www.archive.org/details/lelivredesrcomp02juligoog)

Katz, Paul R., *Divine Justice: Religion and the Development of Chinese Legal Culture*, Londres, Routledge, 2008.

Kiely, Jan, « Shanghai Public Moralist Nie Qijie and Morality Book Publication Projects in Republican China », *Twentieth-Century China*, 36(1), 2011, p. 4-22.

Kleeman, Terry F., « The Expansion of the Wen-ch'ang Cult », Patricia Buckley Ebrey & Peter N. Gregory (dir.), *Religion and Society in T'ang and Sung China*, Honolulu, University of Hawai'i Press, 1993, p. 45-73.

Kleeman, Terry F., « Exorcising the Six Heavens: The Role of Traditional State Deities in the *Demon Statutes of Lady Blue* », in Florian Reiter (dir.), *Exorcism in Daoism. A Berlin Symposium*, Wiesbaden, Harrassowitz, 2011, p. 89-104.

Kleeman, Terry F., *A God's Own Tale. The Book of Transformations of Wenchang, the Divine Lord of Zitong*, Albany, State University of New York Press, 1994.

Kohn, Livia, « Doumu: The Mother of the Dipper », *Ming Qing Yanjiu*, 8, 2001, p. 149-195.

Kuo Li-ying, *Confession et contrition dans le bouddhisme chinois du ve au xe siècle*, Paris, École française d'Extrême Orient, 1994.

Legge, James, *The Texts of Taoism*, vol. 2, New York, Dover Publications, 1962 (1891).

LIANG Qizi (Angela Leung) 梁其姿, *Shishan yu jiaohua. Ming Qing de cishan zuzhi* 施善與教化. 明清的慈善組織, Zhangjiakou, Hebei jiaoyu chubanshe, 2001 (1re édition, 1997).

LING Chi-Shiang, « Morality Books and the Moral Order. A Study of the Moral Sustaining Function of Morality Books in Taiwan », in YANG Fenggang & Joseph TAMNEY (dir.), *State, Market, and Religions*, Leiden, Brill, 2005, p. 203-227.

LOPEZ, Donald S. Jr. (dir.), *Religions of China in Practice*, Princeton, Princeton University Press, 1996.

MAIR, Victor, « Language and Ideology in the Written Popularizations of the Sacred Edict », in David JOHNSON, Andrew J. NATHAN & Evelyn S. RAWSKI (dir.), *Popular Culture in Late Imperial China*, Berkeley, University of California Press, 1985, p. 325-359.

RÉMUSAT, Abel, *Le Livre des récompenses et des peines. Ouvrage taoïste*, Paris, A.-A. Renouard, 1816.

SAKAI Tadao 酒井忠夫, *Zōho Chūgoku zenshu no kenkyū* 增補中國善書の研究, Tokyo, Kokusho kankōkai, 1999.

SAWADA Mizuho 澤田瑞穗, *Jigokuhen. Chūgoku no meikaisetsu* 地獄変. 中国の冥界説, Kyōto, Hōzōkan, 1968.

SCHIPPER, Kristofer, « Daoist Ecology: The Inner Transformation. A Study of the Precepts of the Early Daoist Ecclesia », in Norman J. GIRARDOT, James MILLER & LIU Xiaogan (dir.), *Daoism and Ecology. Ways within a Cosmic Landscape*, Cambridge (Mass.), Center for the Study of World Religions, Harvard Divinity School, 2001, p. 79-93.

SCHIPPER, Kristofer, « Taoist Ritual and Local Cults of the T'ang Dynasty », in Michel STRICKMANN (dir.), *Tantric and Taoist Studies in Honour of Rolf A. Stein*, vol. 3, Bruxelles, Institut belge des hautes études chinoises, 1985, p. 812-834.

SCHIPPER, Kristofer, « Le pacte de pureté du taoïsme », *Annuaire de l'École pratique des hautes études, Section des sciences religieuses*, 109, 2000-2001, p. 29-53.

SCHIPPER, Kristofer & Franciscus VERELLEN (dir.), *The Taoist Canon. A Historical Companion to the Daozang (Daozang Tongkao 道藏通考)*, 3 vol., Chicago, University of Chicago Press, 2004.

SMITH, Joanna Handlin, *The Art of Doing Good: Charity in Late Ming China*, Berkeley, University of California Press, 2009.

SUZUKI D. T. & Paul CARUS, *Yin chih wen: the tract of the quiet way*, La Salle (IL), Open Court, 1906 (http://www.terebess.hu/english/yichihwen.html).

SUZUKI, D. T. & Paul CARUS, *Treatise on Response & Retribution*, La Salle (IL), Open Court, 1973 (1906) (http://www.terebess.hu/english/taishang.html).

TEISER, Stephen F., *The Scripture on the Ten Kings and the Making of Purgatory in Medieval Chinese Buddhism*, Honolulu, University of Hawai'i Press, 1994.

TER HAAR, Barend J., « The Rise of the Guan Yu Cult: the Taoist Connection », in Jan A. M. DE MEYER & Peter M. ENGELFRIET (dir.), *Linked Faiths. Essays on Chinese Religions & Traditional Culture in Honour of Kristofer Schipper*, Leiden, Brill, 2000, p. 184-204.

WANG Chien-ch'uan 王見川, « Zhenwu xinyang zai jinshi Zhongguo de chuanbo 真武信仰在近世中國的傳播 », *Minsu yanjiu* 民俗研究, 3, 2010, p. 90-117.

WANG Chien-ch'uan 王見川, « Taiwan "Guandi dang Yuhuang" chuanshuo de youlai 台灣「關帝當玉皇」傳說的由來 », in *Hanren zongjiao, minjian xinyang yu yuyanshu de tansuo : Wang Jianchuan zixuanji* 漢人宗教、民間信仰與預言書的探索：王見川自選集, Taipei, Boyang, 2008, p. 412-430.

WANG-TOUTAIN, Françoise, *Le Bodhisattva Ksitigarbha en Chine du Ve au XIIIe siècle*, Paris, École française d'Extrême-Orient, 1998.

WONG HEE KAM, Édith, *Guan yu – Guandi : héros régional, culte impérial et populaire*, Sainte Marie, Azalées, 2008.

WONG, Eva, *Lao-tzu's Treatise on the Response of the Tao*, San Francisco, HarperCollins Publishers, 1994.

YAU Chi-on (You Zi'an) 游子安, *Quanhua jinzhen. Qingdai shanshu yanjiu* 勸化金箴. 清代善書研究, Tianjin, Tianjin renmin chubanshe, 1999.

YAU Chi-on (You Zi'an) 游子安, *Shan yu ren tong : Ming Qing yilai de cishan yu jiaohua* 善與人同: 明清以來的慈善與教化, Beijing, Zhonghua shuju, 2005.

YAU Chi-on (You Zi'an) 游子安, *Shanshu yu Zhongguo zongjiao – You Zian zixuanji* 善書與中國宗教-游子安自選集, Taipei, Boyang, 2012.

YAU Chi-on 游子安, « Fuhua yunei : Qingdai yilai Guandi shanshu jiqi xinyang de chuanbo 敷化宇内-清代以來關帝善書及其信仰的傳播 », *Journal of Chinese Studies* 中國文化研究所學報, 50, 2010, p. 219-253.

YOSHIOKA Yoshitoyo 吉岡義豊, « Chūgoku m inkan no jigo jūō shinkō ni tsuite : Gyōreki shihōshō o chūshin to shite 中國民間の地獄十王信仰について : 玉歷至寶鈔を中心として », *Yoshioka Yoshitoyo chosakushū* 吉岡義豊著作集, vol. 1, Tokyo, Gogatsu Shobō, 1993.

YOUNG, Richard Fox, « Sanctuary of the Tao. The Place of Christianity in a Sino-Japanese Unity Sect », *Journal of Chinese Religions*, 17, 1989, p. 1-26.

YU Ying-shih 余英時, *Rujia lunli yu shangren jingshen* 儒家倫理與商人精神, Guilin, Guangxi shifan daxue chubanshe, 2004.

ZHENG Zhiming 鄭志明, *Zhongguo shanshu yu zongjiao* 中國善書與宗教, Taipei, Xuesheng shuju, 1988.

ZÜRCHER, Erik, « Buddhist Chanhui and Christian Confession in Seventeenth-Century China », in Nicolas STANDAERT & Ad DUDINK (dir.), *Forgive Us Our Sins. Confession in Late Ming and Early Qing China*, Sankt Augustin, Monumenta Serica, 2006, p. 103-129.

Taishang ganyingpian 太上感應篇,

« Versets du Très-Haut sur les effets des actes »

Introduction

Le plus célèbre et important des livres de morale, le *Taishang ganyingpian*, apparaît dans des circonstances encore mal connues[1]. La plus ancienne édition que nous possédons de ce texte se trouve dans le Canon taoïste (*Daozang* 道藏) et se présente déjà comme le résultat d'un long et complexe processus éditorial. Le texte lui-même (comptant 1 278 caractères) s'y présente accompagné d'un abondant commentaire, *zhuan* 傳, comprenant tant des explications doctrinales, agrémentées de citations de nombreux textes taoïstes, que des anecdotes illustrant la rétribution des actes ainsi que d'un poème récapitulatif, *zan* 贊, pour chaque phrase commentée, si bien que le résultat couvre trente chapitres. Il est précédé d'une dizaine de préfaces et d'un mémoire rédigé pour la présentation de l'ouvrage à l'empereur en 1233, ainsi que de récits de miracles dont ont bénéficié les dévots à ce texte. Ces documents, et de nombreuses citations ou mentions ultérieures, montrent que le *Taishang ganyingpian* connaissait une large diffusion dès l'époque des Song du Nord, et que celle-ci s'est poursuivie de façon continue par la suite, parmi les élites lettrées et dans les grands temples taoïstes.

1. Les principales introductions au *Taishang ganyingpian* en langues occidentales sont la notice de Kristofer Schipper dans Schipper & Verellen, *Taoist Canon*, p. 740-742 et Brokaw, *Ledgers*, p. 36-43.

Les circonstances de la révélation du texte, en revanche, restent incertaines. Il est attribué à Taishang laojun 太上老君 (dont Taishang, « le Très-Haut », est une abréviation courante et qui constitue le titre de Laozi comme divinité stellaire) ; mais nulle part le texte ne précise les circonstances ou les modalités de cette révélation. Son caractère scandé et répétitif évoque certes les révélations par l'écriture inspirée, mais une telle origine n'est pas explicitement affirmée. Le texte reprend des phrases et expressions de nombreuses œuvres antérieures sans jamais les citer – pratique très courante dans les textes révélés. Le commentaire est attribué à Li Changling 李昌齡 (937-1008), alors même qu'il relate des événements du XIIe siècle. On peut penser que Li serait l'auteur du texte lui-même, et non du commentaire ultérieur dont l'auteur reste inconnu, mais ceci ne reste en l'état des connaissances qu'une hypothèse.

La structure du *Taishang ganyingpian* est simple. Le Très-Haut commence par expliquer le principe de la rétribution des actes, en introduisant les divers dieux qui, au ciel comme sur terre, surveillent en permanence les humains pour noter leurs fautes et les punir, en tenant les comptes et en modifiant le nombre de leurs années fixées par leur destin. Puis il énumère assez rapidement les bonnes actions qui définissent « l'homme de bien » et lui garantissent l'aide des dieux, la réussite dans cette vie et le salut. La section suivante, beaucoup plus longue, décrit en détail les mauvaises actions des pécheurs ; cette énumération se termine sur l'évocation des terribles punitions qu'ils subiront, eux et leurs proches. Enfin, le Très-Haut promet l'aide et les bénédictions divines pour ceux qui se repentiront. L'essentiel du texte est composé de vers parallèles de quatre caractères ; de temps en temps, des vers de trois, cinq, six ou sept caractères viennent rompre la monotonie de la prosodie. Cette structure irrégulière et l'absence de rime ne se prêtent pas au chant ou à la psalmodie ; les « Versets » étaient (et sont encore) fréquemment appris par cœur et récités quotidiennement, mais ne sont pas accompagnés musicalement et intégrés à une liturgie.

Les « Versets » semblent avoir frappé leurs contemporains qui y ont vu un texte novateur. L'approche comptable des mérites et démérites en tant que telle n'est cependant pas une innovation du *Taishang ganyingpian*. Comme l'a bien montré Cynthia Brokaw, ce texte s'appuie très largement sur des textes taoïstes antérieurs – notamment le *Baopuzi* 抱朴子 de Ge Hong 葛洪 (283-343) – et, dans une moindre mesure, bouddhiques, comme le *Dhammapada*, *Fajujing* 法句經. Cependant, il simplifie et popularise cet enseignement pour en faire une base de la morale pratique quotidienne de tous, et non plus une technique de salut pour initiés. Les dieux participant à la surveillance des humains forment un ensemble éclectique, et le dieu du Foyer, Zaojun 竈君 (également connu par son titre de contrôleur du Destin, Siming 司命), qui était déjà mentionné dans les textes médiévaux comme participant à la surveillance et à la punition des humains, y joue un rôle particulièrement important[2].

La très grande diffusion du texte a été remarquée par les premiers sinologues, et de ce fait, dès le XIXe siècle, les traductions en langues occidentales (sans parler des autres langues, dans tout l'Extrême-Orient) se sont multipliées[3]. Dès 1816, il était traduit en français par Abel Rémusat (1788-1832) puis à nouveau en 1835 (dans le but de corriger et compléter la traduction précédente) par Stanislas Julien (1797-1873) sous le même titre de *Livre des récompenses et des peines*. Rémusat comme Julien présentent l'ouvrage comme taoïste et emploient naturellement en français un vocabulaire religieux pour en rendre l'esprit. L'intérêt des sinologues pour le texte a

2. Chard, « Rituals and Scriptures of the Stove Cult ».

3. Pour les principales traductions anglaises, voir : Legge, *The Texts of Taoism*, p. 235-246 ; Coyle, « Book of Rewards and Punishments », Balfour, *Taoist Texts* ; Wong, *Lao-tzu's Treatise on the Response of the Tao* ; Suzuki & Carus, *Treatise on Response & Retribution*.

cependant faibli par la suite, et on ne trouve jusqu'à la fin du XXe siècle que des rééditions de ces traductions anciennes.

Ma traduction est basée sur l'édition du *Daozang* ; j'ai noté (sans relever des graphies alternatives) quelques variantes courantes dans les éditions qui circulent largement aujourd'hui (collectivement appelées ici 今本), bien qu'aucune d'entre elles ne soit remarquable. Le texte a donc été transmis avec une grande fidélité, sans jamais avoir été fortement altéré.

« Versets du Très-Haut sur les effets des actes »

太上感應篇

太上感應篇

[1] 太上曰 : « 禍福無門, 唯人自召 ; 善惡之報, 如影隨形. »

是以大[1]地有司過之神，依人所犯輕重，以奪人算[2]. 算減則貧耗, 多逢憂患 ; 人皆惡之, 刑禍隨之, 吉慶避之, 惡星災之 ; 算盡則死.

[2] 又有三台北斗神君，在人頭上，錄人罪惡，奪其紀算. 又有三尸神, 在人身中, 每到庚申日, 輒上詣天曹, 言人罪過. 月晦之日, 竈神亦然. 凡

1. « 大 », 今本多作 « 天 ».
2. « 算 », « 道藏 » 本作 « 筭 ».

« Versets du Très-Haut sur les effets des actes[1] »

[1] Le Très-Haut dit : « Les malédictions et les bénédictions [accordées par les dieux] ne viennent pas par leurs propres voies, c'est chaque homme qui les provoque par ses [actions][2] ; la rétribution des bonnes et mauvaises actions survient aussi sûrement que l'ombre suit le corps. » Aussi, dans tout l'univers, il existe des dieux en charge de surveiller les fautes des humains, et qui déduisent des années de vie de leur destin à chaque transgression, en fonction de sa gravité. Quand le destin a été ainsi diminué, le pécheur s'appauvrit, rencontre toutes sortes de malheurs et attire le dégoût d'autrui ; les calamités le poursuivent, les faveurs divines le fuient, les étoiles néfastes l'accablent, jusqu'à ce que, son destin épuisé, il meure.

[2] Par ailleurs, les dieux des Trois Terrasses[3] et le seigneur du Boisseau du Nord (la Grande Ourse) surveillent les hommes juste au-dessus de leurs têtes, notent chacune de leurs mauvaises actions et déduisent des années de vie de leur destin. De surcroît,

---

1. Le *ganying* signifie la « réponse » (*ying*) à un sentiment ou une émotion qui a la force d'« émouvoir » (*gan*) autrui ou autre chose ; on l'emploie pour désigner la réponse des divinités aux prières, mais aussi, comme ici, la conséquence (ou réponse) de tous les actes (physiques ou mentaux).

2. Cette citation vient du *Zuozhuan* 左傳, 23e année de Xianggong 襄公.

3. Les Trois Terrasses sont trois groupes de deux étoiles de la Grande Ourse chacun. Selon le commentaire attribué à Li Changling, elles forment trois administrations gérant respectivement la durée de vie, le compte des mérites et les actions en général des humains (上台司命, 中台司功, 下台司錄). La septième et dernière étoile visible de la Grande Ourse est leur chef, le seigneur du Boisseau du Nord.

人有過, 大則奪紀, 小則奪算. 其過大小, 有數百事, 欲求長生者, 先須避之.

[3] 是道則進, 非道則退. 不履邪徑, 不欺暗室 ; 積德累功, 慈心於物 ; 忠孝友悌, 正己化人 ; 矜孤卹[3]寡, 敬老懷幼 ; 昆蟲草木, 猶不可傷. 宜憫人之凶, 樂人之善 ; 濟人之急, 救人之危. 見人之得, 如己之得 ; 見人之失, 如己之失. 不彰人短, 不衒[4]己長 ; 遏惡揚善, 推多取少. 受辱不怨, 受寵若

3. « 卹 », 今本多作 « 恤 ».
4. « 衒 », 今本多作 « 炫 ».

logés dans le corps de chacun, les esprits des Trois Cadavres[4] montent chaque jour *gengshen* du cycle [tous les soixante jours] faire leur rapport aux greffiers divins et dénoncer les péchés de l'homme qu'ils habitent. Chaque dernier jour du mois lunaire, le dieu du Foyer fait de même. Quand un homme commet une faute, si elle est majeure, on lui retire un cycle [de douze ans] de vie ; si elle est mineure, on lui retire une unité [de cent jours][5]. La gravité des fautes est calculée [suivant un barème] qui compte plusieurs centaines de fautes différentes. Celui qui veut vivre longtemps devra toutes les éviter.

[3] Qui se conforme au Dao avance ; celui qui renie le Dao recule. Ne fréquentez pas les chemins de la perversion, ne mentez pas même dans le secret d'une chambre obscure ! Accumulez les bonnes actions et les mérites ; soyez généreux avec tous les êtres vivants ! Soyez loyal envers votre souverain et pieux envers vos parents, fidèle envers vos amis et respectueux envers vos aînés. Corrigez-vous vous-même pour servir d'exemple aux autres. Prenez en pitié l'orphelin et en sympathie la veuve ; traitez avec respect les personnes âgées et avec affection les enfants. En aucun cas ne détruisez les insectes et les plantes. Prenez en pitié ceux qui sont dans le malheur, et réjouissez-vous avec ceux qui font le bien. Secourez ceux qui sont dans le besoin et sauvez les gens en détresse. Considérez les acquis d'autrui comme les vôtres, considérez les erreurs d'autrui comme les vôtres. Ne soulignez pas les défauts d'autrui, ne louez pas vos propres qualités ; opposez-vous au mal et exaltez le bien ; cédez beaucoup et prenez peu. Acceptez les humiliations sans rancune, prenez

4. Ces êtres, aussi nommés Trois Vers, sont des causes de mort logées dans chaque organisme.

5. Les deux unités de compte, *ji* et *suan*, font l'objet d'interprétations diverses. Pour le commentateur dans l'édition du *Daozang*, *ji* peut signifier soit douze ans, soit 300 jours ; et *suan* soit 100 jours, soit un jour, mais ce terme est souvent compris par les commentateurs ultérieurs comme désignant une année.

驚；施恩不求報，與人不追悔.

[4] 所謂善人，人皆敬之，天道祐[5]之，福祿隨之，眾邪遠之，神靈衛之；所作必成，神仙可冀. 夫[6]欲求天仙者，當立一千三百善；欲求地仙者，當立三百善.

[5] 若[7]或非義而動，背理而行；以惡為能，忍作殘害；陰賊良善，暗侮君親；慢其先生，叛其所事；誑諸無識，謗諸同學；虛誣詐偽，攻訐宗親；剛強不仁，狠戾自用；是非不當，向背乖宜；虐下取功，諂上希旨；受恩不感，念怨不休；輕蔑天民，擾亂國政；賞及非義，刑及無辜；殺人取財，傾人取位；誅降戮服，貶正排賢；凌孤逼寡，棄法

5. « 祐 », 今本多作 « 佑 ».
6. 今本多無 « 夫 ».
7. « 若 », 今本多作 « 苟 ».

les honneurs comme autant d'avertissements. Distribuez vos faveurs sans songer à une récompense, donnez librement sans jamais le regretter.

[4] Les « hommes de bien » sont respectés de tous ; ils sont protégés par le Ciel, et bénédictions et honneurs les accompagnent. Les forces démoniaques ne peuvent s'en approcher, car des dieux montent la garde autour d'eux. Leurs entreprises connaissent le succès, et ils peuvent espérer devenir des dieux et des immortels : pour devenir un immortel céleste il faut compter mille trois cents bonnes actions, et pour devenir immortel terrestre il en faut trois cents.

[5] Mais certains agissent sans aucun sens de la justice et rejettent l'ordre moral du monde. Ils prennent leurs vices pour des talents, et n'ont pas peur de s'attaquer à autrui ; ils nuisent en secret aux gens de bien et disent en cachette du mal de leur souverain et de leurs parents. Ils sont insolents envers leurs maîtres et se rebellent contre leurs supérieurs. Ils n'ont que sarcasmes pour les gens simples et calomnies pour leurs compagnons d'études. Ils sont menteurs et trompeurs, et osent dénoncer leurs parents et aînés. Ils abusent de leur pouvoir sans aucune compassion et laissent libre cours à leur cruauté par pur égoïsme. Ils confondent le vrai et le faux, et agissent contre les règles. Ils oppressent leurs inférieurs et s'attribuent leurs mérites, et flattent leurs supérieurs en espérant leurs faveurs. Ils n'ont aucune reconnaissance pour les faveurs reçues, mais n'oublient jamais un grief. Ils font très peu de cas des autres sujets de l'empire et n'hésitent pas à semer le trouble dans l'État. Ils récompensent ceux qui se comportent sans aucun sens de la justice et punissent les innocents. Ils tuent des gens pour de l'argent ou les ruinent pour prendre leur position. Ils exécutent les captifs et ceux qui se soumettent, et montent des cabales contre les hommes droits et sages. Ils oppriment les orphelins et abusent des veuves, ignorent la loi et s'enferment dans la corruption. Ils inversent ce qui est droit et ce qui est tordu. Ils traitent avec sévérité des fautes

受賂；以直為曲，以曲為直；入輕為重，見殺加怒；知過不[8]改，知善不為；自罪引他，壅塞方術；訕謗賢聖，侵凌道德.

[6] 射飛逐走，發蟄驚棲；填穴覆巢，傷胎破卵；願人有失，毀人成功；危人自安，減人自益；以惡易好，以私廢公，竊人之能，蔽人之善；形人之醜，訐人之私；耗人貨財，離人骨肉；侵人所愛，助人為非；逞志作威，辱人求勝；敗人苗稼，破人婚姻；苟富而驕，苟免無恥；認恩推過，嫁禍賣惡；沽買虛譽，包貯險心；挫人所長，護己所短；乘威迫脅，縱暴殺傷；無故剪裁，非禮烹[9]宰；

8. « 不 », « 道藏 » 本作 « 必 », 誤也.
9. « 烹 », « 道藏 » 本作 « 享 », 誤也.

légères, et le spectacle d'une mise à mort ne fait qu'exciter leur agressivité. Même s'ils sont conscients de leurs fautes, ils ne font rien pour se corriger, et, s'ils connaissent les bonnes actions, ils ne s'y engagent pas. Ils accusent les autres de leurs propres crimes et font entrave au travail des spécialistes (médecins, devins…) qui aident autrui. Ils médisent des saints et des sages, et bafouent la morale.

[6] [Ces gens-là] chassent tous les animaux qui volent ou marchent ; ils déterrent les animaux qui hibernent et dénichent les oisillons ; ils bouchent les terriers et détruisent les nids, s'attaquent aux femelles enceintes et brisent les œufs. Ils désirent la perte d'autrui et cherchent à anéantir leurs accomplissements. Ils mettent autrui en danger pour leur propre bien-être et s'enrichissent à leurs dépens. Ils remplacent la bonté par le vice et sacrifient le bien commun à leur propre intérêt. Ils veulent s'approprier les talents d'autrui et dissimuler leurs vertus. Ils décrivent volontiers ce dont les gens ont honte et dévoilent leurs affaires les plus privées. Ils dissipent les biens d'autrui et séparent les membres de leurs familles. Ils s'accaparent ce que les gens chérissent le plus et les encouragent à commettre le mal. Ils donnent libre cours à leurs ambitions de puissance et humilient les autres dans leur quête de succès. Ils détruisent les récoltes et empêchent les mariages. Ils s'enrichissent de façon illicite mais restent arrogants ; ils manœuvrent pour échapper à leurs obligations mais n'ont aucune décence. Ils s'attribuent tous les mérites mais rejettent les erreurs sur autrui et imputent leurs crimes aux autres. Ils achètent de vains honneurs mais restent fourbes en eux-mêmes. Ils rabaissent les qualités d'autrui mais se défendent d'avoir des défauts. Ils profitent de leur pouvoir pour abuser d'autrui et laissent libre cours à leur goût de la violence, jusqu'à blesser ou tuer. Ils coupent quantité de tissus pour se tailler de nouveaux vêtements dont ils n'ont même pas besoin, et ils abattent et font cuire des animaux en dehors des sacrifices prescrits. Ils jettent les restes des céréales de leurs repas et sont un fardeau pour

散棄五穀，勞擾眾生；破人之家，取其財寶；決水放火，以害居民[10]；紊人[11]規模，以敗人功；損人器物，以窮人用.

[7] 見他榮貴，願他流貶；見他富有，願他破散；見他色美，起心私[12]之；負他貨財，願他身死；干求不遂，便即[13]呪恨；見他失便，便說他過；見他體相不具而笑之，見他才能可稱而抑之.

[8] 埋蠱厭人，用藥殺樹；恚怒師傅，抵觸父兄；強取強求，好侵好奪；虜[14]掠至[15]富，巧詐求遷；賞罰不平，逸樂過節；苛虐其下，恐嚇於他；怨天尤人，呵風罵雨；鬭合爭訟，妄逐朋黨；用妻妾語，違父母訓；得新忘故，口是心非；貪冒於財，欺罔

10. «居民», 今本多作 «民居».
11. «人», 今本多作 «亂».
12. «私», 《道藏》本作 «科», 誤也.
13. «即», 今本多作 «生».
14. «虜», 今本多作 «擄».
15. «至», 今本多作 «致».

tous les êtres vivants. Ils sèment la zizanie dans les familles et s'emparent de leurs biens ; ils ouvrent des brèches dans les digues et allument des feux qui détruisent les habitations. Ils sèment le chaos dans l'ordre établi par autrui pour ruiner leurs accomplissements et sabotent leurs instruments pour les priver de leurs moyens d'existence.

[7] Ils souhaitent la destitution de ceux qu'ils voient engagés dans une carrière brillante, et la ruine de ceux dont ils constatent la réussite. Ils convoitent les jolies femmes qu'ils rencontrent et désirent la mort de ceux envers qui ils sont endettés. Ils haïssent et maudissent ceux qui n'accèdent pas à leurs demandes, et s'empressent de rapporter les erreurs de ceux qui ont connu l'échec. Ils se moquent de ceux qui souffrent d'un handicap physique et rabaissent ceux dont les talents sont hors du commun.

[8] Ils enterrent des potions pour ensorceler autrui et tuent les arbres avec des poisons. Ils sont colériques avec leurs professeurs et sans respect pour leur père et frères aînés. Ils s'emparent de ce qu'ils veulent par la contrainte et prennent plaisir à être brutaux ; ils s'enrichissent par l'extorsion et font carrière par des fourberies. Ils punissent et récompensent sans aucune équité, et s'abandonnent aux divertissements sans aucune mesure. Ils tyrannisent leurs subordonnés et pratiquent l'intimidation avec tous. Ils accusent le Ciel et s'en prennent à tout le monde, crient contre le vent et insultent la pluie. Ils suscitent toutes sortes de procès et se livrent à toutes les intrigues. Ils suivent les moindres suggestions de leurs femmes et concubines, mais désobéissent aux instructions de leurs parents. Ils se jettent sur la nouveauté et oublient le passé ; ils disent le contraire de ce qu'ils pensent. Ils brûlent de désir pour l'argent et trompent leurs supérieurs. Ils inventent et médisent pour nuire à des innocents. Ils nuisent à autrui et se disent honnêtes ; ils insultent les dieux et se disent justes. Ils rejettent leur devoir d'obéissance pour imiter ceux qui se révoltent et tournent le dos à leurs proches pour fréquenter

於[16]上；造作惡語，讒毀平人；毀人稱直，罵神稱正；棄順效逆，背親向疏；指天地以證鄙懷，引神明而鑒猥事.

[9] 施與後悔，假借不還；分外營求，力上施設；淫慾過度，心毒貌慈；穢食餧人，左道惑眾；短尺狹度，輕秤小升；以偽雜真，採取姦利；壓良為賤，謾驀愚人；貪婪無厭，呪詛求直.

[10] 嗜酒悖亂，骨肉忿爭；男不忠良，女不柔順；不和其室，不敬其夫；每好矜誇，常行妒忌；無行於妻子，失禮於舅姑；輕慢先靈，違逆上命；作為無益，懷挾外心；自呪呪他，偏憎偏愛；越井越竈，跳食跳人；損子墮胎，行多隱僻；晦臘歌舞，朔旦號怒；對北涕唾及溺，對竈吟詠及哭；又

16. « 於 », 今本多作 « 其 ».

des inconnus. Ils pointent du doigt le Ciel et la Terre pour les prendre à témoin de leurs vils desseins, et appellent les dieux à observer leurs manières méprisables.

[9] S'ils donnent quelque chose, ils le regrettent aussitôt ; s'ils empruntent, ils ne rendent pas. Ils cherchent à avoir plus que leur lot et dépensent au-delà de leurs moyens. Leur lubricité n'a pas de limite, et leur apparence généreuse cache des intentions perverses. Ils nourrissent leurs hôtes avec des mets pollués et répandent des propos séditieux pour égarer les foules. Ils trichent sur les poids et les mesures, mélangent l'authentique au contrefait et réalisent ainsi des profits malhonnêtes. Ils forcent les honnêtes gens à faire des métiers dégradants[6] et abusent des gens simples. Leur cupidité est sans limite, et ils jurent en faisant croire qu'ils sont honnêtes.

[10] Ils boivent jusqu'à en devenir violents et se battent avec leurs propres parents. Parmi eux, les hommes ne sont pas loyaux et bienveillants, et les femmes ne sont pas dociles ; ils ne s'entendent pas avec leurs épouses, elles ne respectent pas leurs maris. Ils ne font que se vanter, elles n'agissent que par jalousie ; ils rudoient femmes et enfants, elles ignorent leurs devoirs envers leurs beaux-parents. Ils négligent les ancêtres et enfreignent les commandements divins. Ils se livrent à l'oisiveté et entretiennent des idées d'infidélité. Ils jurent sur leur tête et sur celle des autres, ils aiment et haïssent par caprice. Ils enjambent les puits et l'âtre du foyer, et passent par-dessus des plats de nourriture et le corps d'autrui. Ils se livrent à l'infanticide et à l'avortement, et commettent d'innombrables méfaits en secret. Ils n'ont pas honte de danser et chanter le dernier jour du mois et le jour du sacrifice d'hiver [8e jour du 12e mois], et de crier de colère le 1er jour du mois

6. Les métiers dégradants (prostituées et saltimbanques, employés de *yamen*, bateliers) formaient un statut social héréditaire faisant l'objet d'interdictions spécifiques ; ce statut fut aboli au XVIIIe siècle mais continua à exister dans la pratique jusqu'au début du XXe siècle.

以竈火燒香, 穢柴作食；夜起裸露, 八節行刑；唾流星, 指虹霓；輒指三光, 久視日月；春月燎獵, 對北惡罵, 無故殺龜打蛇.

[11] 如是等罪, 司命隨其輕重, 奪其紀算. 算盡則死；死有餘責, 乃殃及子孫. 又諸橫取人財者, 乃計其妻子家口以當之, 漸至死喪. 若不死喪, 則有水火盜賊、遺亡器物、疾病口舌諸事, 以當妄取之直[17]. 又枉殺人者, 是易刀兵而相殺也. 取非義之財者, 譬如漏脯救饑, 鴆酒止渴；非不暫飽, 死亦及之.

17. « 直 », 今本多作 « 值 ».

et à l'heure de l'aube. Ils osent pleurer, cracher ou uriner en direction du nord, et chanter ou pleurer en direction de l'âtre du foyer. Ils osent encore allumer de l'encens avec le feu de l'âtre et faire cuire des repas avec du bois souillé, se lever nus la nuit et infliger des punitions corporelles les jours des huit changements de saison. Ils crachent en direction des étoiles filantes et pointent du doigt les arcs-en-ciel ; ils ne se privent pas de pointer les Trois Luminaires [Soleil, Lune, étoiles] et de fixer du regard l'éclat du soleil et de la lune. Au printemps, ils chassent en brûlant les sous-bois et profèrent des insultes, tournés vers le nord. Ils mettent à mort sans raison tortues et serpents.

[11] Pour tous ces crimes et en fonction de leur gravité, le contrôleur du Destin[7] enlève à ceux qui les ont commis des années de vie. Quand la totalité du destin alloué a été ainsi retranchée, l'homme meurt ; s'il lui reste encore alors des péchés à expier, les calamités vont frapper ses enfants et petits-enfants. Ceux qui se sont emparés des biens d'autrui devront les compenser en leur donnant leurs femmes, enfants et autres proches[8], un à un jusqu'à ce que tous soient morts. Si la réparation ne nécessite pas qu'ils meurent, ils devront néanmoins subir inondations et incendies, voleurs et bandits, la perte de leurs biens, les maladies, les querelles et autres malheurs, jusqu'à ce que les biens qu'ils ont volés soient entièrement payés. Quant à ceux qui se livrent au meurtre, ils seront à leur tour tués par une arme qui se retournera contre eux. Ceux qui s'enrichissent malhonnêtement doivent aussi être mis en garde ; ils n'en éprouveront qu'une jouissance éphémère, tels ceux qui apaisent leur faim avec de la viande putride ou qui étanchent leur soif avec un vin empoisonné, et la mort les rattrapera bientôt.

---

7. Titre du dieu du Foyer.

8. Les proches ne sont pas ici directement donnés, mais meurent pour renaître dans la famille de celui qui doit recevoir la compensation.

[12] 夫心起於善, 善雖未為, 而吉神已隨之；或心起於惡, 惡雖未為, 而凶神已隨之. 其有曾行惡事, 後自改悔, 諸惡莫作, 眾善奉行, 久久必獲吉慶；所謂轉禍為福也. 故吉人語善、視善、行善, 一日有三善, 三年天必降之福. 凶人語惡、視惡、行惡, 一日有三惡, 三年天必降之禍. 胡不勉而行之？

[12] Quand un homme songe à la vertu, même s'il n'a pas encore transformé sa pensée en acte, des dieux favorables l'accompagnent déjà. Mais, s'il songe au vice, même s'il n'a pas encore transformé sa pensée en acte, des dieux néfastes le suivent déjà. Celui qui s'est livré au vice mais s'est repenti par la suite et ne pratique plus aucune mauvaise action mais uniquement de bonnes jouira pour toujours des bénédictions divines : c'est ce qu'on appelle « transformer les malheurs en bénédictions ». Aussi, un homme qui veut être béni des dieux ne parle que de choses vertueuses, ne regarde que des choses vertueuses et ne commet que des actions vertueuses. Si chaque jour il pratique ces trois formes de vertu, le Ciel assurément lui octroiera des bénédictions avant trois ans. L'homme maudit des dieux ne parle que de choses immorales, ne regarde que des choses immorales et ne commet que des actions immorales. Si chaque jour il pratique ces trois formes de vice, le Ciel assurément lui octroiera des malheurs avant trois ans. Pratiquez cela avec ardeur !

Wenchang dijun yinzhiwen 文昌帝君陰騭文,

« Texte des récompenses invisibles,
par le seigneur Wenchang »

Introduction

Le « texte des récompenses invisibles, par le seigneur Wenchang », qui prend forme à la fin des Ming, est un texte très concis, environ deux fois plus court que le *Taishang ganyingpian*, mais semblable à lui par sa structure et très proche dans son inspiration ; il en reprend même plusieurs phrases. Son importance parmi les *shanshu* ne cède qu'à celle du *Taishang ganyingpian* en termes de nombre d'éditions et de commentaires.

Comme son titre l'indique, il s'agit d'une révélation attribuée à Wenchang. Ce nom désigne une constellation rassemblant plusieurs divinités stellaires incluse dès l'époque des Han dans la liste des sacrifices officiels mais qui n'avait jamais fait l'objet d'un culte d'une grande ampleur, avant d'être identifiée sous les Song à un dieu local de Zitong 梓潼 (nord du Sichuan). Ce dieu local, connu au début de notre ère comme un redoutable serpent, fut progressivement réinventé sous une forme humaine et promu par les taoïstes à un statut de héros devenu membre éminent de l'administration céleste[1]. Cette promotion fut validée et couronnée par des ouvrages révélés à

1. Kleeman, « The Expansion of the Wen-ch'ang Cult ».

partir de 1168 par le dieu lui-même. Le culte de Wenchang se propagea alors, dans ses temples propres, mais aussi dans des chapelles au sein des académies confucéennes, des monastères bouddhiques et des temples taoïstes. Il fut intégré aux sacrifices impériaux en 1801, à une époque où depuis longtemps déjà il était au cœur des religiosités lettrées. Une de ses fonctions principales, encore très vivante aujourd'hui, est en effet de présider aux examens et aux carrières mandarinales.

Wenchang, associé au *Taishang ganyingpian* dès le XIIe siècle, joue sous les Ming et les Qing un rôle fondamental dans la constitution du genre des *shanshu*. Parmi les nombreux textes de morale révélés par Wenchang, le *Yinzhiwen* fait figure de texte fondamental et programmatique ; il fit même parfois l'objet d'un culte spécifique[2].

Le *Yinzhiwen* a été peu étudié au regard de sa diffusion jusqu'à nos jours. Sakai Tadao, qui lui a consacré un essai, a tenté de reconstituer son histoire[3]. La plus ancienne édition connue du texte tel qu'il existe aujourd'hui est accompagnée d'un commentaire par Yan Zhangjing 顏章敬 (*zi* Shengyu 生愉) et incluse dans le *Danguiji* 丹桂籍 (« La Bibliothèque du Cannelier de cinabre[4] »), une compilation de textes attribués à Wenchang datée de 1689. Le travail de Sakai montre qu'à partir de l'édition du *Danguiji* par la famille Yan le *Yinzhiwen* connaît une large diffusion, et différentes éditions, généralement basées sur celle du *Danguiji*, commencent à paraître dès les premières années du XVIIIe siècle.

La question de l'origine du texte est plus floue. Selon Terry Kleeman, le *Yinzhiwen* serait très proche d'autres textes

2. Le culte du *Yinzhiwen* comme texte sacré est amplement documenté dans le *Danguiji*. Une anecdote du XIXe siècle relate les succès aux examens (en dépit de sa nullité littéraire) d'un homme dont la seule activité intellectuelle quotidienne était de se purifier et de réciter le *Yinzhiwen* : « Feng *Yinzhiwen* » 奉陰騭文, *Chishang caotang biji*, 1.21b-22b.

3. Sakai Tadao, *Zōho Chūgoku zenshu*, vol. 1, p. 509-544.

4. Le cannelier est l'arbre associé à Wenchang et à la promotion dans le mandarinat.

révélés par Wenchang au cours du XIIe siècle par le moyen de l'écriture inspirée, notamment le *Zitong dijun huashu* 梓潼帝君化書 (« Livre des transformations du seigneur Zitong ») et le *Qinghe neizhuan* 清河內傳 (« Biographie intime de Qinghe ») – ouvrages se trouvant tous deux dans le Canon taoïste. Kleeman pense que le *Yinzhiwen* lui-même daterait donc du XIIe ou du XIIIe siècle[5]. Cette opinion est d'ailleurs partagée par certains commentateurs du *Yinzhiwen*, tel l'éminent lettré et dévot à Wenchang, Zhu Gui 朱珪 (1731-1807)[6].

De fait, Yan Zhangjing affirme, dans son édition du *Yinzhiwen*, qu'il ne fait qu'éditer un texte transmis par son aïeul Yan Tingbiao 顏廷表 (?-1465 ?). Rien ne corrobore cependant avec certitude cette assertion. En revanche, il existe une version différente, plus ancienne, du *Yinzhiwen*, intitulée *Quanxing yinzhiwen* 勸行陰騭文 (« Texte pour exhorter à pratiquer en vue des récompenses invisibles »), qui circulait dès les premières années du XVIIe siècle. Le texte pourrait être plus ancien encore, puisque l'on trouve déjà un *Yinzhi zhiwen* 陰騭之文 cité par le célèbre ministre taoïsant Hu Ying 胡濙 (1375-1463)[7]. Quoi qu'il en soit, cette version a servi de base à Yan Zhangjing, qui a modifié certains éléments et en a ajouté d'autres, y compris des phrases dictées en rêve par Wenchang en 1677, pour former le texte « final », promis à une très large diffusion. Par conséquent, si l'édition qui s'est finalement imposée a bien été l'œuvre de la famille Yan dans les années 1670-1680, le *Yinzhiwen* s'est formé graduellement, en combinant dès la fin des Ming, et peut-être même avant,

5. Kleeman, *A God's Own Tale*, p. 77, p. 282.

6. *Yinzhiwen zhu*, 36b. Zhu Gui, l'un des plus hauts fonctionnaires du début du règne de l'empereur Jiaqing, persuada ce dernier d'intégrer Wenchang dans les sacrifices de l'État. Sur Zhu Gui, voir Goossaert « Zhu Gui, a Short Biography ».

7. « Gongji Wenchang juxing gongguoge wen » 公祭文昌舉行功過格文, *Gujin tushu jicheng*, « Shenyi dian » 神異典, j. 16, fasc. 490, p. 21a-b évoque un 帝君陰騭之文.

diverses révélations produites dans les milieux lettrés où fleurissait le culte de Wenchang.

Ainsi, même si le texte dans l'édition du *Danguiji* semble fixé, diverses versions continuent de circuler. Des révélations reçues par Yan Zhangjing en 1677, six passages marqués par [...] dans notre texte ci-dessous, sont omises dans la plupart des éditions de l'époque des Qing, sans doute parce qu'elles étaient jugées d'authenticité douteuse ; cependant, les versions qui circulent à l'époque contemporaine, aussi bien sur papier que sur Internet, sont presque toujours des versions longues comprenant ces ajouts. De plus, une phrase de seize caractères révélée en 1692 à un certain Pan Chengyun 潘成雲, marquée par {...} dans notre texte, est le plus souvent omise aussi bien dans les éditions d'époque Qing que dans les éditions contemporaines. Entre le texte le plus court (n'incluant aucune des nouvelles révélations reçues en rêve en 1677 et en 1692) et le plus long (les incluant toutes deux), la longueur du *Yinzhiwen* passe de 544 à 636 caractères ; la version intermédiaire (avec les révélations de 1677 mais sans celle de 1692, soit 620 caractères) est également fréquente. Ces ajouts n'altèrent cependant pas le sens et l'orientation générale du texte ; j'ai choisi de les traduire ici en les signalant.

Le terme de *yinzhi* qui sert de titre à notre texte remonte aux classiques, où il a plutôt le sens, parlant du Ciel, de gouverner et de prendre soin des humains[8]. Dans le contexte du *Yinzhiwen*, il désigne plus spécifiquement l'administration morale du monde, où le Ciel récompense les bonnes actions et punit les mauvaises, et c'est pourquoi je le traduis ici par « récompenses invisibles ». Le terme de *yin* renvoie à la fois à l'autre monde et au fait que l'on ne voit pas la main de la justice divine, même si ses effets sont toujours, *in fine*, manifestes. De fait,

8. *Shujing* 書經, « Hongfan » 洪範 : 惟天陰騭下民, « le Ciel prend soin de façon invisible des humains ». Le terme apparaît déjà dans les révélations de Wenchang d'époque Song, le *Zitong dijun huashu* et le *Qinghe neizhuan*.

comparé au *Taishang ganyingpian*, notre texte parle moins de la surveillance qu'exercent les dieux sur la conduite des humains, et plus de la possibilité de divinisation de soi offerte par une vie vertueuse.

La structure du texte est simple. En introduction, Wenchang parle à la première personne, donnant en exemple la conduite vertueuse qu'il a lui-même adoptée au cours de dix-sept réincarnations successives lors desquelles il accumula tant de mérites qu'il fut finalement promu au titre de Wenchang dijun et à la fonction de régisseur des Destins, et des carrières mandarinales en particulier, qui lui confère un rang très élevé dans la bureaucratie céleste. L'histoire de ces dix-sept réincarnations est racontée en détail dans les autobiographies révélées par Wenchang au XIIe siècle et évoquées plus haut (notamment dans le *Zitong dijun huashu*). Puis Wenchang, s'appuyant sur cet exemple, affirme que la rétribution des bonnes et mauvaises actions est inévitable, et enjoint les lecteurs de s'abstenir de mauvaises actions et de pratiquer de bonnes actions, dont l'énumération forme la partie centrale du texte. En conclusion, il rappelle rapidement la promesse faite à tous ceux qui pratiqueront le bien, à savoir qu'ils seront protégés par les dieux.

Le *Yinzhiwen* n'a à ma connaissance pas été précédemment traduit en français. Une première traduction en anglais par D. T. Suzuki et Paul Carus a paru en 1906, et plus récemment une autre a été publiée par Terry Kleeman, le spécialiste de l'histoire du culte de Wenchang[9]. L'édition utilisée ici est le *Danguiji*, que j'ai comparée à d'autres éditions plus tardives et à l'édition critique de Sakai Tadao.

9. « The Tract on the Hidden Administration », in Lopez, éd., *Religions of China in Practice*, p. 70-71.

文昌帝君陰騭文[1]

[1] 帝君曰 : « 吾一十七世為士大夫身, 未嘗虐民酷吏, 救人之難, 濟人之急, 憫人之孤, 容人之過, 廣行陰騭, 上格蒼穹. 人能如我存心, 天必賜汝以福.

[2] 於是訓於人曰 : « 昔于公治獄, 大興駟馬之門. 竇氏濟人, 高折五枝之桂. 救蟻中狀元之

1. […] note les passages ajoutés en 1677 par Yan Zhangjing ; […] note le passage ajouté en 1692 par Pan Chengyun.

« Texte des récompenses invisibles, par le seigneur Wenchang »

[1] Le Seigneur dit : « Pendant dix-sept vies, j'ai été un lettré-fonctionnaire, et jamais je n'ai maltraité le peuple ou abusé de mes subordonnés. J'ai sauvé les gens en détresse et secouru ceux dans le besoin ; j'ai eu pitié des orphelins, et j'ai pardonné à ceux qui avaient commis des fautes. J'ai largement pratiqué les actions [qui attirent] les récompenses invisibles, qui se sont accumulées comme la voûte céleste sans limite. À ceux qui pourront garder leur esprit concentré sur le bien à mon exemple, le Ciel accordera à coup sûr ses bénédictions. »

[2] Puis il exhorta les humains en disant : Jadis, Sieur Yu géra [humainement] la prison, et il put se faire construire une porte assez grande pour laisser passer un quadrige[10] ; Monsieur Dou aida de nombreuses personnes et fut récompensé en cueillant cinq branches de cannelier[11]. Tel sauva des fourmis

10. Allusion à la biographie de Yu Dingguo 于定國, dans *Hanshu* 漢書, j. 71 : Yu gère la prison dont il a la charge avec une grande humanité pour les prisonniers, et sait qu'il acquiert ainsi un grand mérite, si bien qu'il demande qu'on lui construise une nouvelle porte assez large pour laisser passer un quadrige. De fait, ses supérieurs finissent par avoir vent de sa vertu, et il est honoré par le droit de conduire un quadrige, marque d'honneur selon les lois somptuaires alors en vigueur.

11. Allusion à l'histoire de Dou Yujun 竇禹鈞. Cet homme, qui vivait au xe siècle, était miséreux et toujours sans enfant à l'âge de trente ans. Une divinité lui apparut et lui expliqua que cela était causé par les nombreux péchés commis par son père, mais qu'il pouvait surmonter ce karma en pratiquant ardemment les bonnes actions. Dou s'engagea vigoureusement dans

選. 埋蛇享宰相之榮. 欲廣福田, 須憑心地. 行時時之方便, 作種種之陰功. 利物利人, 修善修福, 正直代天行化, 慈祥為國救民. [存平等心, 擴寬大量.] 忠主孝親, 敬兄信友. {和睦夫婦, 教訓子孫, 毋慢師長, 毋侮聖言.} 或奉真朝斗. 或拜佛念經. 報答四恩, 廣行三教. [談道義而化奸頑, 講經史而曉愚昧.]

et fut choisi comme premier lauréat des examens[12] ; et tel autre enterra un serpent et fut finalement honoré du titre de Premier ministre[13]. Si vous voulez augmenter les bénédictions que vous recevez, vous devez vous fier à votre nature morale. Servez-vous en permanence de la vertu en fonction des opportunités ; et pratiquez toutes sortes de bonnes actions cachées. Soyez bénéfiques aux êtres vivants et aux humains, cultivez la vertu et les actes qui attirent les bénédictions. Soyez droit et faites avancer la civilisation au nom du Ciel ; soyez miséricordieux et secourez le peuple pour seconder l'État. [Gardez un esprit d'équanimité et restez généreux sans retenue.] Soyez loyal envers votre souverain et pieux envers vos parents, respectueux envers vos aînés et fidèle envers vos amis. {Maintenez l'harmonie entre époux et instruisez vos enfants ; ne manquez jamais de respect à vos maîtres et n'insultez jamais les sages.} Vous pouvez vénérer les saints taoïstes et rendre hommage à la Grande Ourse ; et aussi vous prosterner devant les Bouddhas et réciter les sutras. Payez de retour les quatre grâces reçues (Ciel, Terre, Seigneur, Parents) et diffusez sans retenue les Trois Enseignements. [Prêchez les principes de la morale pour convertir les gens malhonnêtes ; enseignez les livres classiques pour éclairer les ignorants.]

---

cette voie en venant en aide à ses voisins par tous les moyens possibles, si bien qu'il finit par vivre très vieux et par avoir cinq enfants qui firent tous de belles carrières. Le cannelier, arbre associé à Wenchang, symbolise les carrières administratives. L'histoire semble pour la première fois attestée dans un texte de Fan Zhongyan 范仲淹 (989-1052).

12. Allusion à une histoire qui semble remonter au *Houdelu* 厚德錄 de Li Yuangang 李元綱 (époque Song), selon laquelle deux frères réussissent aux examens, et un bonze devin leur explique que cela est dû au mérite qu'ils ont accumulé quand, étant jeunes, ils ont dévié un ruisseau qui allait engloutir une fourmilière.

13. Allusion à une histoire relatée dans le *Xinshu* 新書 de Jia Yi 賈誼 (-200 – -168) ; dans l'Antiquité, le jeune Sun Shuao 孫叔敖 du pays de Chu 楚 vit un dangereux serpent à deux têtes, qu'il tua, puis, par respect, enterra. Sa mère le félicita de cet acte doublement méritoire et lui prédit qu'il lui vaudrait de grands honneurs.

[3] 濟急如濟涸轍之魚，救危如救密羅之雀. 矜孤恤寡, 敬老憐貧. [舉善薦賢, 饒人責己.] 措衣食， 周道路之饑寒. 施棺槨， 免屍骸之暴露. [造漏澤之仁園， 興啟蒙之義塾.] 家富， 提攜親戚, 歲饑, 賑濟鄰朋. 斗秤須要公平, 不可輕出重入. 奴僕待之寬恕, 豈宜備責苛求. 印造經文, 創修寺院. 捨藥材以拯疾苦, 施茶水以解渴煩. 或買物而放生, 或持齋而戒殺. 舉步常看蟲蟻, 禁火莫燒山林. 點夜燈以照人行， 造河船以濟人渡. 勿登山而網禽鳥. 勿臨水而毒魚蝦. 勿宰耕

[3] Aidez tous ceux en détresse comme si vous aidiez un poisson pris dans une ornière desséchée ; sauvez ceux qui se trouvent en grand danger comme si vous sauviez un moineau pris dans un filet. Prenez en pitié l'orphelin et en sympathie la veuve ; traitez avec respect les personnes âgées et avec chaleur les pauvres[14]. [Glorifiez la vertu et recommandez les hommes de bien ; créditez autrui [de leur mérite] et ne blâmez que vous-même.] Mettez des vivres et des vêtements à disposition des voyageurs affamés et transis sur les chemins ; offrez des cercueils, pour que personne n'ait à souffrir d'avoir son cadavre exposé aux éléments après sa mort. [Construisez des cimetières charitables pour les pauvres, et bâtissez des écoles gratuites pour ceux qui n'ont pas accès à l'éducation.] Quand votre famille prospère, restez solidaire de vos proches ; les années de disette, venez en aide à vos voisins et amis. Vos poids et mesures doivent être justes et exacts ; vous ne pouvez pas tricher à l'achat ou à la vente. Traitez vos serviteurs avec bienveillance ; à quoi vous mènerait de les tenir responsables de tout ? Imprimez des exemplaires des classiques ; faites construire et entretenir les temples et monastères. Distribuez des médicaments pour soigner les malades ; faites préparer du thé pour ceux qui souffrent de la chaleur. Quand vous le pouvez, achetez des animaux [destinés à la boucherie] et relâchez-les vivants, et respectez le jeûne [végétarien] et abstenez-vous de prendre toute vie. Regardez à chaque pas s'il n'y a pas de fourmis ou d'autres insectes [pour ne pas les écraser] ; évitez d'allumer des feux en montagne, pour ne pas risquer d'incendier les bois. Allumez des lampes la nuit pour éclairer les chemins ; aménagez des bacs pour permettre aux voyageurs de traverser les cours d'eau. N'allez pas en montagne pour attraper mammifères et oiseaux, ne

14. Cette phrase est reprise *verbatim* (à l'exception des deux derniers caractères) du *Taishang ganyingpian*.

牛. 勿棄字紙. 勿謀人之財產. 勿妒人之技能. 勿淫人之妻女. 勿唆人之爭訟. 勿壞人之名利. 勿破人之婚姻.

[4] 勿因私讎, 使人兄弟不和. 勿因小利, 使人父子不睦. 勿倚權勢而辱善良. 勿恃富豪而欺窮困. [依本分而致謙恭, 守規矩而遵法度, 諧和宗族, 解釋冤怨.] 善人則親近之, 助德行於身心. 惡人則遠避之, 杜災殃於眉睫. 常須隱惡揚善. 不可口是心非. [常記有益之語, 罔談非禮之言.] 翦礙道之荊榛, 除當途之瓦石. 修數百年崎嶇之路, 造千萬人來往之橋. 垂訓以格人非, 捐貲以成人美. 作事須循天理, 出言要順人心. 見先哲

jetez pas de poison dans les rivières pour attraper poissons et crustacés. N'abattez pas le bovin laboureur ; ne jetez pas de papier où figurent des caractères d'écriture. N'ourdissez pas de plans pour vous emparer des biens d'autrui ; ne jalousez pas les talents des autres. Ne portez pas la main sur les femmes mariées ou non ; n'incitez pas autrui à intenter des procès. Ne portez pas atteinte à la réputation des gens, et ne tentez pas de détruire leur mariage.

[4] Ne laissez pas la zizanie s'installer entre des frères à cause de vos propres inimitiés ; ne permettez jamais à la méfiance de s'immiscer entre un père et son fils à cause de vos intérêts égoïstes. N'abusez pas de votre pouvoir pour humilier des gens de bien ; ne profitez pas de votre richesse pour abuser des gens de peu. [Satisfaites-vous de votre lot en cultivant l'humilité ; observez tous les règlements pour manifester votre respect de l'ordre établi. Maintenez votre lignage dans l'harmonie, et employez-vous à apaiser les griefs et les rancunes.] Si vous rencontrez des hommes vertueux, fréquentez-les, et renforcez ainsi la vertu en vous-même ; si vous croisez des gens sans morale, tenez-vous en éloignés, pour vous garder des malheurs qui les suivent de très près. Toujours, taisez les mauvaises conduites et exaltez les bonnes ; et ne parlez jamais en contradiction avec votre for intérieur. [Gardez toujours à l'esprit les bonnes paroles, et ne prononcez jamais des propos inconvenants.] Élaguez les ronces et buissons qui entravent les chemins ; enlevez les pierres et les gravas qui obstruent les allées. Entretenez des routes, pour que l'on puisse y cheminer pour des siècles ; bâtissez des ponts qui feront traverser des millions de passants. Promulguez vos exhortations, pour donner l'exemple à ceux qui pourraient faire le mal ; donnez vos richesses pour permettre à autrui d'accomplir de belles choses. En toutes choses, conformez-vous à l'ordre naturel ; dans tous vos propos, respectez les sentiments d'autrui. Pensez tout le temps aux sages de jadis, même si vous vous reposez ou

於羹牆, 慎獨知於衾影. 諸惡莫作, 眾善奉行. 永無惡曜加臨, 常有吉神擁護. 近報則在自己, 遠報則在兒孫. 百福駢臻, 千祥雲集, 豈不從陰騭中得來者哉.

que vous dînez[15] ; surveillez-vous vous-même même si les seuls à vous voir sont votre ombre et votre couverture. Ne vous livrez à aucune mauvaise action et pratiquez toutes les bonnes ; et jamais une mauvaise étoile ne vous suivra, alors que vous serez toujours protégé par un dieu. Les rétributions immédiates vous atteindront ici et maintenant ; tandis que les rétributions différées affecteront vos descendants. Quand toutes les bénédictions arrivent de concert et que les bons augures se manifestent en bouquet, ce ne peut être que le fruit des récompenses invisibles !

15. Allusion à un passage du *Houhanshu* 後漢書 (j. 63, biographie de Li Gu 李固), où l'on raconte comment le souverain mythique Shun portant le deuil de son prédécesseur Yao, le voyait en face de lui sur le mur quand il était assis, et dans sa soupe lorsqu'il dînait.

Guansheng dijun jueshi zhenjing 關聖帝君覺世真經,

« Authentique révélation pour éveiller le monde, par le seigneur saint Guan »

Introduction

L'« Authentique révélation pour éveiller le monde, par le seigneur saint Guan » est le plus célèbre texte au sein d'un corpus très considérable de livres de morale révélés par Guandi. Ce titre, empereur Guan, désigne le personnage divinisé de Guan Yu 關羽, un général valeureux qui se distingua lors des guerres marquant la fin de l'empire Han et la création de trois royaumes concurrents au début du IIIe siècle de notre ère[1]. Le culte de Guan Yu a certainement commencé peu après sa mort tragique (il fut assassiné par un traître) ; il prend un véritable essor sous les Song, en étant activement promu à la fois par l'institution bouddhique, qui fit de lui un dieu gardien protecteur des monastères, et taoïste, qui en fit un de ses principaux dieux exorcistes[2]. Il fut promu dans le panthéon officiel à des rangs de plus en plus importants jusqu'à obtenir le titre suprême de *di*, empereur, en 1614 ; ses sacrifices officiels furent élevés au même rang que ceux de Confucius en 1853.

1. Sur le culte de Guandi et sa présence en France (notamment chez les Chinois cantonnais de la Réunion), voir Wong Hee Kam, *Guan yu – Guandi*.

2. Ter Haar, « The Rise of the Guan Yu Cult ».

À l'époque des Qing, Guandi fut très fortement promu par le régime impérial comme protecteur des armées mais aussi comme parangon des vertus confucéennes, et il devint l'un des principaux saints confucéens, ce qui n'empêcha pas d'autres facettes du dieu de continuer à se développer parallèlement[3]. On attribue souvent au culte de Guandi et à ses livres de morale une forte coloration confucianiste. Cela est très certainement vrai d'une partie du corpus, notamment du *Mingshengjing* 明聖經, qui est avec le *Jueshi zhenjing* le plus diffusé des livres révélés par Guandi : cet ouvrage est entièrement consacré aux relations familiales et sociales, laissant de côté les autres thèmes propres aux *shanshu*. Mais certains pans de ce corpus très riche et hétérogène révèlent d'autres préoccupations. Dès les années 1740 plusieurs dizaines de textes révélés sont rassemblées dans le *Wudi huibian* et plus encore dans l'« Anthologie de Guandi », *Guandi quanshu* 關帝全書 (1858), et l'on y trouve aussi des textes très eschatologiques, en particulier à partir des années 1840.

Le texte traduit ici reste quant à lui complètement dans la lignée du *Taishang ganyingpian* et du *Yinzhiwen*, dont il reprend non seulement le vocabulaire et les thématiques, mais même des phrases entières. Y trouver une plus nette orientation confucéenne que dans ses prédécesseurs requiert de s'attacher au détail plutôt qu'à l'ensemble ; si les premières phrases semblent évoquer en effet une morale tournée vers le respect de l'ordre familial et social, Guandi rappelle rapidement qu'il est aussi un dieu martial, violent et vengeur : « Et si vous ignorez mes instructions, vous tâterez de mes armes ! »

La révélation du *Jueshi zhenjing* semble dater du début de l'ère Kangxi, soit des années 1660-1680[4]. La première préface datée remonte à 1691, et la plus ancienne édition

3. Duara, « Superscribing Symbols ».

4. Sur la datation du *Jueshi zhenjing*, voir Sakai Tadao, *Zōho Chūgoku zenshu*, vol. 2, p. 184-185 et Yau Chi-on, « Fuhua yunei », p. 222-225.

connue fut publiée dans les années 1720. Il suit donc de peu le *Yinzhiwen* auquel il est fortement apparenté. Comme ce dernier, le *Jueshi zhenjing* commence en prose parallèle, mais adopte rapidement une structure plus rigide, faite de phrases de trois puis, sur la majorité du texte, de quatre caractères, qui ne riment pas. Il est donc destiné à la lecture et à la récitation, mais pas à la psalmodie.

La structure du texte suit cette variation prosodique : elle commence avec un éloge de l'homme de bien à qui une conscience morale toujours vigilante permet d'être digne du statut d'être humain, puis enchaîne sur la menace que font peser la surveillance exercée par les dieux et la possibilité des punitions. Vient ensuite une longue liste de recommandations d'actions morales, que les dieux sauront récompenser, puis une autre, d'actions immorales, qu'ils sauront punir. Dans une dernière partie conclusive, Guandi promet toutes sortes de bénédictions à ceux qui choisiront la voie de la vertu.

Le *Jueshi zhenjing* a été traduit en allemand par Gunther Diesinger dans son ouvrage sur l'histoire du culte de Guandi[5], mais il n'existe pas à ma connaissance de traduction française. J'ai établi cette édition sur la base du *Jingxinlu* et du *Guandi quanshu*, mais en conservant l'ordre des phrases du premier (modifié dans un passage par le *Guandi quanshu*) que l'on retrouve dans les éditions contemporaines. J'ai également noté quelques variantes que l'on retrouve fréquemment parmi les innombrables éditions circulant aujourd'hui, sur papier et sur Internet.

5. Diesinger, *Vom General zum Gott*.

關聖帝君覺世真經

[1][1] 人生在世, 貴盡忠孝節義等事, 方於人道無愧, 可立於天地之間. 若不盡忠孝節義等事, 身雖在世, 其心已[2]死, 可[3]謂偷生. 凡人心即神, 神即心. 無愧心, 無愧神. 若是欺心, 便是欺神. 故君子三畏四知, 以慎其獨. 勿謂暗室可欺, 屋漏可愧. 一動一靜, 神明鑒察. 十目十手, 理所必至. 況報應昭昭[4], 不爽毫髮. 淫為諸[5]惡首, 孝為百行原. 但有逆理, 於心有愧者, 勿謂有利而行之. 凡有合理於心無愧者, 勿謂無利而不行. 若負吾教, 請試吾刀.

1. 今本多加 « 帝君曰 ».
2. « 已 », « 敬信錄 » 本作 « 既 ».
3. « 可 », 今本多加 « 是 ».
4. « 昭昭 », 今本多加 « 昭彰 ».
5. « 諸 », 今本多加 « 萬 ».

« Authentique révélation pour éveiller le monde, par le seigneur saint Guan »

[1] L'homme en ce monde doit estimer plus que toute autre chose la loyauté, la piété filiale, la maîtrise de soi et l'équité. C'est ainsi qu'il peut vivre en homme sans avoir honte de lui-même et trouver sa place entre le Ciel et la Terre. S'il néglige, tant soit peu, la loyauté, la piété filiale, la maîtrise de soi et l'équité, bien qu'il ait un corps en vie, son esprit est mort. Cela s'appelle « voler son existence ». L'esprit de l'homme est de même nature que celui des dieux, et les dieux sont de même nature que notre esprit. Qui n'a pas à avoir honte en son esprit n'a pas à avoir honte devant les dieux. Mais celui qui se trompe en esprit trompe les dieux. Voilà pourquoi l'homme de bien est toujours infiniment prudent et réfléchi, pour être sur ses gardes vis-à-vis de lui-même jusque dans la solitude. Ne croyez pas que vous pouvez mentir même dans le secret d'une chambre obscure ! Ou que vous devez avoir honte d'une maison misérable. Quoi que vous fassiez, les dieux vous surveillent. Comme s'ils avaient dix yeux et dix mains, ils ont accès partout. Aussi, la rétribution des bonnes et mauvaises actions est éclatante, et ne connaît jamais le moindre manque. La luxure est le premier des péchés ; la piété filiale est la source de toutes les bonnes actions. Ne pratiquez jamais une action contraire à l'ordre des choses et dont vous auriez honte, sous prétexte qu'elle vous serait avantageuse. Ne vous abstenez jamais d'une action conforme à l'ordre des choses et dont vous n'auriez pas honte, sous prétexte qu'elle vous serait désavantageuse. Et, si vous ignorez mes instructions, vous tâterez de mes armes !

[2] 敬天地, 禮神明 ; 奉祖先, 孝雙親 ; 守王法, 重師尊 ; 愛兄弟, 信朋友 ; 睦宗族, 和鄉鄰 ; 別夫婦, 教子孫. 時行方便, 廣積陰功 ; 救難濟急, 恤孤憐貧 ; 創修廟宇, 印造經文. 捨藥施茶 ; 戒殺放生. 造橋修路, 矜寡[6]拔困 ; 重粟惜福, 排難解紛 ; 捐資成美, 垂訓教人 ; 冤讐解釋, 斗秤公平[7] ; 親近有德, 遠避凶人 ; 隱惡揚善, 利物救民 ; 回心向道, 改過自新 ; 滿腔仁慈, 惡念不存 ; 一切善事, 信心奉行 ; 人雖不見, 神已早聞 ; 加福增

6. « 寡 », « 關帝全書 » 本作 « 孤 ».

7. « 關帝全書 » 本排序作 « 恤孤憐貧. 矜寡拔困. 排難解紛. 捐資成美. 垂訓教人. 創修廟宇. 印造經文. 造橋修路. 捨藥施茶. 冤讐解釋. 斗秤公平. 重粟惜福. 戒殺放生 ».

[2] Honorez le Ciel et la Terre, rendez le culte dû aux dieux. Sacrifiez à vos ancêtres et traitez avec piété vos parents. Respectez la loi et vénérez vos maîtres. Aimez vos frères et soyez digne de la confiance de vos amis. Faites régner la solidarité dans votre lignage, et la concorde parmi vos voisins. Maintenez mari et femme chacun à sa place, et éduquez vos enfants. Pratiquez la vertu en fonction des opportunités et pratiquez toutes sortes de bonnes actions cachées. Secourez ceux qui sont dans les difficultés et aidez tous ceux qui sont en détresse ; prenez en sympathie l'orphelin et traitez avec chaleur les pauvres. Faites construire et entretenir les temples, imprimez des exemplaires des classiques. Distribuez des médicaments et faites préparer du thé ; abstenez-vous de prendre toute vie et achetez des animaux [destinés à la boucherie] pour les relâcher vivants. Faites construire et entretenir des ponts et des routes ; prenez en pitié les veuves et ceux qui sont dans l'épreuve. Soyez toujours digne et modeste quand les dieux vous accordent leurs bénédictions ; soyez toujours disponible pour résoudre les problèmes et apaisez les disputes. Donnez vos richesses pour permettre à autrui d'accomplir de belles choses ; dispensez de bonnes instructions pour guider les autres. Trouvez des solutions aux querelles et aux haines ; faites respecter les poids et mesures justes et corrects. Fréquentez les hommes de vertu, et tenez-vous à distance des personnes néfastes. Passez les mauvaises actions sous silence et exaltez les bonnes. Soyez utile à tous les êtres vivants et secourable envers tous les humains. Tournez votre cœur vers le Dao, repentez-vous de vos mauvaises actions pour vous corriger. Remplissez votre cœur de pitié et de compassion, qu'il n'y ait plus de place pour une seule mauvaise pensée ! Pratiquez toutes les bonnes actions avec dévotion : même si aucun humain n'en est témoin, les dieux le sauront immédiatement. Ils vous accorderont alors des bénédictions, prolongeront votre vie et augmenteront votre descendance. Ils éloigneront de vous les désastres et les maladies, et vous protégeront des calamités.

壽, 添子益孫；災消病滅, 禍患不侵；人物咸寧, 吉星照臨.

[3] 若存惡心, 不行善事；淫人妻女, 破人婚姻, 壞人名節, 妒人技能；謀人財產, 唆人爭訟, 損人利己, 肥家潤身；恨天怨地[8], 罵雨呵風, 謗聖毀[9]賢, 滅像欺神；宰殺牛犬, 穢溺字紙, 恃勢辱善, 倚富壓貧；離人骨肉, 間人兄弟[10], 不信正道, 姦盜邪淫[11]；好尚奢詐, 不重儉勤[12], 輕棄五穀, 不報有恩；瞞心昧己, 大斗小秤, 假立邪教, 引誘愚人；詭[13]說昇天, 歛物行淫, 明瞞暗騙, 横言曲語；白日咒詛, 背地謀害, 不存天理, 不順人心；不信報應, 引人作惡, 不修片善, 行諸惡事：

8. « 恨天怨地 », « 關帝全書 » 本作 « 怨天恨地 ».
9. « 毀 », « 關帝全書 » 本作 « 譭 ».
10. « 兄弟 », « 敬信錄 » 本作 « 弟兄 ».
11. « 淫 », « 關帝全書 » 本作 « 行 ».
12. « 儉勤 », 今本多加 « 勤儉 ».
13. « 詭 », « 關帝全書 » 本作 « 託 ».

Humains et animaux de votre maison seront en paix, et protégés par les dieux stellaires bienveillants.

[3] Mais certains choisissent de s'abandonner à leurs instincts immoraux et ne pratiquent pas d'actions vertueuses. Ils se livrent à la luxure avec les femmes et filles d'autrui, et brisent les mariages. Ils ruinent les réputations et jalousent les talents qu'ils n'ont pas. Ils complotent pour s'emparer des biens d'autrui et incitent chacun à se lancer dans des procès. Ils nuisent aux autres pour leur propre profit et ne cherchent qu'à gratifier eux-mêmes et leurs proches. Ils accusent Ciel et Terre d'être responsables de leurs malheurs et lancent des imprécations contre les éléments naturels. Ils insultent les saints et les sages, détruisent des icônes et trompent les dieux. Ils mettent à mort bovins et chiens, et souillent les papiers couverts de caractères d'écriture. Ils abusent de leur pouvoir pour humilier les hommes de bien, et de leur richesse pour abuser des pauvres. Ils n'hésitent pas à séparer les gens d'une même famille et à dresser les frères les uns contre les autres. Ils n'accordent aucun crédit à l'enseignement de la morale, mais s'adonnent au vol et à la luxure. Ils recherchent le luxe et le gaspillage, et méprisent la frugalité. Ils jettent sans sourciller des céréales et n'ont aucune reconnaissance envers leurs bienfaiteurs. Ils se dupent eux-mêmes et, quand ils commercent, trompent les autres en employant deux poids et deux mesures. Ils inventent de fausses religions pour duper les gens simples ; en leur tenant de fausses promesses sur leur salut, ils volent leur argent et les déshonorent. Ils se livrent à toutes les sortes de fourberies, ouvertes comme cachées, franches ou sous-entendues. Ils jurent en plein jour et complotent en cachette. Ils agissent à l'encontre de l'ordre moral du monde et des sentiments d'autrui. Ils ne croient pas en la rétribution des actes et incitent les autres à l'immoralité. Ils ne pratiquent pas la moindre bonne action, mais essaient toutes les mauvaises. Ceux-là connaîtront les cours de justice et les mauvais procès, les inondations, les incendies, les voleurs et les brigands, les

官詞口舌, 水火盜賊, 惡毒瘟疫, 生敗產蠢, 殺身亡家, 男盜女淫, 近報在身, 遠報子孫.

[4] 神明鑒察, 毫髮不紊. 善惡兩途, 禍福攸分. 行善福報, 作惡禍臨. 我作斯語, 願人奉行. 言雖淺近, 大益身心. 戲侮吾言, 斬首分形. 有能持誦, 消凶聚慶. 求子得子, 求壽得壽, 富貴功名, 皆能有成. 凡有所祈, 如意而獲, 萬禍雪消, 千祥雲集. 諸如此福, 惟善可致. 吾本無私, 惟佑善人. 眾善奉行, 毋怠厥志.

empoisonnements et les épidémies ! Ils auront des enfants prodigues et idiots, qui les tueront et mèneront toute la famille à sa perte, réduisant les hommes au brigandage et les femmes à la prostitution. La rétribution les frappera, en cette vie ou sur leurs descendants.

[4] Les dieux vous surveillent, pas le moindre détail ne leur échappe ! Bénédictions et malédictions suivent les voies bien séparées de la vertu et du vice. Ceux qui pratiquent la vertu attirent les bénédictions, et ceux qui pratiquent le vice sont rattrapés par les malédictions. Je vous exhorte par ces mots pour que vous les mettiez tous en pratique ; j'ai choisi des termes simples, mais qui peuvent changer votre vie. Si vous les prenez à la légère, vous risquez d'être décapités et démembrés ! Ceux qui les réciteront et les observeront pourront éloigner les calamités et attirer les faveurs du Ciel. Parmi eux, ceux qui prieront pour obtenir des fils obtiendront des fils ; ceux qui prieront pour obtenir une plus longue vie obtiendront une plus longue vie. Ils auront richesses, honneurs et belle réputation, et accompliront leurs projets. Toutes leurs demandes seront accordées par le Ciel. Les malédictions se dissiperont autour d'eux, tandis que tous les signes fastes les entoureront. Toutes ces bénédictions sont accessibles, mais seule la vertu les rend possibles. Jamais je n'ai été partial ; je ne fais qu'aider les hommes de bien. Pratiquez toutes les bonnes actions et jamais ne relâchez votre effort !

Taiwei xianjun gongguoge 太微仙君功過格,

« Barème des mérites et démérites de l'immortel seigneur de la Grande Ténuité »

Introduction

Le « Barème des mérites et démérites de l'immortel seigneur de la Grande Ténuité » est historiquement le premier texte d'un genre appelé à connaître une grande fortune : les *gongguoge* 功過格, qui donnent un décompte précis des points de mérites ou de démérites correspondant à chaque bonne ou mauvaise action. Beaucoup d'autres barèmes seront révélés, ou rédigés à la première personne par des auteurs vivants, à partir du XVIIe siècle et deviendront plus populaires ; le *Taiwei xianjun gongguoge* ne sera pas pour autant totalement oublié, puisqu'il continue à figurer dans quelques anthologies à l'époque moderne.

Notre barème a été révélé en rêve en 1171 à un membre d'un mouvement taoïste, le Jingmingdao 淨明道[1]. Ce mouvement, historiquement lié au culte de Xu Xun 許遜, un saint exorciste de la région de Nanchang (actuel Jiangxi), combine une liturgie taoïste traditionnelle avec une pratique d'initiation des laïcs et une forte insistance sur la morale sociale (il était également connu sous le nom de Voie de la piété filiale, Xiaodao 孝道). Le Jingmingdao a connu une grande vitalité et de nombreuses

1. Brokaw, *Ledgers*, p. 43-52.

révélations aux XIIe et XIIIe siècles[2]. L'immortel seigneur de la Grande Ténuité qui révèle ce texte est une divinité stellaire attestée dans les textes taoïstes depuis l'époque médiévale.

Le contexte dans lequel le « Barème » a été rédigé est donc celui d'un mouvement taoïste ne restreignant pas les initiations à quelques prêtres professionnels, mais conférant au contraire largement des initiations aux laïcs, qui peuvent, dès les premiers degrés, pratiquer des rituels simples. De ce fait, parmi les actes méritoires, ceux qui consistent à accomplir des rituels pour le salut d'autrui, à transmettre la liturgie et à diffuser les textes révélés occupent une place importante ; ces éléments se retrouvent dans la majorité des livres de morale mais ils sont ici particulièrement détaillés. De plus, leur caractère bénévole est mis en avant : accomplir un rituel n'est méritoire que s'il est fait sans salaire. Ce thème du salaire du sacré, majeur dans la religion chinoise comme dans beaucoup d'autres traditions, est polémique. S'il prend une coloration anticléricale dans d'autres livres de morale plus tardifs[3], il se présente ici plutôt sous une forme classique où « le maître ne reçoit pas de salaire » mais reçoit les gages de foi (*xinwu* 信物) donnés par les fidèles aux dieux (les objets utiles au rituel que sont l'encre, le pinceau, le papier, mais aussi des objets précieux tels que des anneaux en or)[4]. L'attitude du texte vis-à-vis de ces gages est d'ailleurs ambiguë, puisqu'il les rejette dans un passage (traduction, section [6]) mais les accepte dans un autre (traduction, section [10]). Outre ce thème du salaire, notre barème accorde une importance marquée aux erreurs dans les procédures rituelles, ce qui est typique d'une morale cléricale, alors que d'autres livres de morale mettent l'accent sur l'intention.

2. Akizuki Kanei, *Chūgoku kinsei dōkyō no keisei* ; Schipper, « Taoist Ritual and Local Cults ».

3. Voir par exemple le *Yuli baochao*, p. 112-113 du présent livre.

4. Schipper, « Le pacte de pureté du taoïsme ».

Si son contexte liturgique lui donne une coloration spécifique, notre barème reprend aussi de nombreux thèmes également dominants dans d'autres textes de cette époque comme le *Taishang ganyingpian*, notamment le respect de la vie humaine et animale, qui occupe ici une place centrale, l'aide aux pauvres et l'entretien des voies de communication. Comme eux, et de façon plus explicite encore, son univers moral entretient des rapports complexes avec la justice de ce monde. Le barème mentionne fréquemment les codes de justice humains en soulignant leurs imperfections, du moins dans leur application ; il relève d'une justice supérieure qui sanctionne les accusations et condamnations erronées des juges de ce monde.

Le texte édité et traduit ici est celui du Canon taoïste (*Daozang* n° 186) ; il n'a à ma connaissance jamais été traduit.

太微仙君功過格

序

[1]« 易 » 曰 : « 積善之家, 必有餘慶 ; 積不善之家, 必有餘殃. » 道科曰 : « 積善則降之以祥, 造惡則責之以禍. » 故儒道之教, 一無異也. 古者聖人君子、高道之士, 皆著盟誡, 內則洗心鍊行, 外則訓誨於人, 以備功業矣. 余於大定辛卯之歲, 仲春二日子正之時, 夢遊紫府, 朝禮太微仙君, 得受功過之格, 令傳信心之士. 忽然夢覺, 遂思功過, 條目歷歷明了, 尋乃披衣正坐, 默而思之, 知是高仙降靈, 不敢疏慢, 遂整衣戴冠, 滌硯揮牋, 走筆書之, 不時而就, 皆出乎無思, 非干於用意, 著斯

« Barème des mérites et démérites de l'immortel seigneur de la Grande Ténuité »

Préface

[1] Le *Yijing* dit : « Ceux qui accumulent les bonnes actions recevront un surcroît de grâces ; ceux qui accumulent les mauvaises actions recevront un surcroît de désastres[5]. » La règle taoïste dit : « Les dieux feront descendre les choses fastes sur ceux qui accumulent les bonnes actions ; ils puniront par des malédictions ceux qui commettent de mauvaises actions[6]. » Ainsi, les enseignements du confucianisme et du taoïsme ne diffèrent en rien. Les saints gentilshommes et éminents taoïstes de jadis ont tous exhorté leurs contemporains à raffiner leur conduite et leur esprit, et à donner l'exemple à autrui, afin d'augmenter leurs mérites autant que possible. Moi-même, en cette année *xingmao* de l'ère Dading (1171), le 2e jour du 2e mois du printemps, à l'heure *zi*, je me suis retrouvé en rêve en audience dans le palais pourpre de l'immortel seigneur de la Grande Ténuité. J'ai reçu de Lui le « Barème des mérites et démérites », afin que je le transmette aux hommes de foi. Je me réveillai brusquement de ce rêve en me souvenant tout à fait clairement de chacun des articles des mérites et démérites ; alors je m'habillai et m'assis, en réfléchissant en silence à cette expérience, et je réalisai qu'un haut dignitaire parmi les

5. Citation du *Yijing*, hexagramme *kun* 坤 ; il s'agit d'un des *locus classicus* des livres de morale.

6. Je n'ai pas pu trouver l'origine de cette citation.

功格三十六條、過律三十九條，各分四門，以明功過之數，付修真之士明書日月，自記功過，一月一小比，一年一大比，自知功過多寡，與上天真司考校之數，昭然相契，悉無異焉. 大凡一日之終，書功下筆乃易，書過下筆的難. 即使聰明之士，明然頓悟罪福因緣、善惡門戶，知之減半，慎之全無. 依此行持，遠惡遷善，誠為真誡，去仙不遠矣.

[2] 功格三十六條

救濟門十二條

教典門七條

焚修門五條

用事門十二條

過律三十九條

不仁門十五條

不善門八條

不義門十條

不軌門六條

immortels était venu m'honorer de sa présence divine, et que je ne pouvais faire preuve de négligence. J'ajustai ma robe et ma coiffe, préparai l'encrier et le papier, et notai rapidement la totalité de ma révélation, sans y réfléchir et sans chercher à y insérer mes pensées. C'est ainsi que j'écrivis le registre des mérites en trente-six articles et le registre des démérites en trente-neuf articles, chacun étant divisé en quatre catégories et donnant précisément le nombre des mérites et démérites. Ceux qui veulent avancer dans la perfection peuvent ainsi noter clairement chaque jour leurs mérites et démérites, calculer leur bilan intermédiaire chaque mois, et final au terme de l'année, et connaître ainsi le montant exact de leurs mérites et démérites : ce montant correspond à celui calculé par l'administration céleste, sans écart possible. À la fin de chaque journée, noter ses actes méritoires est aisé, mais noter ses actes encourant des démérites est ardu. Mais les hommes intelligents auront clairement compris comment arrivent les bénédictions et les châtiments, par le canal des bonnes et des mauvaises actions ; ceux qui en sont conscients auront déjà pu éliminer la moitié [de leurs démérites] et ceux qui y prendront garde s'en seront totalement débarrassés. Pratiquer cette méthode permet d'éloigner le mal et d'attirer le bien ; ceux qui sincèrement en feront leur règle de conduite seront déjà proches de l'immortalité !

[2] Registre des mérites – 36 articles
Catégorie du secours à ceux qui souffrent – 12 articles
Catégorie des textes canoniques – 7 articles
Catégorie du culte – 5 articles
Catégorie de la vie quotidienne – 12 articles

Registre des démérites – 39 articles
Catégorie du manque de compassion – 15 articles
Catégorie du manque de vertu – 8 articles
Catégorie de l'injustice – 10 articles
Catégorie des infractions aux règles – 6 articles

凡受持之道, 常於寢室床首, 置筆硯簿籍, 先書月分, 次書日數, 於日下開功過兩行, 至臨臥之時, 記終日所為善惡, 照此功過格內名色數目, 有善則功下注, 有惡則過下注之, 不得明功隱過. 至月終計功過之總數, 功過相比, 或以過除功, 或以功折過, 折除之外者, 明見功過之數, 當書總記訖, 再書後月, 至一年則大比, 自知罪福, 不必問乎休咎.

[3] 功格三十六條

救濟門十二條

以符法針藥救重疾一人為十功, 小疾一人為五功, 如受病家賄賂則無功, 治邪一同. 凡行治一度為一功, 施藥一服為一功.

La voie à suivre, pour ceux qui adoptent mon enseignement, est de ménager sur leur table de chevet un pinceau, un encrier et un cahier, organisé mois par mois, jour par jour, et sous chaque jour de tracer deux colonnes, l'une pour les mérites et l'autre pour les démérites. Chaque soir, au moment de se coucher, il faut y inscrire les bonnes et mauvaises actions commises pendant la journée et, en consultant le présent barème, y noter le nombre de mérites correspondant aux bonnes actions et de démérites correspondant aux mauvaises actions. Il est exclu de noter les bonnes actions en omettant les mauvaises. À la fin de chaque mois, on fait le total des mérites et démérites et on compare les deux totaux ; soit les mérites dépassent les démérites, soit c'est l'inverse ; dans tous les cas, on reporte le total des mérites et démérites sur le mois suivant, et l'on calcule le grand total à la fin de l'année. On sait ainsi les bénédictions que l'on peut espérer et les malédictions que l'on encourt, sans avoir besoin d'avoir recours à la divination pour connaître sa bonne ou mauvaise fortune.

[3] Registre des mérites – 36 articles

Catégorie du secours à ceux qui souffrent – 12 articles

Guérir quelqu'un d'une grave maladie, par les talismans, les rituels, l'acupuncture ou les médicaments : dix mérites ; si la maladie est bénigne, cinq mérites. Si le patient vous a indûment payé[7] pour cela : aucun mérite. Guérir quelqu'un d'une possession démoniaque : même nombre de mérites. Pratiquer un rituel de guérison : un mérite ; administrer un remède : un mérite.

7. *Huilu* signifie corrompre, suborner ; sans doute faut-il entendre que le guérisseur peut accepter une somme modeste pour son déplacement, mais pas demander une récompense, ou encore favoriser les patients qui le paieraient davantage.

傳一符一法一方一術、令人積行救人，每一術為十功, 如受賄而傳, 或令人受賄, 則並無功.

傳人保益性命符法藥術等, 每一事為五功, 如受賄而傳為一功.

救一人刑死性命為百功，免死刑性命一人為百功, 減死刑性命一人為五十功, 救人徒刑為四十功，免人徒刑為三十功，減人徒刑為二十功, 救人杖刑為十功, 免人杖刑為八功, 減人杖刑為六功, 救人笞刑為五功, 免人笞刑為四功, 減人笞刑為三功, 救謂非自己主事, 得門竭力救之是也；免謂自己主事, 特爽原免者是也. 如依法定罪則無功, 如私家減免婢僕之屬, 同此論功.

[4] 救有力報人之畜一命為十功. 謂駝、騾、牛、馬、驢畜等.

救無力報人之畜一命為八功，謂山野禽獸之屬. 蟲蟻飛蛾濕生之類一命為一功.

賑濟鰥寡孤獨窮民百錢為一功, 貫錢為十功, 如一錢散施，積至百錢為一功，米麥幣帛衣物,

Transmettre une technique thérapeutique (un talisman, un rituel, un remède, une technique) à quelqu'un pour qu'il sauve les gens : dix mérites par technique transmise ; celui qui aura transmis contre paiement ou qui aura encouragé autrui à se faire payer n'aura aucun mérite.

Transmettre une technique (un talisman, un rituel, un remède, une technique) qui permet de se maintenir soi-même en bonne santé : cinq mérites par technique transmise ; celui qui aura transmis contre paiement n'aura qu'un mérite.

Sauver la vie d'un condamné à mort : cent mérites ; le gracier, cent mérites ; et faire commuer sa peine en une peine inférieure, cinquante mérites. Sauver un condamné au bannissement : quarante mérites ; le gracier, trente mérites ; et faire commuer sa peine en une peine inférieure, vingt mérites. Sauver un condamné à la bastonnade : dix mérites ; le gracier, huit mérites ; et faire commuer sa peine en une peine inférieure, six mérites. Sauver un condamné à des coups de canne : cinq mérites ; le gracier, quatre mérites ; et faire commuer sa peine en une peine inférieure, trois mérites. Par sauver, on entend intervenir dans une affaire où l'on n'est pas partie prenante et faire tout son possible pour aider l'accusé ; par gracier, on entend le fait de demander la clémence en tant que plaignant. Si un accusé a été condamné après avoir été prouvé coupable, il n'y a pas de mérite à le sauver. Pour les chefs de famille jugeant les serviteurs sous leur autorité, le même barème s'applique.

[4] Sauver un animal qui travaille pour les humains (tels chameaux, ânes, bovins, chevaux, mules) : dix mérites par animal.

Sauver un animal qui n'est pas utile aux humains (tels les oiseaux et mammifères sauvages) : huit mérites par animal ; pour les insectes, rampant, volant et autres : un mérite par vie.

Venir en aide aux veufs et veuves, aux orphelins et aux miséreux : un mérite pour cent sapèques dépensées, et dix

以錢數論功，饒潤窮民債負，亦同此論. 濟饑渴之民一飲一食皆為一功.

濟寒凍之民暖室一宵為一功.

救接人畜筋力疲困之苦一時為一功.

葬無主之骨一人為五十功，施地與無土之家葬一人為三十功，若令出備租課則無功. 埋藏自死者、走獸、飛禽、六畜等一命為一功，若埋藏禽獸、六畜骨殖及十六斤為一功.

平理道途嶮阻及泥水陷沒之所一日一人之功為十功，若造船橋濟渡、不求賄賂者，所費百錢為一功，一日一人之功為十功.

[5] 教典門七條

自己受救人法籙經教一宗為二十功，受保護自身法籙經教一宗為十五功.

於高士處求救人法籙經教一宗為八功，求保護自身法籙經教一宗為四功.

mérites pour une ligature [de mille sapèques]. Si vous offrez sapèque par sapèque, un mérite à chaque fois que le total de cent sapèques est atteint. Si vous offrez du riz ou du blé, des vêtements ou autres biens utiles, les mérites sont comptés en fonction de leur prix. Si vous payez ou effacez les dettes de familles dans la misère, les sommes comptent en mérites de la même manière. Si vous donnez à manger ou à boire à une personne affamée ou assoiffée : un mérite par repas.

Accueillir ceux qui souffrent du froid : un mérite par nuit offerte au chaud.

Accorder du repos à une bête de somme épuisée par le travail : un mérite par heure.

Enterrer les os d'un corps abandonné : cinquante mérites par corps ; donner un terrain pour permettre d'y enterrer les corps d'une famille sans terre : trente mérites par corps ; mais, si on demande un loyer, il n'y a aucun mérite. Enterrer le corps des suicidés, de mammifères, d'oiseaux, d'animaux domestiques : un mérite par être ; enterrer les os épars de mammifères, d'oiseaux ou d'animaux domestiques : un mérite par seize livres d'os.

Aménager les routes pour aplanir les obstacles et passages escarpés et pour boucher les fossés et les ornières : dix mérites par jour de travail par personne ; aménager un bac, un pont ou un gué, sans chercher à en tirer profit : un mérite par cent sapèques dépensées, et dix mérites par jour de travail par personne.

[5] Catégorie des textes canoniques – 7 articles

Recevoir la transmission d'un rang taoïste avec ses textes révélés, ses registres et ses rituels, qui permettent de sauver des humains : vingt mérites. Recevoir la transmission d'un rang taoïste avec ses textes révélés, ses registres et ses rituels, qui permettent de se protéger soi-même : quinze mérites.

Aller chez un saint homme demander à recevoir la transmission d'un rang taoïste avec ses textes révélés, ses

傳受行法官一人為百功，度籙生弟子一人為五十功，度受戒弟子一人為三十功.

以救眾經法付人為五功，保養性命經法付人為四功，演道經論付人為三功．為朋友間相受也.

自己注撰救眾經法一宗為三十功，保養性命經法一宗為二十功，謂得功驗者. 讚道之文一篇為一功，謂詩詞歌頌等. 若詠無教化者則無功.

自己簡編救眾經法一宗為十功，保養性命經法一宗為五功，讚道之文一篇為一功.

雕造經教所費百錢為一功，貫錢為十功，印造散施與人小經一卷為十功，謂千字已下者. 大經一卷為二十功，謂千字已上者. 並謂上聖正典有教化者，非談論興亡勝敗之書及詠風月之文.

registres et ses rituels, qui permettent de sauver des humains : huit mérites ; y demander à recevoir la transmission d'un rang taoïste avec ses textes révélés, ses registres et ses rituels, qui permettent de se protéger soi-même : quatre mérites.

Consacrer un nouveau prêtre : cent mérites ; ordonner un disciple : cinquante mérites ; conférer les préceptes à un novice : trente mérites.

Transmettre un texte révélé et sa pratique à une personne : cinq mérites si ce texte vise au salut universel ; quatre mérites si le texte vise à prolonger sa propre vie. Enseigner les textes révélés : trois mérites (s'entend de l'enseignement prodigué entres amis).

Copier soi-même un texte révélé et rédiger le texte expliquant sa pratique : trente mérites si ce texte vise au salut universel ; vingt mérites si le texte vise à prolonger la propre vie du pratiquant (s'entend pour les textes ayant une efficacité prouvée). Rédiger un texte en hommage au Dao : un mérite par texte (s'entend des poèmes et chants). Mais aucun mérite pour composer et chanter des poèmes qui n'ont aucune valeur édifiante.

Compiler et éditer un texte révélé et sa pratique : dix mérites si ce texte vise au salut universel ; cinq mérites si le texte vise à prolonger la propre vie du pratiquant ; compiler et éditer un texte en hommage au Dao : un mérite par texte.

Faire graver des planches d'impression pour des textes religieux : un mérite pour cent sapèques dépensées, et dix mérites pour une ligature. Imprimer et distribuer aux gens un texte révélé court (s'entend pour les textes de moins de mille caractères) : dix mérites par texte ; pour un texte révélé long (plus de mille caractères) : vingt mérites par texte. Ceci s'entend pour les textes révélés par les dieux supérieurs pour édifier l'humanité, et en aucun cas des textes de pronostication ou de poésie mondaine.

[6] 焚修門五條

修聖像、壇宇、幢蓋、幡花、器皿、床坐, 及諸供養之物, 費百錢為一功, 貫錢為十功, 如施與人錢物, 修置百錢為半功, 貫錢為五功, 或以什物一件為一功.

旦夕朝禮, 為國為眾, 焚修一朝為二功, 為己焚修一朝為一功.

章醮, 為國、為民、為祖先、為孤魂、為尊親, 祈禳災害, 薦拔沉魂, 一分為二功, 為己一分為一功, 為施主一分為一功, 若受法信則無功.

為無告孤魂告行拔亡符命一符為十功, 祖先尊親一亡為十功, 為平交親知及卑幼一亡為五功, 為施主一亡為四功, 若受法信則無功.

為國為民, 或尊親先亡,或無主孤魂, 誦大經一卷為六功, 小經一卷為三功, 聖號百遍為三功, 為平交親知及卑幼誦大經為四功, 小經聖號

[6] Catégorie du culte – 5 articles

Construire ou réparer des icônes, des temples, des parasols et décorations d'autel, des vases et du mobilier liturgiques, et autres objets pour le culte : un mérite pour cent sapèques dépensées, et dix mérites pour une ligature. Si ces dons d'argent ou d'objets sont faits pour une autre personne : un demi-mérite pour cent sapèques dépensées, cinq mérites pour une ligature, et un mérite par objet.

Accomplir le rituel d'audience [aux dieux supérieurs] matin et soir, en priant pour la prospérité de l'empire et de l'humanité : deux mérites par rituel ; en priant pour soi-même : un mérite par rituel.

Accomplir un rituel d'offrande et présenter un mémoire aux dieux, en priant pour l'empire, pour l'humanité, pour les ancêtres, pour les âmes souffrantes, pour les parents, pour éviter les désastres ou pour le salut des défunts : deux mérites par rituel ; en priant pour soi-même : un mérite par rituel ; en priant pour la personne qui a organisé le rituel et payé pour lui : un mérite par rituel. Mais, si l'on a reçu les gages de foi en salaire, alors aucun mérite n'est compté.

Produire un talisman pour sauver des enfers une âme souffrante orpheline (sans proche qui puisse prier à son intention) : dix mérites par talisman ; pour sauver ses propres ancêtres et parents : dix mérites par talisman ; pour sauver des connaissances, des serviteurs ou des enfants : cinq mérites par talisman ; pour l'âme désignée par la personne qui a organisé le rituel et payé pour lui : quatre mérites par talisman. Mais, si l'on a reçu les gages de foi en salaire, alors aucun mérite n'est compté.

Psalmodier un texte révélé long pour le bénéfice de l'empire, de personnes, ou pour ses parents et ancêtres, ou pour les âmes souffrantes orphelines : six mérites par texte, et trois mérites si c'est un texte court ; psalmodier les

為二功, 為施主誦大經一卷為三功, 小經聖號為一功, 若受法信則無功. 為己禳謝, 誦大經一卷為二功, 小經聖號為一功.

[7] 用事門十二條

興諸善事, 利益一人為一功.

講演經教及諸善言, 化諭於眾, 在席十人為一功, 百人為十功, 人數雖多, 止五十功.

以文章詩詞, 誡勸於眾, 一篇為一功.

化人出財, 修諸功德, 一貫為一功.

勸人官門鬪訟, 免死刑為十功, 免徒刑為五功, 免杖刑為二功, 免笞刑為一功.

invocations[8] : trois mérites par série de cent. Psalmodier un texte révélé long pour le bénéfice de connaissances, de serviteurs ou d'enfants : quatre mérites par texte, et deux mérites si c'est un texte court ou [une série] d'invocations. Psalmodier un texte révélé long pour le bénéfice de la personne qui a organisé le rituel et payé pour lui : trois mérites par texte, et un mérite si c'est un texte court ou [une série] d'invocations. Mais, si l'on a reçu les gages de foi en salaire, alors aucun mérite n'est compté. Psalmodier un texte révélé long pour son propre bénéfice afin d'éviter un malheur ou de remercier les dieux de l'aide reçue : deux mérites par texte, et un mérite si c'est un texte court ou [une série] d'invocations.

[7] Catégorie de la vie quotidienne – 12 articles

Accomplir de bonnes actions : un mérite par personne aidée.

Enseigner en public sur les textes révélés et sur la morale, afin d'exhorter les gens au bien : un mérite si l'audience compte dix personnes, et dix mérites si elle en compte cent, et ainsi de suite, jusqu'à un maximum de cinquante mérites quel que soit le nombre d'auditeurs.

Composer des essais ou des poèmes afin d'exhorter les gens : un mérite par texte.

Convaincre autrui de donner pour des causes méritoires : un mérite par ligature.

Exhorter les gens à ne pas intenter des procès devant les magistrats : dix mérites si l'on peut ainsi éviter à une personne d'être condamnée à mort ; cinq mérites pour une peine de bannissement ; deux mérites pour une peine de bastonnade ; et un mérite pour des coups de canne.

---

8. Les *shenghao*, ou plus communément *baohao* 寶號, sont de courts hymnes contenant le nom, le titre complet et des formules d'hommage à une divinité donnée.

勸諫人鬪爭, 一人為一功.

舉薦高明賢達有德之士用事, 一人為十功.

讚揚人之善道, 一事為一功.

掩遏人之惡業, 一事為一功.

勸諫人令不為非、不廉、不孝、不貞、不良、不善、不慈、不仁、不義, 一人迴心為十功.

自己著紙衣一件為二功, 著布素麄衲之衣一件為一功, 謂有而不著者是功. 著紈帛者無功.

自己飲饍, 有而不食者為三功, 晚而不食者為二功, 素食下味為一功, 素食中味為半功, 素食上味為無功. 謂有上味及素饌佳餚而故不食者, 止甘淡薄麄糲中下之味者為功；若無上味而食中等之味者, 非為功；若無中味而食下味者, 亦非為功. 蓋有而故不食者為功.

[8] 過律三十九條

不仁門十五條

Réprimander et corriger des gens qui se battent : un mérite par personne.

Promouvoir une personne sage et vertueuse pour qu'elle soit employée : dix mérites par personne.

Faire l'éloge de la conduite vertueuse d'une personne : un mérite par cas.

Empêcher une personne de se conduire de façon vicieuse : un mérite par cas.

Réprimander et corriger ceux qui mentent et qui sont malhonnêtes, manquent à la piété filiale et à la chasteté, sont sans honneur et sans vertu, sans pitié et sans compassion, et n'ont pas de sens de la justice : dix mérites par personne repentie.

Porter des vêtements de papier [simples et humbles] : deux mérites par vêtement. Porter des vêtements grossiers en toile : un mérite par vêtement (s'entend du mérite gagné quand on choisit de ne pas porter des vêtements plus luxueux que l'on a). Aucun mérite si l'on porte des soieries.

Se priver de manger des mets et boissons dont on dispose : trois mérites ; deux mérites si la raison en est que l'heure est déjà tardive. Manger végétarien : un mérite si les mets sont ordinaires ; un demi-mérite si les mets sont de bonne qualité, et aucun mérite s'ils sont raffinés. (On entend par là que si des plats raffinés sont proposés mais que l'on n'en consomme pas, pour se contenter de mets simples et grossiers, de qualité simplement bonne ou ordinaire, on compte un mérite. On ne gagne aucun mérite à manger des plats de qualité simplement bonne s'il n'y a pas de mets raffinés offerts, ni à manger des plats ordinaires si rien d'autre n'est disponible. Le mérite ici n'est compté que lorsqu'on renonce volontairement à des mets offerts.)

[8] Registre des démérites – 39 articles

Catégorie du manque de compassion – 15 articles

凡有重疾告治, 不為拯救者, 一人為二過, 小疾一人為一過, 治不如法為一過, 不愈而受賄百錢為一過, 貫錢為十過.

修合毒藥, 欲害於人為十過, 害人性命為百過, 害人不死而病為五十過, 害一切眾生禽畜性命為十過, 害而不死為五過, 舉意欲害為一過.

學厭禱咒咀邪法, 欲害於人為十過, 害人性命為百過, 害人不死而病為五十過, 害人六畜一命為十過, 令病為五過, 舉意欲害為一過, 厭禳人家, 令見恠異, 欲取財賄為十過, 得財百錢為一過, 貫錢為十過.

謀人死刑, 成者為百過, 不成為五十過, 舉意不作為十過；謀人徒刑, 成者為四十過, 不成為二十過, 舉意不作為八過；謀人杖刑為十過, 不成為八過, 舉意為五過；謀人笞刑為五[1]過, 不成為四過, 舉意為三過. 凡為官吏, 入人罪者, 同此

1. 原本有 « 三 », 應誤, 改作 « 五 ».

Si une personne atteinte d'une maladie grave demande à être soignée, ne pas venir à son aide : deux démérites par cas ; un démérite si la maladie est bénigne. La traiter mais de façon incorrecte : un démérite. Recevoir un salaire, alors qu'on a échoué à guérir le patient : un démérite pour cent sapèques, dix démérites pour une ligature.

Concocter des poisons dans le but de nuire à autrui : dix démérites ; si un décès s'ensuit : cent démérites ; si la personne visée n'en meurt pas mais en tombe malade : cinquante démérites. Si le poison tue un animal, domestique ou autre : dix démérites ; s'il rend malade un animal sans le tuer, cinq démérites. Concevoir l'intention d'administrer du poison, sans la mener à bien : un démérite.

Apprendre des techniques de magie noire dans le but de nuire à autrui : dix démérites ; si un décès s'ensuit : cent démérites ; si la personne visée n'en meurt pas mais en tombe malade : cinquante démérites. Si la magie tue un animal domestique : dix démérites ; s'il rend malade un animal, cinq démérites. Concevoir l'intention de pratiquer la magie noire, sans la mener à bien : un démérite. Jeter un sort sur quelqu'un et faire apparaître des phénomènes étranges, dans le but d'en tirer de l'argent : dix démérites ; en tirer de l'argent : un démérite pour cent sapèques, dix démérites pour une ligature.

Intriguer pour faire condamner quelqu'un à mort : cent démérites si la peine est exécutée ; cinquante si le projet échoue. En concevoir l'intention sans la mener à bien : dix démérites. Intriguer pour faire condamner quelqu'un au bannissement : quarante démérites si la peine est exécutée ; vingt si le projet échoue. En concevoir l'intention sans la mener à bien : huit démérites. Intriguer pour faire condamner quelqu'un à la bastonnade : dix démérites si la peine est exécutée ; huit si le projet échoue. En concevoir l'intention : cinq démérites. Intriguer pour faire condamner quelqu'un aux coups de canne : cinq démérites ; quatre si le projet échoue. En concevoir l'intention : trois démérites. Pour les fonctionnaires qui

論. 為行法官, 妄入鬼神罪者, 亦同此論.

心中暗舉惡事, 欲殘害於人, 一人為一過, 事成殘害一人為十過, 心意中邪婬雜想非理之事, 一事為一過.

凡言舉惡事, 欲殘害於人, 一人為一過, 事成為十過, 惡語向師長、尊親為十過, 向善人為八過, 向平交為四過, 向卑幼為一過, 言約失信為一過, 揚人惡事為一過, 掩人善事為一過.

[9] 故傷殺人性命為百過, 誤傷殺性命為八十過, 以言遽殺者, 同使人殺者, 為六十過.

故殺有力報人之畜, 一命為十過, 誤殺為五過；故殺無力報人之畜, 飛禽走獸之類, 一命為八過, 誤殺為四過；故殺蟲蟻飛蛾濕生之屬, 一命為二過, 誤殺為一過 ；故殺傷人害物者、惡

prononcent des peines indues, le barème est le même. Pour les prêtres qui prononcent à l'emporte-pièce des peines indues envers les esprits[9], le barème est aussi le même.

Ourdir secrètement en son cœur des projets haineux pour nuire physiquement à la personne d'autrui : un démérite par personne visée ; si le projet est mené à terme : dix démérites par personne atteinte. Nourrir en son cœur des visées luxurieuses et désirs immoraux : un démérite par cas.

Tenir des propos haineux visant à nuire physiquement à la personne d'autrui : un démérite par personne visée ; si le projet est mené à terme : dix démérites par personne atteinte. Parler de façon haineuse à ses maîtres ou à ses parents : dix démérites ; à des hommes de vertu : huit démérites ; à des connaissances : quatre démérites ; à des serviteurs ou des enfants : un démérite. Trahir un engagement : un démérite. Louer les mauvaises actions d'autrui : un démérite ; passer sous silence les bonnes actions d'autrui : un démérite.

[9] Tuer volontairement quelqu'un : cent démérites ; par erreur : quatre-vingts démérites. Causer la mort de quelqu'un en excitant le meurtrier par ses paroles, ou en lui donnant des ordres : soixante démérites.

Tuer volontairement un animal qui travaille pour les humains : dix démérites par vie ; cinq démérites si la mort est provoquée par erreur. Tuer volontairement un animal qui n'est pas utile aux humains (tels que les oiseaux et mammifères sauvages) : huit démérites par animal ; quatre démérites si la mort est provoquée par erreur. Tuer volontairement un insecte, rampant, volant et autres : deux démérites par vie ; un démérite si la mort est provoquée par erreur. Tuer volontairement un prédateur dangereux pour les hommes et les autres êtres vivants, un nuisible ou un insecte mortel : un démérite (s'entend des tigres, loups, serpents, scorpions

9. Les prêtres taoïstes sont des fonctionnaires qui appliquent les codes de justice de l'au-delà et condamnent les esprits qui possèdent les hommes, exigent des sacrifices ou commettent d'autres crimes.

獸毒蟲為一過. 謂虎、狼、蛇、蝎、毒蟲之屬. 使人殺者同上論.

見殺不救, 隨本人之過減半, 無門可救, 不生慈念為二過, 助讚殺生為五過.

見若救得而不救者為十過, 無門可救, 不生慈念者為一過.

見人有憂, 不行解釋而故暢快者為五過.

見人畜死, 不起慈念者為一過. 凡言慈念者, 謂見苦不能得救, 止以持念聖號經文, 迴向以結善緣也.

役使人畜, 至於疲乏力倦, 不矜其苦而剛使役者, 一時為十過, 加之鞭笞者, 一杖為一過.

用水陷溺路徑, 使人畜出入行履艱難者, 一時為十過.

摧毀船橋, 使不通渡者, 一時為十過.

[10] 不善門八條

毀壞功德、聖像、壇宇、幢蓋、幡花、器

et autres insectes contenant un poison). Faire tuer ces animaux par quelqu'un : le même barème s'applique.

Assister à un meurtre [d'un humain ou d'un animal] et ne pas lui venir en aide : la moitié des démérites du meurtrier lui-même, suivant chaque cas. S'il n'existe aucun moyen de venir en aide à la victime, mais que l'on ne l'assiste pas d'une pensée compatissante : deux démérites. Encourager ou louer celui qui tue des êtres vivants : cinq démérites.

Voir la possibilité de venir en aide à quelqu'un mais ne rien faire : dix démérites. Dans une situation où il est impossible de venir en aide, ne pas assister la victime d'une pensée compatissante : un démérite.

Voir une personne dans le malheur, ne rien faire pour la soulager et au contraire s'en réjouir : cinq démérites.

Voir un animal domestique mourir sans l'assister d'une pensée compatissante : un démérite. (Assister d'une pensée compatissante s'entend d'une personne qui, étant témoin d'une souffrance à laquelle elle ne peut remédier, récite alors les invocations des dieux ou un texte révélé, et en reverse le mérite à l'être souffrant, afin de lui créer un karma favorable.)

Faire travailler un animal domestique jusqu'à l'épuiser totalement, être insensible à sa souffrance et le forcer à continuer sa peine : dix démérites par heure ; si de surcroît on le fouette : un démérite par coup infligé.

Creuser des fosses qui inonderont les chemins et rendront la circulation difficile aux humains et aux animaux : dix démérites par heure où le passage est bloqué.

Détruire bateaux ou ponts, rendant impossible le passage d'un cours d'eau : dix démérites par heure pendant laquelle le passage est bloqué.

[10] Catégorie du manque de vertu – 8 articles

Détruire des biens religieux, des icônes, des temples, des parasols et décorations d'autel, des vases et du mobilier

皿、床具及諸獻供之物，百錢之直為一過，貫錢之直為十過，以巧言說人，毀壞百錢之直為半過，貫錢之直為五過，見而不勸為一過，讚助為五過.

以言指斥，毀天尊聖像為二十過，真人為十五過，神君為十過，見毀滅不勸為一過，讚助毀滅為五過，毀滅經教，與此同論.

每遇齋日及諸節令吉辰，故不朝真為二過，因私務不及並非齋日為一過，因公務不及無過，為食酒肉葷辛及犯觸不朝真為五過，忌日誤朝真為一過.

遇節辰食晚食為二過，常日晚食為一過.

齋醮供聖鎮信之物，一物不備為一過，章詞一字差錯為一過，誤違科律格式，一事為一過，威儀有失，一事為一過，唱念不專為一過，宣科讀狀，奏對詞表，差錯一字為一過，三時朝真，一時

liturgiques, et autres objets pour le culte : un démérite pour l'équivalent de cent sapèques, et dix démérites pour l'équivalent d'une ligature. Convaincre autrui à se livrer à de telles destructions par la rouerie : un demi-démérite pour l'équivalent de cent sapèques, et cinq démérites pour l'équivalent d'une ligature. Voir de telles destructions mais s'en désintéresser : un démérite. Les encourager ou en faire l'éloge : cinq démérites.

Dénigrer ou détruire l'icône d'un vénérable céleste : vingt démérites ; d'un immortel, quinze démérites ; d'un seigneur divin, dix démérites. Assister à une telle destruction sans tenter de convaincre son auteur d'arrêter : un démérite ; l'encourager ou en faire l'éloge : cinq démérites. Détruire des textes révélés : même barème.

S'abstenir volontairement de rendre hommage aux dieux les jours de jeûne et de fête : deux démérites. Si la cause en est qu'on a été retenu par des affaires privées, un jour autre que les jours de jeûne : un démérite. Si on a été retenu par le service d'autrui : aucun démérite. Si l'on s'abstient parce que l'on a consommé alcool, viande et plantes alliacées ou que l'on est souillé : cinq démérites. Rendre hommage aux dieux par erreur les jours où cela est tabou[10] : un démérite.

Manger le soir les jours de fête : deux démérites ; le soir des jours ordinaires : un démérite.

Lors des rituels pour les vivants ou les morts, si, parmi les offrandes pour les dieux ou les gages donnés par les fidèles, un item n'est pas correctement préparé : un démérite. Dans les mémoires adressés aux dieux, si des mots sont fautifs : un démérite par faute. Si l'on commet une erreur par rapport à la procédure du rituel : un démérite par erreur. Si l'on s'écarte des gestes et de la tenue correcte : un démérite. Si l'on chante et récite les textes de façon négligée : un démérite. Si, lors des

10. Il s'agit notamment des jours *xu* 戌 (dans le cycle de douze jours), où les taoïstes ne rendent aucun culte.

有失為五過，供養進獻之物，一物不備為一過，一物不潔為一過，及不如法為一過.

應受施主法信錢物，非理使用，百錢為一過，貫錢為十過.

薦亡符簡文字等，一字差錯為一過，脱漏一字為一過，符文差錯脱漏為十過，修寫書篆不如法為五過.

誦念經典，漏一字為一過，漏一句為五過，音釋乖背，字音交差，一字為一過，念誦語句錯亂，有失文意，一句為五過，若念誦之時，心意不專為五過，邪婬雜想及思惡事為十過，住經語惡事訖續念經為十過，語常事為五過，接陪賓侶為三過，語善事為一過，不依誦經法式為五過，念經發嗔怒為十過，凌辱他人為十過. 凡言十過，其功全無，並是虛念. 但一過去功一分，十過去功十分，所以不用也.

proclamations, de la lecture des mémoires ou de la soumission de la requête aux dieux, on commet une faute de lecture : un démérite par faute. Lors de l'hommage aux dieux le matin, le midi et le soir, si une erreur est commise : cinq démérites à chaque occurrence. Si parmi les offrandes un item n'est pas correctement préparé : un démérite ; si un item est souillé : un démérite ; si le rituel n'est pas correctement accompli : un démérite.

Utiliser de façon immorale l'argent ou les gages donnés par les fidèles et qui reviennent de droit aux officiants : un démérite pour cent sapèques, dix démérites pour une ligature.

Laisser une erreur dans les talismans et autres documents délivrés pour le salut des défunts : un démérite par faute ; omettre un mot : un démérite. Si le talisman entier est erroné ou manquant : dix démérites. Composer des talismans de façon incorrecte : cinq démérites.

Chanter ou réciter des textes révélés en oubliant un mot : un démérite ; une phrase : cinq démérites ; prononcer mal et confondre les sons : un démérite par mot. Changer les phrases, modifier le sens du texte : cinq démérites par phrase. Chanter ou réciter en ayant l'esprit à autre chose : cinq démérites ; en laissant l'esprit divaguer vers des pensées luxurieuses ou vicieuses : dix démérites. Lors d'un rituel, bavarder de choses vicieuses puis continuer à réciter les textes révélés : dix démérites ; si le bavardage porte sur des choses sans conséquence : cinq démérites ; s'il s'agit d'aider des hôtes ou d'autres officiants : trois démérites ; s'il s'agit de propos vertueux : un démérite. Chanter les textes révélés en s'écartant de la procédure prescrite : cinq démérites ; les réciter en s'énervant : dix démérites ; en traitant avec mépris les autres personnes présentes : dix démérites. (Si l'on encourt dix démérites, le rituel accompli n'apporte plus aucun mérite, et la récitation est faite en pure perte. Si l'on encourt un démérite, le mérite apporté par le rituel est diminué d'un dixième, et ainsi de suite jusqu'à dix démérites, auquel cas le mérite du rituel est totalement annihilé, et son accomplissement est donc inutile.)

[11] 不義門十條

教唆人官門鬪訟, 死刑為三十過, 徒刑為二十過, 杖罪為十過；笞罪為八過.

教唆人鬪爭, 一人為一過.

教人為不廉、不孝、不義、不仁、不善、不慈, 為非作過, 一事為一過.

見賢不薦為一過, 見賢不師為一過.

見明師不參授典教為二過, 不依師之教旨為十過, 反叛師長為五十過, 違師教公為三十過, 尊長父母同此論.

良朋勝友不交, 設為一過.

窮民不濟為一過, 復加凌辱一人為三過.

偷盜人財物, 或教人偷盜, 百錢為一過, 貫錢為十過；若見偷盜, 不勸為一過, 讚助偷盜為五過, 米麥幣帛衣服, 並論錢數定過.

不義而取人財物, 百錢為一過, 貫錢為十過.

欠人財物, 抵諱不還, 百錢為一過, 貫錢為十過, 因而謀害, 其過加陪.

[11] Catégorie de l'injustice – 10 articles

Encourager les gens à aller s'intenter des procès devant les tribunaux : s'il s'ensuit une condamnation à mort : trente démérites ; un bannissement : vingt démérites ; une bastonnade : dix démérites ; des coups de canne : huit démérites.

Encourager les gens à se battre : un démérite par personne impliquée.

Encourager autrui à être malhonnête, à manquer à la piété filiale, à être sans sens de la justice et sans pitié, sans vertu et sans compassion et à commettre des fautes : un démérite par cas.

Connaître des hommes sages et ne pas les promouvoir : un démérite ; ne pas chercher leur enseignement : un démérite.

Connaître un maître éclairé mais ne pas demander à être initié par lui : deux démérites. Ignorer les instructions de son maître : dix démérites. Se rebeller contre les maîtres : cinquante démérites ; enseigner contre l'avis de son maître : trente démérites. Agir ainsi envers ses aînés et parents : même barème.

Avoir des amis de grande qualité morale et ne pas les fréquenter : un démérite par cas.

Ne pas venir en aide aux miséreux : un démérite ; les traiter de surcroît avec mépris : trois démérites.

Voler les biens d'autrui ou inciter autrui à voler : un démérite par cent sapèques ; dix démérites par ligature. Être témoin d'un vol et ne pas exhorter le voleur à se repentir : un démérite. Encourager ou faire l'éloge du vol : cinq démérites. Si le vol concerne des aliments, tissus, habits, etc. : le nombre de démérites est calculé suivant la valeur en sapèques des biens.

Obtenir les biens d'autrui par un moyen déloyal : un démérite par cent sapèques ; dix démérites par ligature.

Emprunter l'argent ou les biens d'autrui et refuser de rembourser sa dette : un démérite par cent sapèques ; dix démérites par ligature. Chercher de plus à nuire à son créditeur : le nombre de démérites est doublé.

[12] 不軌門六條

傳教法, 隱真出偽, 欺罔弟子, 一事為五過；如受法信, 百錢為一過, 得人不傳為一過, 傳非其人為十過.

注撰煙粉傳記、詩詞、歌行, 一篇為二過, 傳與一人為二過, 簡編一篇為一過, 傳與一人為一過, 自己記念一篇為一過.

食肉, 故殺性命食之為六過, 買肉食之為三過, 違禁肉故食為六過, 誤食為三過, 遇齋日食之為十過, 食後入壇念善為十過.

飲酒為評議惡事, 與人飲一升為六過, 無故與不良人飲一升為二過, 無故與常人飲一升為一過, 助婬懽飲一升為十過；為和合事理, 與友人飲, 祭酒、待賓、服藥, 皆不坐；遇齋日飲致醉, 或酒後入壇念善為五過.

五辛無故食之, 一食為一過, 食後持念經一大卷為十過, 一小經為五過, 一聖號為一過, 齋日食之為五過.

[12] Catégorie des infractions aux règles – 6 articles

Transmettre la liturgie en substituant le faux au vrai et en trompant les disciples : cinq démérites par cas ; si l'on reçoit de plus les gages en paiement : un démérite pour cent sapèques. Avoir un disciple mais ne rien lui transmettre : un démérite ; transmettre à quelqu'un qui en est indigne : dix démérites.

Écrire des récits, poèmes ou chansons romantiques : deux démérites par texte ; les donner à autrui : deux démérites par personne ; en éditer des recueils : un démérite par texte ; les donner à autrui : un démérite par personne ; en apprendre par cœur : un démérite par texte.

Tuer volontairement un animal dans le but de le consommer : six démérites ; acheter de la viande pour la manger : trois démérites ; braver volontairement les temps d'interdiction de viande : six démérites ; en manger par inadvertance pendant les temps d'interdiction : trois démérites. Manger de la viande les jours de jeûne : dix démérites ; entrer dans l'aire sacrée pour lire les textes révélés après avoir consommé de la viande : dix démérites.

Boire un litre de vin et parler de choses immorales avec ses compagnons de boisson : six démérites ; boire avec des personnes peu recommandables sans bonne raison : deux démérites ; boire avec des personnes ordinaires sans bonne raison : un démérite ; boire pour s'inciter à la luxure : dix démérites. Boire dans des circonstances conformes à la morale, pour accueillir des amis, pour sacrifier [aux ancêtres ou aux dieux], pour honorer un hôte, ou pour un traitement médicamenteux : pas de faute. Boire jusqu'à l'ivresse un jour de jeûne, ou entrer dans l'aire sacrée pour lire les textes révélés après avoir bu : cinq démérites.

Manger les plantes alliacées sans bonne raison : un démérite par cas ; réciter les textes révélés après en avoir mangé : dix démérites pour un grand texte, cinq pour un texte court, un démérite pour une invocation. En manger les jours de jeûne : cinq démérites.

受觸極親為五十過，近親為三十過，遠親為二十過，良家為十五過，受觸之後，入壇念道、朝真、禮聖及齋日犯觸隨儀，每一過為五過.

Avoir un rapport sexuel [hors du mariage] avec ses parents : cinquante démérites ; avec ses proches : trente démérites ; avec des parents éloignés : vingt démérites ; avec des personnes de bonne famille : quinze démérites. Entrer dans l'aire sacrée pour lire les textes révélés, rendre hommage aux dieux ou rendre un culte aux saints, ou accomplir les rituels les jours de jeûne après un rapport sexuel : cinq démérites à chaque cas.

Wudangshan Xuantian shangdi chuixunwen
武當山玄天上帝垂訓文,

« Exhortations laissées par le seigneur suprême du Ciel noir du mont Wudang »

Introduction

Les « Exhortations laissées par le seigneur suprême du Ciel noir » sont un texte qui se présente comme ayant été révélé sous la dynastie mongole des Yuan, le 24e jour du 12e mois de la 5e année de l'ère Dade, soit le 23 janvier 1302, dans un temple de la montagne sacrée du Wudangshan 武當山. Nous ignorons si cette date est véridique ; elle apparaît dans de nombreuses éditions du texte à partir du XVe siècle. Quoi qu'il en soit de la date et du lieu exact, comme l'existence de pratiques d'écriture inspirée autour du dieu Zhenwu 真武 – dont seigneur suprême du Ciel noir est l'un des titres – semble attestée dès le XIVe siècle, il paraît vraisemblable que notre texte est effectivement une révélation apparue à cette époque au sein des milieux vénérant Zhenwu.

Comme pour Wenchang, que nous avons vu précédemment, l'histoire du culte de Zhenwu est celle d'un culte local promu par les taoïstes au cours de l'époque des Song, et identifié à une divinité stellaire ancienne, l'empereur du Nord (Beidi 北帝). Cette divinité, dont les emblèmes sont un serpent et une tortue, bien attestés dès l'Antiquité chinoise, fut désormais assimilée à une constellation représentant le Septentrion, mais aussi à l'histoire d'un ascète exorciste et de son lieu saint, le Wudangshan, où il mena sa quête jusqu'à être promu au rang cosmique qui est désormais le sien[1].

L'histoire du texte permet d'y distinguer trois éléments principaux. Un premier ensemble de 170 vers de six caractères (soit 1 020 caractères) est commun à toutes les versions, avec des variantes qui ne sont que très rarement significatives, et s'achève avec une phrase conclusive, et parfois la date de la révélation. Un deuxième ensemble, manifestement ajouté par la suite, se compose de 86 vers de six caractères (soit 516 caractères). Il se trouve à la suite du premier élément dans diverses éditions indépendantes du texte, d'époque Ming. Il est cependant exclu du texte lorsque celui-ci est vers le milieu du XVIIe siècle renommé « Règles de jade et d'or du seigneur suprême du Ciel noir » 玄天上帝金科玉律. Sous ce nouveau titre et dans cette version raccourcie, le texte continue à circuler, à être inclus dans diverses anthologies de livres de morale, et à être imprimé et diffusé dans les temples. Le changement de titre est justifié par le texte lui-même, qui vers la fin du premier élément textuel affirme que « Règles de jade et d'or » est le titre sous lequel il est connu au Ciel. Comme l'a montré Wang Chien-ch'uan[2], la raison de l'exclusion du deuxième élément (outre le fait qu'il a pu être considéré comme un ajout apocryphe) est sans doute que Zhenwu y prend une identité bouddhique, qui a pu poser un problème aux éditeurs. Cependant, à l'exception de cette identification bouddhique, le deuxième élément partage une même inspiration avec le premier, et le répète même dans l'idée sinon dans la lettre.

Enfin, un troisième élément, intitulé « Maximes du seigneur suprême du Ciel noir » 玄天上帝格言, composé de seize vers

---

1. Sur l'histoire du culte de Zhenwu, voir notamment De Bruyn, *Le Wudang shan* et Chao Shin-yi, *Daoist Ritual, State Religion, and Popular Practices*.

2. Wang Chien-ch'uan, « Zhenwu xinyang zai jinshi Zhongguo de chuanbo », p. 106-110.

de quatre caractères (soit 64 caractères) est quant à lui ajouté à la fin du texte dans la nouvelle version intitulée « Règles de jade et d'or ». Ce court texte est recopié d'une autre révélation de Zhenwu, qui se trouve, elle, dans le Canon taoïste, en introduction aux fiches divinatoires (*lingqian* 靈籤) du dieu, par ailleurs toujours en usage dans les temples[3].

J'ai choisi de traduire ici ces trois éléments à la suite les uns des autres, même s'ils n'apparaissent ensemble dans aucune édition ; le lecteur peut se faire une idée de l'évolution de ce texte en lisant sa version originale (le texte sans les maximes finales), puis sa version actuelle (la première partie puis les maximes).

Le texte révélé par Zhenwu est remarquable à plusieurs égards. Il figure parmi les plus anciens textes de morale révélés. Surtout, si le contenu de ses exhortations est très semblable à celui du *Taishang ganyingpian*, plus ancien, et du *Yinzhiwen*, qui lui est postérieur, il insère en revanche ce discours dans un cadre eschatologique très prononcé qui lui donne sa coloration propre. En effet, le texte évoque à plusieurs reprises le cataclysme final qui marquera la fin de ce monde (*mojie* 末劫) et appelle les humains à suivre Zhenwu et son enseignement moral pour être sauvés. Sans doute du fait de cette coloration eschatologique, le texte n'a pas été aussi fréquemment réédité que les trois « classiques » des *shanshu* ; on le trouve néanmoins rangé à leur suite dans plusieurs anthologies, telle le *Shengjing huizuan* 聖經彙纂, « Compilation des textes révélés par les saints » de 1806.

Le cadre eschatologique du discours moral n'est en aucun cas une aberration du genre ; la tradition eschatologique traverse l'ensemble de la tradition religieuse chinoise, s'exprime dans de très nombreux textes bouddhiques et taoïstes, et devient même, plus tardivement, vers le milieu du XIXe siècle, un courant majeur des *shanshu*, y compris de ceux qui sont, en apparence, les plus « confucianistes ».

3. *Sisheng zhenjun lingqian*, 1a.

Le texte (à l'exception des maximes finales) est strictement composé de vers de six caractères, qui riment (rime faible tous les vers pairs) et forment des groupes de quatre vers – j'ai cependant choisi de le traduire en prose, dans l'espoir de parvenir ainsi à le rendre plus clair. Sans doute le texte était-il fait pour être psalmodié, même s'il comporte une certaine dimension narrative : certains passages ont un style semblable à celui des textes religieux récités par les conteurs, avec des interjections telles que : « Écoutez attentivement ce que je vais vous dire. »

Ce texte circule largement aujourd'hui dans les temples de Zhenwu, à Taïwan et dans le reste du monde chinois : on lui a ajouté une invocation, des formules de conclusion et le titre de 玄天上帝金科玉律真經. Sous cette forme élargie, qui le rend tout à fait semblable à de nombreux textes révélés attribués à d'autres dieux, il y est régulièrement psalmodié.

L'édition critique que j'ai élaborée est basée sur une édition Ming ; je l'ai comparée au 玄天上帝金科玉律 inclus dans le *Shengjing huizuan* de 1806. Les éditions contemporaines, trouvées dans les temples et sur Internet, sont identiques à celle de 1806 à l'exception de variantes non significatives.

« Exhortations laissées par le seigneur suprême du Ciel noir du mont Wudang »

武當山玄天上帝垂訓文

武當山玄天上帝垂訓文

1)

[1] 吾號治世福神, 鎮北天大將軍, 遊巡諸天諸地, 掌握世界乾坤.

扶助太平[1]天道, 護佑[2]國王大臣, 不忍五濁惡世, 眾生受苦遭辛.

旱澇饑饉疾疫, 水火劫盜刀兵, 天下江南江北, 朝病暮死七分.

吾向三元八節, 三會五臘生辰, 斗降七齋三七, 本命甲子庚申.

1. « 太平 », « 金科玉律 » 作 « 末劫 ».
2. « 佑 », « 金科玉律 » 作 « 祐 ».

« Exhortations laissées par le seigneur suprême du Ciel noir du mont Wudang »

1)

[1] Je suis appelé « le dieu bénéfique qui gouverne le monde, grand général qui pacifie le Septentrion ». Je parcours ciel et terre, et contrôle tous les aspects de la création. Je soutiens l'ordre et la paix du monde[4] ; j'assiste les rois et leurs gouvernements. Je ne tolère pas de voir les Cinq Afflictions[5] corrompre le monde, et les humains souffrir et être accablés de malheurs. Pourtant, sécheresses et inondations, famines et épidémies, incendies, bandits et guerres sont partout, d'un bout à l'autre du pays ; quand l'épidémie se déclare le matin, sept personnes sur dix sont déjà mortes le soir. Aussi, les jours des Trois Origines et des Huit Articulations[6], des Trois Assemblées[7] et des Cinq Sacrifices[8], les trois jours « sept » (7e, 17e et 27e) de chaque mois (où les sept étoiles de la Grande

4. Variante du *Jinke yulü* : face à l'apocalypse prochaine.

5. Terme bouddhique qui désigne les afflictions causées par : la période de fin du monde ; l'incompréhension ; la prévalence des passions ; l'augmentation des misères ; et la diminution de la durée de vie.

6. Les Trois Origines, les plus anciennes fêtes taoïstes, sont les 15e (plus anciennement 7e) jours des 1er, 7e et 10e mois ; les huit articulations du calendrier solaire sont les débuts des quatre saisons, les solstices et les équinoxes.

7. L'expression « Trois Assemblées » est généralement synonyme des « Trois Origines », mentionnées juste avant.

8. Les Cinq Sacrifices sont le 1er jour du 1er mois, 5e jour du 5e mois, 7e jour du 7e mois, 1er jour du 10e mois et 24e jour du 12e mois.

臘月二十五日，親隨玉帝降臨，統領[3]千真萬聖，檢察下界[4]人民.

[2] 記[5]錄作善作惡，較量罪福重輕，輕則減死一半，重則死絕滅門.

善者得見天日，惡者不見太平，信者得度末劫，不信喪命亡魂.

檢舉不忠不孝，抄錄無義無仁，窮不安分守己，富不念老憐貧.

輕重長短秤尺，大小斛斗方[6]升，買賣欺瞞良善，交關舉用不平.

使盡機關腸肚，惡心害眾欺群，合舌惡口鬪亂，教唆州縣鄉村.

恣意慳貪嫉妒，是非人我爭嗔，不識善惡因果，不畏天地神明.

[3] 強梁不得老死，結冤促壽除齡，故遣[7]天符

3. « 領 », « 金科玉律 » 作 « 率 ».
4. « 訓文 » 作 « 鬼 », 以 « 金科玉律 » 改為 « 界 ».
5. « 記 », « 金科玉律 » 作 « 紀 ».
6. « 斗方 », « 金科玉律 » 作 « 石斗 ».
7. « 訓文 » 作 « 違 », 以 « 金科玉律 » 改為 « 遣 ».

Ourse descendent sur terre), le jour de mon anniversaire[9], les jours *jiazi* et *gengshen* de chaque cycle, et le 25e jour du dernier mois, je viens à la suite de l'empereur de Jade quand il descend en ce bas monde, à la tête des milliers de saints et d'immortels pour examiner les humains qui vivent ici-bas.

[2] Je note scrupuleusement les bonnes et mauvaises actions, et pèse précisément les péchés et les bénédictions [accumulées] de chacun ; quand les péchés sont légers, j'épargne la vie de la moitié ; quand ils sont graves, je laisse périr toute la famille. Les hommes de bien pourront continuer à voir la lumière du jour, mais les pécheurs ne connaîtront plus la paix. Ceux qui croient en moi survivront à l'apocalypse, mais les autres mourront et deviendront des âmes errantes. Je note les noms de ceux qui n'ont pas été loyaux envers leur souverain et filiaux envers leurs parents ; de ceux qui ont été injustes et sans pitié ; des pauvres qui se sont révoltés contre leur condition ; et des riches qui ont ignoré les vieux et les miséreux. Je note les noms des marchands qui ont utilisé deux poids et deux mesures ; de ceux qui ont berné les honnêtes gens à l'achat et à la vente, et de ceux qui n'ont pas été équitables avec leurs associés. Tous ceux-là ont épuisé leur cœur à force de calculs, et leurs désirs pervers ont nui à la société entière. Par leurs propos malintentionnés, ils ont suscité des disputes et réussi à intenter des procès, du village jusqu'à la préfecture. Licencieux, cupides et jaloux, ils vivent dans la contradiction et le conflit. Ils ignorent la rétribution des bonnes et mauvaises actions, et ne craignent pas les dieux !

[3] Ceux qui vivent de la violence ne connaîtront pas la bénédiction de mourir vieux ; ceux qui poursuivent leurs vengeances paieront en années de leurs propres vies. C'est pour eux que je donne des ordres aux soldats divins et tiens mes comptes, pour que ces derniers distribuent aux pécheurs des épidémies comme la gale, la blennorragie et la variole. Leur

9. L'anniversaire de Zhenwu est le 3e jour du 3e mois.

抄錄，疥癬痳痘災瘟.

肚痛赤眼瀉痢，惡瘡濃[8]血漓淋[9]，咽喉急風唾毒，寒熱咳嗽呻[10]吟.

[4] 打算未[11]盡劫數，十磨九難未經[12]，天遣帝王治世，滅除惡黨紛紛.

似我[13]當初學道，直磨鐵鋭[14]成針，治盡不平等輩，方始大地成金.

奉勸世人敬信，聽吾指[15]說叮嚀，不可聽聞邈邈，各依戒律諄諄.

方[16]見太平年到，上元甲子當旬，自此風調雨順，田蠶五穀豐登.

天下太平樂業，人民歌詠歡欣[17].

8. « 濃 », « 金科玉律 » 作 « 膿 ».
9. « 漓淋 », « 金科玉律 » 作 « 淋漓 ».
10. « 呻 », « 金科玉律 » 作 « 伸 ».
11. « 訓文 » 作 « 末 », 以 « 金科玉律 » 改為 « 未 »
12. « 未經 », « 金科玉律 » 作 « 不輕 ».
13. « 我 », « 金科玉律 » 作 « 吾 ».
14. « 鋭 », « 金科玉律 » 作 « 杵 ».
15. « 指 », « 金科玉律 » 作 « 旨 ».
16. « 方 », « 金科玉律 » 作 « 漸 ».
17. « 詠歡欣 », « 金科玉律 » 作 « 咏懽忻 ».

ventre se tordra de douleur, leurs yeux deviendront rouges, et leurs intestins se videront ; leur peau se couvrira d'abcès, et leur sang devenu épais se mettra à suinter. Leur gorge en feu recrachera des poisons, et, toussant en permanence, ils ne feront que gémir de douleur.

[4] Cependant, la fin des temps n'est pas encore arrivée ; toutes les épreuves et les malheurs ne sont pas encore passés. Le Ciel a envoyé empereurs et princes pour mettre de l'ordre ici-bas et éliminer les bandes qui répandent le vice. Ainsi, moi-même, quand je commençais ma quête de sainteté, je vis [la vieille dame qui] aiguisait une pointe de fer sur une meule pour en faire une aiguille[10]. De la même façon, quand nous aurons ramené l'ordre dans une humanité divisée, la terre se transformera en or. Je vous exhorte[11] au respect et à la foi : écoutez attentivement mes instructions ! Ne prêtez pas une oreille distraite, mais observez les préceptes avec assiduité, et vous pourrez alors connaître l'âge de la paix, qui commencera le 15e jour du 1er mois d'une année *jiazi*. Dès lors, le vent et la pluie arriveront toujours en temps et en heure, et les récoltes seront pleines et abondantes. Le monde entier connaîtra la paix et la joie, et les humains s'emploieront à chanter leur bonheur.

10. Allusion à un épisode extrêmement célèbre de l'hagiographie de Zhenwu ; le jeune homme, arrivé au Wudangshan pour y mener son ascèse taoïste, fut vite dégoûté par la rigueur de ses maîtres et voulut quitter la montagne ; il rencontra une vieille dame qui aiguisait un bâton de fer sur une meule pour en faire une aiguille, lui donnant ainsi une leçon de persévérance. Zhenwu remonta le sentier et reprit son ascèse.

11. On peut aussi traduire : « Je suis envoyé pour vous exhorter. »

[5] 到此人身難得, 各宜修省思尋. 更有泰山東獄, 速報立報司存.

莫道造惡不報，直待惡貫滿盈. 莫道修善無應, 直待善果圓成.

若有人間私語，天上聽若雷霆. 不可欺心暗室, 神目如電光熒.

陰陽誤[18]傷[19]人命, 修犯地曜天星. 醫藥誤[20]傷人命, 方脈指下不明.

僧道師人積罪, 貪求世[21]利食葷. 善信誦經有罪, 差訛句字[22]不真.

[6] 溺死兒女之[23]罪，千生萬劫[24]冤親. 切莫[25]殺食物命, 放火燒害[26]山林.

18. « 訓文 » 作 « 悮 », 以 « 金科玉律 » 改為 « 誤 ».
19. « 傷 », « 金科玉律 » 作 « 喪 ».
20. « 訓文 » 作 « 悮 », 以 « 金科玉律 » 改為 « 誤 ».
21. « 世 », « 金科玉律 » 作 « 施 ».
22. « 句字 », « 金科玉律 » 作 « 字句 ».
23. « 之 », « 金科玉律 » 作 « 有 ».
24. « 訓文 » 作 « 死 », 以 « 金科玉律 » 改為 « 劫 »
25. « 莫 », « 金科玉律 » 作 « 戒 ».
26. « 訓文 » 作 « 殺 », 以 « 金科玉律 » 改為 « 害 »

[5] Mais, pour en arriver là, qu'il est difficile d'avoir pu naître comme humain ! Pensez-y, et scrutez vos propres pensées. Car vous êtes aussi examinés par le dieu du Taishan, le Pic de l'Est, et ses juges du Bureau des rétributions immédiates[12]. Ne dites jamais que les mauvaises actions ne sont pas punies ! La rétribution arrive quand le quota de péchés est atteint. Ne dites jamais que les bonnes actions ne sont pas récompensées ! Le fruit des bonnes actions mûrit en son temps. Si l'un d'entre vous médit en chuchotant, ses paroles résonnent au Ciel comme le bruit du tonnerre. On ne peut cacher ses mensonges, même dans le secret d'une chambre obscure ; les dieux voient tout et leur regard est perçant comme l'éclair. Les devins mettent en danger des vies humaines s'ils passent outre aux interdits liés aux divinités stellaires ; et les médecins mettent aussi en danger des vies si leur diagnostic est confus. Les moines et moniales bouddhistes, les prêtres taoïstes et les professeurs accumulent les fautes quand ils cherchent à s'enrichir et mangent de la viande ; les fidèles qui récitent les textes sacrés ne font qu'augmenter leurs péchés s'ils se trompent dans les textes ou oublient des mots[13].

[6] Ceux qui noient les bébés de sexe féminin encourront pour l'éternité la vengeance de leurs proches. Ne tuez pas et ne mangez pas les animaux ! Ne mettez pas le feu aux montagnes et aux forêts ! Car, en faisant cela, vous accumuleriez une somme incalculable de péchés, et vous seriez livrés à la vengeance [des êtres tués] sans espoir d'y échapper. Ne tuez pas et ne mangez

---

12. Le Subaosi et Libaosi (Bureaux des rétributions immédiates) sont deux des soixante-douze (ou soixante-seize) bureaux composant l'administration de l'au-delà sous l'autorité de l'empereur du Pic de l'Est (Dongyue dadi 東嶽大帝, qui règne au Taishan), en charge de punir immédiatement les péchés les plus graves. On trouve la statue des juges présidant à ces bureaux dans de très nombreux temples, et ils sont fréquemment évoqués dans la littérature lettrée comme dans la littérature populaire.

13. Une faute (caractère fautif, phrase bancale) dans un texte écrit pour être adressé aux divinités est une faute grave, particulièrement en contexte taoïste.

積累無邊罪業[27]，冤冤報屈難伸. 切莫[28]殺食牛犬, 免墮萬劫沉淪.

告報行法弟子，天條不可不遵. 愛惜一切字紙, 遇諸水火漂焚.

帝德好生惡死[29]，簿書日夜具呈. 陽有陽間罪業[30], 陰有陰司典刑[31].

請看冥司錄載, 太上感應篇云 : « 造作善善惡惡. 報應如影隨形 ».

[7] 一勸敬重天地, 心香一炷晨昏. 二勸孝養父母, 堂前活[32]佛二尊.

三勸皈依三寶，儒釋道教同倫. 四勸修齋布施, 報答四重深恩.

五勸善男信女，持齋念佛看經. 六勸州縣官吏, 治民如水之清.

27. « 業 », « 金科玉律 » 作 « 孽 ».
28. « 莫 », « 金科玉律 » 作 « 勿 ».
29. « 死 », « 金科玉律 » 作 « 殺 ».
30. « 業 », « 金科玉律 » 作 « 孽 ».
31. « 刑 », « 金科玉律 » 作 « 型 », 誤也.
32. « 活 », « 金科玉律 » 作 « 生 ».

pas bovins et chiens, ou vous sombreriez [aux enfers] pour l'éternité ! Je vous le dis, à vous mes disciples qui pratiquez mes rituels, vous devez vénérer à la lettre les règlements du Ciel ! Chérissez tous les caractères d'écriture, où qu'ils soient écrits, et [si un papier écrit n'est plus utile] disposez-en en le noyant ou en le brûlant [plutôt que de le jeter dans un endroit impur]. L'empereur [de Jade] chérit la vie et abhorre la mort, [les dieux qui] tiennent les registres lui font rapport nuit et jour. Dans le monde des vivants, les pécheurs doivent payer pour leurs fautes ; et dans l'autre monde ils sont assujettis aux tribunaux, lois et punitions. Je vous engage à consulter les lois de la bureaucratie des enfers[14]. Les « Versets du Très-Haut sur les effets des actes » disent : « Toutes les sortes d'actions, bonnes ou mauvaises, apportent une rétribution aussi certaine que l'ombre suit le corps[15]. »

[7] Je vous exhorte donc, premièrement, à vénérer le Ciel et la Terre, et à brûler pour Eux de l'encens dans votre cœur du matin au soir. Deuxièmement, à prendre soin de vos parents avec piété et à les traiter comme deux Bouddhas vivant chez vous. Troisièmement, à prendre refuge dans les Trois Joyaux, qui sont ceux du bouddhisme, du taoïsme et du confucianisme, à égalité. Quatrièmement, à jeûner et faire des dons, pour repayer les quatre profonds bienfaits (reçus des parents, du Bouddha, du souverain, des Trois Joyaux). Cinquièmement, j'exhorte les fidèles, hommes et femmes, à observer les jeûnes, invoquer le nom des Bouddhas et lire les sutras. Sixièmement, j'exhorte les fonctionnaires locaux à gouverner leurs administrés avec un cœur pur comme de l'eau claire. Septièmement, je vous exhorte à venir au secours des orphelins et de tous ceux qui sont pris dans les affres d'une réincarnation malheureuse. Huitièmement,

14. À cet endroit, l'édition contemporaine utilisée dans les temples insère une litanie de noms de divinités stellaires associées à Zhenwu.

15. Cette citation de la première phrase du *Taishang ganyingpian* est très loin d'être littérale (voir l'original p. 6), et constitue plutôt une réécriture pour se conformer à la métrique de notre texte.

七勸救濟孤滯[33]，四生六道苦輪. 八勸富家布施, 架橋砌路修因.

九勸九流技藝，三六九字同倫. 十勸廣行陰德, 福及子子孫孫.

[8] 但行[34]方寸心地，留與後代耕耘. 所作總依本分, 與人方便朴淳.

若以遞相傳寫，吾當助[35]汝於陰. 家有一本供養, 全家老幼安寧.

身有一本佩帶，免遭一切災迍. 若寫五本奉勸, 壽增半紀餘齡.

若寫十本奉勸，一紀壽算增新. 印施百千萬本, 名同佑聖真君.

當境城隍里社, 喜顧[36]保舉奏聞, 三界四府列詞, 吾同保奏天庭.

33. «滯», «金科玉律» 作 «殢».
34. «行», «金科玉律» 作 «存».
35. «助», «金科玉律» 作 «護».
36. «喜顧», «金科玉律» 作 «歡喜».

j'exhorte les riches à donner généreusement, pour jeter des ponts et paver des routes. Neuvièmement, j'exhorte tous les clercs, artisans et spécialistes à se respecter mutuellement. Dixièmement, je vous exhorte à pratiquer largement et discrètement des actes vertueux ; les bénédictions viendront récompenser vos enfants et petits-enfants.

[8] Il suffit que vous développiez votre nature morale en votre cœur pour que vos descendants puissent continuer à cultiver ce champ de mérites. En toutes choses, agissez conformément à votre place dans la société ; avec autrui soyez accomodant, simple et honnête. Si vous vous transmettez ce texte les uns aux autres, je vous protégerai de manière invisible. La famille qui lui aura fait une offrande connaîtra tout entière la paix. Celui qui le portera sur lui restera indemne de tous les malheurs. Celui qui en aura copié cinq exemplaires pour les prêcher verra son lot de vie augmenté de la moitié d'un cycle (de douze ans). Celui qui en aura copié dix exemplaires pour les prêcher aura tout un cycle (de douze ans) ajouté à son destin. Et celui qui en fera imprimer des centaines et milliers de copies sera honoré autant que moi quand je fus promu Véritable seigneur qui assiste les saints[16]. Le dieu de la Ville et le dieu du Sol, sous l'autorité desquels il se trouve, feront un rapport au Ciel pour le recommander, et, en sus des divers mémoires en ce sens produits par les bureaux de l'administration céleste, je ferai moi-même un rapport pour le recommander.

16. Ce titre fut accordé à Zhenwu en 1108.

北府消除罪籍，南宮[37]注上生名，見[38]存獲福無量，九玄七祖超昇.

[9] 上號 « 金科玉律 »，下曰 « 勸世界[39]文 ». 更有能行正直，不昧陰空神明[40].

不以祭饗[41]加福，不以不祭生迍[42]. 有福休誇俊麗，無福休怨鬼神.

欲知前世因果，今生受者之身. 要[43]知後世因果，今生作者之心.

人能知時速改， 切莫更待因循. 吾乃[44]敕示誡[45]語，留傳往古來今.

2)

[10] 吾受玉帝敕命，長生治世福神. 佛中即無量壽，道乃金闕化身.

37. « 宮 »，« 金科玉律 » 作 « 司 ».
38. « 見 »，« 金科玉律 » 作 « 現 ».
39. « 界 »，« 金科玉律 » 作 « 戒 ».
40. « 神明 »，« 金科玉律 » 作 « 鬼神 ».
41. « 饗 »，« 金科玉律 » 作 « 享 ».
42. « 迍 »，« 金科玉律 » 作 « 嗔 ».
43. « 要 »，« 金科玉律 » 作 « 欲 ».
44. « 吾乃 »，« 金科玉律 » 作 « 上帝 ».
45. « 誡 »，« 金科玉律 » 作 « 戒 ».

Le Bureau du Nord effacera ses péchés, et le Palais du Sud inscrira son nom sur les registres de vie. Il se verra attribuer des bénédictions sans limites, et ses ancêtres dans les limbes seront sauvés, jusqu'à la septième génération.

[9] Ce texte est connu au Ciel comme les « Règles de jade et d'or », et il circule ici-bas sous le titre de « Texte pour exhorter le monde ». [Observez-le] et, de plus, agissez toujours avec droiture, et ne trompez pas les dieux qui sont invisibles, autour de vous. Ne sacrifiez pas [aux dieux] pour demander des bénédictions, mais ne vous mettez pas en faute en omettant de sacrifier [quand il le faut]. Quand vous recevez des bénédictions, ne vous vantez pas de votre supériorité, mais, si vous n'en recevez pas, n'en concevez pas de rancœur envers les dieux. Si vous voulez voir l'effet de la rétribution pour les actes passés, regardez la personne qui vit aujourd'hui ; si vous voulez connaître l'effet futur de la rétribution pour les actes présents, scrutez le cœur de celui qui les commet aujourd'hui. Si vous pouvez comprendre comme le temps passe vite, alors vous ne vous laisserez plus enfermer dans une routine paresseuse. Je vous adresse cet avertissement solennel, déjà édicté de toute éternité.

2)

[10] J'ai été nommé par édit de l'empereur de Jade dieu accordant les bénédictions, gouvernant le monde et donnant la longue vie. Parmi les Bouddhas, je suis Amitāyus ; parmi les dieux taoïstes, je suis une émanation du Portail d'Or [l'empereur de Jade]. J'ai sous mes ordres les dieux et généraux célestes, et

統轄天神天將，天上天下遊巡. 糾察神人功過, 一月一度奏呈.

所作有功必錄，所作有過必懲. 賞罰定依天律, 分毫不順私情.

神若有功保奏，名依玉格擢陞. 人若有功錄用, 即與仙籍標名.

神過罰為下鬼，鬼過滅跡分形. 人過各依輕重, 水火瘟疫官刑.

若有十分重罪，虛空霹靂一聲. 不以奉吾私庇, 不以不奉生嗔.

[11] 吾欲世人普度, 今特誨語諄諄. 案著國王水土, 終身不得忘恩.

有此髮膚身體，須當孝養雙親，和順內親外族, 愛惜手足弟兄.

je fais mes tournées d'inspection au ciel et sur terre. J'examine les bonnes et mauvaises actions des dieux comme des humains, et je soumets un rapport [à l'empereur de Jade] tous les mois. Je note sans aucune omission le moindre acte méritoire, et je dénonce sans aucun oubli le moindre acte coupable. J'accorde récompenses et punitions en suivant précisément le code céleste, sans jamais laisser la moindre place au sentiment et à la partialité. Si un dieu acquiert du mérite, je fais un mémoire en sa faveur, et il est promu à un rang plus élevé selon la gradation du « Barème de jade[17] ». Si un humain acquiert du mérite, je le prends à mon service, et je le fais inscrire sur les registres des immortels. Si un dieu commet des fautes, je le punis en le rétrogradant parmi les démons, et, si un démon commet des fautes, je le démembre et l'annihile. Si un humain commet des fautes, je le condamne, en fonction de leur gravité, à la noyade, aux incendies, aux épidémies ou aux tortures aux mains des fonctionnaires. Pour les crimes les plus graves, un coup de tonnerre retentit dans le ciel. Je ne protège pas un coupable parce qu'il m'a rendu un culte ; et je ne me mets pas en colère face à un accusé qui ne m'a jamais rendu de culte.

[11] Mon désir est que l'humanité entière puisse être sauvée, et c'est dans ce but que je vous instruis aujourd'hui avec insistance. Vous vivez de la terre et de l'eau de votre souverain, et vous ne devez jamais oublier cette faveur, jusqu'à votre dernier jour. Vous jouissez grâce à vos père et mère d'un corps humain, et vous devez vous occuper d'eux deux avec piété. Vivez en harmonie avec votre famille et les autres branches

---

17. Le « Barème de jade », ou plus précisément « Barème de jade de l'estrade céleste », *Tiantan yuge* 天壇玉格, est le code administratif régissant les ordinations taoïstes présidées par le Maître céleste, Zhang tianshi 張天師, qui se forme à cette époque : voir Goossaert « The Heavenly Master Ordination System ». Ce texte est lié au « Code céleste en encre rouge », *Chiwen tianlü* 赤文天律, servant de code pénal pour les divinités comme pour les humains, auquel notre texte fait directement allusion à la phrase précédente. Ainsi, notre texte de morale renvoie ici directement à la codification rituelle taoïste.

大者提攜年幼，小者侍奉年尊．但遇三元五臘, 薦拔上祖亡魂.

凡處鄉黨鄰里，往來禮樂恂恂．不可自稱富貴, 富貴難保長存.

不可輕忽貧賤，貧者未必長貧．諸門多生餓殍, 白屋每出公卿.

[12] 修仙學道之士, 當依經教慇懃. 切莫反行邪道, 一時悮了前程.

識字為儒為吏，切莫弄法侮文．為醫審證用藥, 為術依經講明.

經商為求利息，須要本分平心．莫用兩般秤尺, 休使大斗小升.

財餘之用守己，色非己者休淫．麤衣蔽身足矣, 淡飯一飽為榮.

諸物貪生畏死，莫為口腹殺生．五穀須要愛惜, 牛犬食之招瘟.

de votre lignage ; et chérissez vos frères. Que les grands soutiennent les jeunes et que les petits soient au service de leurs aînés. Et tous, les jours des Trois Origines et des Cinq Sacrifices, présentez les offrandes dues aux ancêtres et aux parents défunts. En toute occasion, observez avec application les rites et convenances dans vos interactions avec vos voisins et connaissances. Ne vous vantez pas de vos richesses et honneurs ; car honneurs et richesses ne perdurent pas. Ne méprisez pas les pauvres et les humbles, car ils ne demeureront pas nécessairement toujours pauvres. Toutes les familles connaissent un jour ou l'autre la famine, et dans les maisons les plus humbles naissent parfois de futurs ministres.

[12] Ceux qui veulent devenir immortels et apprendre le Dao doivent s'appuyer avec assiduité sur l'enseignement des textes révélés ; ils ne doivent jamais suivre les voies hérétiques, faute de quoi ils comprendraient soudain les conséquences [funestes] de leur erreur ! Ceux qui savent lire et écrire et qui deviennent maîtres confucianistes ou employés de l'administration ne peuvent pas tricher avec la loi et mépriser les textes. Ceux qui pratiquent la médecine doivent diagnostiquer et prescrire avec discernement ; ceux qui pratiquent les techniques de divination doivent s'en tenir aux classiques et les expliquer clairement. Ceux qui pratiquent le commerce et recherchent des placements profitables doivent quel que soit le cours de leurs affaires se contenter de leur sort ; ils ne doivent jamais utiliser deux poids et deux mesures, et tricher à l'achat et à la vente. Que chacun dépense son argent selon son statut, et jamais ne convoite les belles femmes d'autrui. Les vêtements les plus simples suffisent à couvrir le corps ; se rassasier des repas les plus simples est une marque d'honorabilité. Tous les êtres vivants aiment la vie et craignent la mort ; ne tuez pas juste pour le plaisir de la table. Les cinq céréales doivent être respectées et jamais gâchées ; et manger de la viande bovine ou canine attire les malédictions sous forme d'épidémies. La souplesse est un

柔軟衛身之寶，剛強惹事之因.

[13] 天下奉真者衆，誰能積得功勳. 吾欲選用賢者，萬中一二難尋.

凡遇聖明治世，四海之內太平. 作善延生享福，後代光顯門庭.

作惡自身促壽，更無折子磨孫. 人若敬信吾語，多多抄寫勸人.

若能傳寫千本，勝看一藏真經. 吾遣天丁擁護，自然百福來臻.

人若毀謗吾語，城隍社令申聞，雷部瘟部火部，聽吾號令施行.

3) 玄天上帝勸世格言

[14] 矯妄求榮，名譽不揚，剋剝致富，子孫遺殃. 行恩布德，福祿來祥，寡欲薄味，壽命彌長. 毋欺暗室，毋昧三光，正直無私，赤心忠良. 天地介祉，神明衛傍，延生度厄，必濟時康.

trésor qui permet de se conserver soi-même, tandis que la force brutale est la cause de tous les ennuis.

[13] Innombrables sont les humains qui rendent un culte aux saints taoïstes, mais combien parmi eux acquièrent véritablement du mérite ? Quand je veux promouvoir les sages, j'ai bien du mal à en trouver un ou deux parmi dix mille. Pourtant, quand un saint homme dirige le monde, la terre entière retrouve la paix. Ceux qui font le bien voient leur vie prolongée et reçoivent les bénédictions ; leurs descendants deviennent glorieux. Ceux qui font le mal coupent court à leur propre destin, et abattent leur propre descendance. Humains ! Croyez à mes paroles, recopiez ce texte et prêchez-le ! Si vous pouvez copier et diffuser mille exemplaires, votre mérite sera plus grand que d'avoir lu le Canon taoïste dans son entier ; je dépêcherai les soldats Ding célestes pour vous protéger, et naturellement toutes les bénédictions pleuvront sur vous. Mais ceux qui rejetteront et critiqueront mes paroles feront l'objet d'un rapport aux dieux de la Ville et du Sol et sur mes ordres seront pris en charge par les ministères du Tonnerre, des Épidémies et des Incendies.

3) Maximes du seigneur suprême du Ciel noir.

[14] Ceux qui prient en demandant des avantages insensés ne verront pas leur nom exalté ; ils seront ruinés, et leur descendance sera anéantie. Mais ceux qui agissent avec vertu et savent payer en retour les bienfaits reçus attireront les honneurs et les bénédictions ; ceux qui savent restreindre leurs désirs et manger simplement auront leur destin prolongé. Vous ne pouvez tromper [les dieux] même dans le secret d'une chambre obscure ; vous ne pouvez cacher vos mauvaises actions de la lumière des cieux. Soyez honnêtes et altruistes, jurez d'observer la loyauté et la moralité. Les dieux célestes et terrestres seront alors à vos côtés, pour prolonger votre vie, vous faire traverser les épreuves, et vous faire atteindre la prospérité.

Yuanming doudi quanshiwen 圓明斗帝勸世文,

« Texte d'exhortation du monde par l'impératrice du Boisseau, Lumière parfaite »

Introduction

Parmi les textes révélés par Doumu 斗母, 斗姆 ou 斗姥, la « Mère du Boisseau », le *Yuanming doudi quanshiwen* est l'un des plus anciens ; de très nombreux autres virent le jour aux XIXe et XXe siècles. On le trouve dans plusieurs anthologies de livres de morale du XVIIIe siècle, notamment dans le très diffusé *Jingxinlu*, ainsi que dans une édition plus tardive du *Danguiji*, dont nous avons déjà évoqué l'importance au sujet du *Yinzhiwen*[1]. Je ne connais pas d'édition indépendante ou commentée de ce court texte (avec 927 caractères, il est le plus court de la présente anthologie), mais son inclusion dans d'importantes anthologies a dû être motivée par une diffusion significative. Ce n'est semble-t-il plus le cas aujourd'hui ; on ne le trouve pas sur Internet, ni, à ma connaissance, dans les temples, où il a été supplanté par d'autres textes révélés ultérieurement par Doumu. Les raisons de son déclin ne sont pas évidentes, car rares sont les phrases (à l'exception de celle, très patriarcale, sur l'injonction faite aux maris de ne pas écouter leurs épouses) qui paraissent aujourd'hui en décalage avec le discours dominant des livres de morale.

1. *(Zengding) Jingxinlu*, 51a-53a ; *Danguiji*, 卷末.4a-6a.

Doumu joue en effet un rôle majeur dans les révélations de textes de morale à la fin des Qing, époque à laquelle son culte est devenu universel dans le monde chinois[2]. La figure de Doumu se forme dès l'époque des Tang, à partir de la figure tantrique de Marici, apportée par l'iconographie et les textes bouddhiques indiens, mais radicalement réinventée en contexte taoïste. Elle est représentée comme une femme d'âge vénérable, avec six bras et divers attributs d'origine tantrique, et est vénérée comme la mère des neuf dieux de la Grande Ourse et de l'Étoile polaire, astres qui président au destin des humains. La Grande Ourse, « Boisseau du Nord », Beidou 北斗 en chinois (ici, simplement, Boisseau), est en Chine l'objet d'un culte depuis l'Antiquité ; la figure de Doumu n'a fait qu'enrichir ce culte à l'époque moderne. Dans de nombreux textes à partir du XVIIIe siècle, Doumu, qui adopte des traits propres à une autre figure maternelle et salvatrice, Wusheng laomu 無生老母, se présente comme une divinité suprême qui vient, pleine de compassion, au secours d'une humanité perdue, en cherchant à sauver le plus grand nombre d'humains. Elle est aussi très fréquemment associée au respect de la vie animale et au végétarisme.

Le texte évoque, en conclusion, les circonstances de sa révélation : Doumu l'aurait transmis lors d'une séance d'écriture inspirée chez Peng Dingqiu 彭定求 (1645-1719), honorant ainsi la grande valeur morale de ce célèbre lettré. Que ce texte ait réellement été révélé chez Peng Dingqiu est chose possible, mais il est également envisageable qu'il s'agisse d'une attribution tardive dans le but d'accroître la légitimité du texte. Peng est en effet une figure éminente de l'histoire culturelle de cette période, membre d'une très grande famille lettrée de Suzhou, qui donna plusieurs hauts fonctionnaires et grands intellectuels – dont son arrière-petit-fils Peng Shaosheng 彭紹升 (1740-1796), fervent bouddhiste et compilateur de livres de

2. Kohn, « Doumu: The Mother of the Dipper ».

morale. La famille Peng fut constamment impliquée dans des cultes taoïstes, dont ceux de Doumu et de Lü Dongbin, et dans la pratique de l'écriture inspirée au cours des générations.

La forme du texte est celle d'une énumération de vingt-sept courtes injonctions. Cette forme, sinon le nombre exact, est très courante dans les livres de morale. Le texte est écrit dans une prose sans aucun effet de style, contrairement à la majorité des classiques du genre des *shanshu* qui adoptent un style parallèle plus ou moins régulier. La langue est particulièrement simple, et très répétitive ; le texte se prêtait sans doute à une lecture en groupe.

L'argument principal du texte est que, pour Doumu comme pour les autres dieux, une pratique vertueuse en toutes choses est infiniment plus méritoire et préférable qu'un culte dévot et pratiqué de façon intéressée. Ce thème universel de l'intériorisation se trouve dans tous les livres de morale mais est ici particulièrement mis en avant : on aurait tort toutefois d'y lire un rejet des formes dévotionnelles de la religion chinoise au profit d'une ascèse intra-mondaine. Nulle part Doumu dans ce texte ne rejette les cultes, les rituels et la dévotion.

J'ai établi l'édition critique ci-dessous sur la base de l'édition du *Jingxinlu*, en la comparant à celle du *Danguiji*. Cette dernière, mis à part des variantes courantes[3], ne présente que très peu d'écarts, en outre peu significatifs.

3. La version du *Danguiji* utilise systématiquement 我 pour 吾, et inverse 毋 et 無.

圓明斗帝[1]勸世文

[1] 世人拜斗，拜天上之斗耶，拜心上之斗耶. 天上之斗，拜猶不拜也. 心上之斗，不拜而拜也. 何謂心上之斗？一曰孝養父母. 二曰尊事君王. 三曰敬奉師長. 四曰與人為善，不恃己能，不言人過. 五曰立心和柔，無恃性氣，自行訶譴. 六曰無聽婦言，蠱惑丈夫，最為惡毒. 七曰無違聖教詩書禮樂，日用常行. 八曰無狥名譽，求朋結社，招攬是非. 風俗浮夸，人心喪失，皆由此也. 九曰

1. 「斗帝」，« 丹桂集 » 本作「斗母天尊」.

« Texte d'exhortation du monde par l'impératrice du Boisseau, Lumière parfaite »

[1] Ceux qui en ce monde rendent un culte au Boisseau vénèrent soit le Boisseau qui se trouve au Ciel, soit celui qui est en leur cœur. Le Boisseau qui se trouve au Ciel, on peut lui rendre un culte et pourtant [n'être pas plus protégé par lui] que si on ne l'avait pas vénéré. Le Boisseau qui se trouve dans le cœur, on peut ne pas lui rendre de culte, et pourtant [être aussi protégé par lui] que ceux qui le vénèrent. Qu'appelle-t-on le Boisseau qui se trouve dans le cœur ? [C'est celui qui vous impose les règles suivantes] :

1) Prenez soin avec piété de vos père et mère.

2) Servez avec dévotion votre souverain.

3) Honorez avec respect vos maîtres.

4) Traitez autrui avec bonté ; ne vous fiez pas à vos seuls talents ; ne divulguez pas les fautes d'autrui.

5) Ayez un esprit conciliant et tolérant, ne laissez jamais libre cours à la colère, et soyez toujours critique envers vous-même.

6) N'écoutez pas les conseils de votre épouse ; les femmes insinuent l'erreur et le trouble chez leurs maris ; c'est là une cause d'extrême corruption.

7) Ne vous écartez jamais de l'enseignement des saints, tel qu'il fut consigné dans les classiques de la poésie, de l'histoire, des rites et de la musique ; pratiquez-le en permanence dans votre vie quotidienne.

8) Ne vous faites pas l'esclave de votre propre réputation, ce qui vous mènerait à chercher des alliés, former des groupes

無貪財帛. 衣食有限, 富貴[2]何益於身也. 十曰無縱奴僕. 居官作惡, 皆此輩鼠竊狗偷, 令我名節掃地也. 十一曰無耽[3]於色慾. 好淫[4]者必亡也. 十二曰無貪於酒肉. 穢惡之氣, 腐腸喪胃也. 十三曰無謗毀僧道. 三教宗旨, 何嘗不一, 而乃是此非彼也. 十四曰無輕求功名. 功名者, 上天所以勸人也. 十五曰無妄希子嗣. 子嗣者, 上天所以報我德也. 十六曰無徒延己壽. 己壽者, 父母之所從畀也. 十七曰毋遽信讒言. 小人反覆不常, 無非離間也. 十八曰無淫人子女. 人之子女, 猶我之子女也. 十九曰毋輕棄字紙. 字紙,聖賢之

2. 「貴」, « 丹桂集 » 本作「厚」.
3. 「耽」, « 丹桂集 » 本作「淫」.
4. 「淫」, « 丹桂集 » 本作「戰」.

et susciter ragots et querelles. La dégénérescence des mœurs et la perte des âmes viennent toujours de cela.

9) Ne désirez pas argent et biens de valeur. Vous n'avez besoin que d'une quantité limitée de nourriture et de vêtements ; la richesse et les honneurs n'auraient aucun effet bénéfique sur votre existence.

10) Ne suivez pas les avis de vos serviteurs. Les fautes commises par les fonctionnaires viennent toutes des mauvais avis de ces chiens de voleurs, qui nous poussent à jeter aux orties notre honneur et notre intégrité.

11) Ne vous adonnez pas à vos désirs de luxure. Ceux qui se livrent à une sexualité illégitime vont toujours à leur perte.

12) Résistez aux désirs d'alcool et de viande. Tous deux produisent des souffles polluants, qui ruinent vos entrailles.

13) Ne médisez pas et ne nuisez pas aux clergés bouddhiste et taoïste. L'enseignement fondamental des Trois Enseignements a toujours été identique : il est absurde d'approuver l'un et de rejeter l'autre.

14) Ne cherchez pas à tout prix à vous faire un nom. Les réputations honorables sont données par le Ciel pour encourager les hommes de bien.

15) Ne cherchez pas par tous les moyens à avoir une descendance mâle. Les enfants mâles sont donnés par le Ciel pour récompenser les hommes vertueux.

16) Ne cherchez pas vainement à accroître la durée de votre existence. Le nombre de nos jours nous a été donné par nos parents.

17) Ne vous laissez pas intimider par les calomnies. Les petites gens sont versatiles et ne cherchent qu'à semer la discorde.

18) Ne laissez pas vos désirs souiller garçons et filles. Les enfants d'autrui sont comme vos enfants.

19) Ne jetez pas à la légère des papiers couverts d'écriture. Les caractères d'écriture sont les traces laissées par les saints [qui les ont inventés].

跡也. 二十曰毋徒溺於本生父母, 而不思承繼之父母也. 二十一曰毋取人不義之財. 財者,喪身之本, 積怨之階也. 二十二曰毋惑於吏胥. 吏胥者, 喪盡良心之人, 無非敗爾公事也. 二十三曰毋往來匪人. 匪人奸計百出也. 二十四曰毋設心謀害. 心一動, 則事未成, 而報已至矣. 二十五曰毋諂事鬼神. 鬼神宜敬而遠之也. 二十六曰毋禱祀妖邪. 妖邪不能自保其身, 何能為人禍福也. 二十七日者. 斗齋之期也, 即心齋之期也.

20) Ne vous laissez pas aveugler par l'amour que vous portez à vos parents biologiques au point de négliger complètement les parents qui vous ont adopté.

21) Ne vous emparez pas de biens mal acquis. La richesse est pour un homme le début de la fin, la marche qui mène aux haines et aux vengeances.

22) Ne vous laissez pas abuser par vos subordonnés[4]. Les petits employés ont totalement oublié leur nature humaine, et ne font que ruiner vos projets de contribuer au bien public.

23) Ne fréquentez pas les hors-la-loi. Ces gens-là ont cent mauvais tours d'avance pour vous tromper.

24) Ne vous lancez pas dans des stratagèmes pour vous avantager aux dépens d'autrui. Sitôt l'idée lancée, même si le projet n'est pas mené à bien, vous aurez déjà à en assumer la rétribution.

25) Ne flattez pas les dieux par vos demandes inconsidérées. Les dieux doivent être respectés et ne peuvent être traités comme des proches.

26) N'adressez pas de prières à des esprits démoniaques. Ces esprits n'ont pas été capables d'assurer leur propre salut, ils sont donc parfaitement incapables d'assurer les malédictions ou bénédictions.

Enfin, 27) le 27e jour de chaque mois est le jour du jeûne en l'honneur du Boisseau : faites-en aussi le jour du jeûne du cœur.

4. Les *lixu* sont les employés des administrations locales qui, contrairement aux magistrats nommés par l'empereur, sont de simples salariés, de surcroît considérés comme infâmes aux yeux de la loi. Ils sont en réalité indispensables au fonctionnement de l'administration locale et connaissent beaucoup mieux la situation sur le terrain que les magistrats (par définition des étrangers à la région) qui ont donc besoin d'eux ; les rapports délicats entre les deux ont donné lieu, de la part des magistrats, à toute une littérature de dénonciation envers les employés locaux dont on trouve ici un écho.

[2] 二十七[5]條者,心齋之事也,即斗齋之事也. 如此方可謂之拜斗母也. 如此方可謂之拜南斗六司星君也. 如此方可謂之拜北斗解厄星君也. 如此方可謂之拜[6]圓明道母天尊也. 如此方可謂西天竺國大[7]智光中也. 如此方可謂大士尋聲來救苦也. 否則拜吾之像, 呼吾之名,稱吾之號, 吾方惡之、厭之. 而何能祐[8]之、救之也. 吾方恨之、笑之. 而何能應之、通之也. 吾可謂世之拜斗者, 盡心竭力於此言矣. 彭定求真拜斗者也. 拜時拜, 不拜時亦拜. 天上有斗, 心上亦有斗也. 吾故降乩其家, 而書此以普勸世之拜斗者也.

[3] 又曰 : « 拜斗, 宜拜父母也. 拜斗, 宜拜師長也. 拜斗, 宜拜吾[9]心也. 不如此拜斗, 而乃日日拜吾像, 何為也. 可惜有志學道人, 忘卻本來

5.「七」, « 丹桂集 » 本作「六」.
6. « 丹桂集 » 無「之拜」.
7.「大」, « 敬信錄 » 本作「天」, 誤也.
8.「祐」, « 丹桂集 » 本作「佑」.
9. « 丹桂集 » 本加「之」字.

[2] Ces vingt-sept règles sont des commandements pour le jeûne du cœur autant que pour le jeûne du Boisseau. Si vous les pratiquez, vous pourrez dire que vous rendez un culte à Doumu. Si vous les pratiquez, vous pourrez dire que vous rendez un culte aux six dieux des bureaux du Boisseau du Sud. Si vous les pratiquez, vous pourrez dire que vous rendez un culte aux dieux du Boisseau du Nord qui écartent les obstacles. Si vous les pratiquez, vous pourrez dire que vous rendez un culte à la Vénérable Mère du Dao, Lumière parfaite. Si vous les pratiquez, vous pourrez dire que vous baignez dans la lumière de sagesse qui émane de l'Inde[5]. Si vous les pratiquez, vous pourrez dire que le Grand Être [Guanyin] a entendu votre appel et vient vous sauver.

Mais, si vous ne les pratiquez pas, vous pourrez toujours rendre un culte à mon icône, appeler mon nom et chanter mon invocation, cela ne m'inspirera que du dégoût, et en aucun cas cela ne m'incitera à vous aider. Cela ne m'inspirera que de la haine ou du mépris, et en aucun cas cela ne me fera venir à votre rencontre. Que tous ceux qui en ce monde disent vénérer le Boisseau emploient toutes leurs forces à respecter ces règles ! Peng Dingqiu est un homme qui vénère vraiment le Boisseau. Aux jours de lui rendre le culte, il lui rend un culte, mais les autres jours, il le vénère tout aussi bien. Il vénère le Boisseau du Ciel, mais aussi celui qui est dans son cœur. Aussi, j'ai possédé un médium dans sa maison, et ai révélé ce texte afin d'exhorter tous ceux qui rendent un culte au Boisseau de par le monde.

[3] Doumu dit encore : Ceux qui veulent rendre un culte au Boisseau doivent aussi rendre un culte à leurs parents ; ils doivent aussi rendre un culte à leurs maîtres et professeurs ; ils doivent encore rendre un culte à ce que je désire [la moralité]. Rendre un culte au Boisseau sans faire cela ne sert à rien,

5. Cette expression est tirée de l'invocation (*baohao*) de Doumu et constitue donc une manière honorifique d'évoquer cette divinité.

面目, 徒作道士伎倆, 何為也.»

[4] 又曰 : « 世人拜斗, 不可但為己延生也, 不可但為己集福也, 不可但為己求嗣也. 天人感應, 只在為人不為己之心耳. 吾斗科中, 俗本增入許多祈福語氣. 俗事俗念, 我甚厭聽. 天覆地載, 日月照[10], 非有所私於一人. 豈以其諂事我也, 而遂加之福乎. 可與世人再四言之 : 為愚夫愚婦, 點破癡迷妄想也. 至於三教宗旨, 原無二也, 原無少異也, 原無一間未達也, 原無形迹不化也. 勿聽世人皈釋謗道, 皈道謗釋也 ». 甲寅八月二十五日降乩書.

10.「月照」, « 丹桂集 » 本作「照月」.

quand bien même on se prosternerait tous les jours devant mes icônes. Hélas ! Ceux qui veulent sincèrement devenir taoïstes oublient leur nature originelle ; quand bien même ils se font ordonner prêtres taoïstes et apprennent toutes sortes de tours, cela ne sert à rien.

[4] Doumu dit encore : Ceux qui aujourd'hui rendent un culte au Boisseau ne peuvent pas le faire dans le seul but de prolonger leur vie, d'attirer les bénédictions ou d'obtenir des enfants mâles. Le Ciel répond aux actes des humains, mais [ne répond à leurs demandes] que si leurs actions sont motivées par le désir d'aider l'humanité et non leur seule personne. Dans l'administration du Boisseau que je dirige, vous, humains, ne faites que nous assourdir de vos prières incessantes pour obtenir des bénédictions ; mais je déteste au plus haut point vous entendre parler de vos affaires et de vos désirs mondains. Le Ciel et la Terre qui vous accueillent, le soleil et la lune qui vous éclairent, n'ont jamais été partiaux envers un seul humain. N'imaginez pas que j'accorderai des bénédictions juste du fait de vos flatteries ! Aussi, hommes et femmes de peu d'intelligence, je vous le répète encore une fois : il faut réaliser votre erreur et votre illusion. Et sachez que l'enseignement fondamental des Trois Enseignements est le même : tous trois ont toujours accompli entièrement leurs buts et civilisé les comportements des humains. Je n'accepterai pas que le bouddhiste dénigre les taoïstes, ni que le taoïste dénigre les bouddhistes. Révélé le 25e jour du 8e mois de l'année *jiayin* [1674 ?].

Lüzu xingxin zhenjing 呂祖醒心真經,

« Authentique révélation pour réveiller les cœurs,
par le patriarche Lü »

Introduction

Le patriarche Lü occupe une place majeure parmi les dieux invoqués par les adeptes de l'écriture inspirée. Saint patron des alchimistes et patriarche de nombreux lignages cléricaux (entre autres au sein de l'ordre taoïste Quanzhen 全真 fondé au XIIe siècle), Lü Dongbin 呂洞賓 (nom religieux Chunyang 純陽) est depuis l'époque des Song associé à des révélations. Cependant, pendant plusieurs siècles, les textes révélés par le patriarche Lü (souvent des poèmes plutôt que des textes didactiques en prose) furent essentiellement consacrés à l'alchimie intérieure plutôt qu'à la morale. S'il existe de nombreux recoupements entre ces deux registres, il n'en demeure pas moins que le patriarche Lü, en dépit de l'importance de son culte et du nombre de ses révélations, n'est pas associé à un livre de morale majeur comme le sont Wenchang ou Guandi.

C'est semble-t-il vers le début du XVIIIe siècle que les cercles consacrés au culte du patriarche Lü commencent à produire des textes doctrinaux en prose. Certains sont essentiellement cosmologiques et restent très proches de l'alchimie intérieure ; d'autres, parmi lesquels figure l'« Authentique révélation », appartiennent clairement au genre des livres de morale. Cet ouvrage a été transmis dans deux importantes collections anciennes. La première est le *Lüzu quanshu* 呂祖全書 (« Œuvres complètes du patriarche Lü »). Sa première édition date de 1744 et rassemble des textes plus anciens, dont un certain nombre avaient déjà été publiés dans le Canon taoïste au tournant du XVIIe siècle, avec l'ajout de nombreuses révélations plus récentes, dont la nôtre, qui occupe le *juan* 21 de l'édition en trente-trois *juan* du *Lüzu quanshu*.

L'« Authentique révélation » est, deux générations plus tard, reprise dans une très importante collection de textes taoïstes, le *Daozang jiyao* 道藏輯要 (« Essentiel du Canon taoïste »), éditée au tournant du XIXe siècle par un groupe de fonctionnaires et lettrés rassemblés à Pékin autour de Jiang Yupu 蔣予蒲 (1755-1819). Ces dévots au patriarche Lü pratiquaient l'écriture inspirée et produisirent ainsi de nombreux textes doctrinaux et liturgiques, qu'ils inclurent dans le *Daozang jiyao*, où ils intégrèrent aussi des textes antérieurs, dont le nôtre[1]. Les livres de morale occupent une place majeure dans cette collection, montrant à quel point leur message de salut universel par l'ascèse morale individuelle était alors devenu central dans les milieux taoïstes laïcs.

Dans le *Lüzu quanshu*, le texte révélé est précédé de deux préfaces. La première, datée de 1707, est écrite par Gu Zhougeng 顧周庚, un lettré de Taicang (près de Suzhou) inconnu par ailleurs. Gu y explique qu'il est un lettré strictement confucianiste qui n'a jamais consulté de livre taoïste ou bouddhique, mais qu'il se trouve posséder chez lui un talisman permettant de convoquer les dieux. Un ami de la famille, en quête de guérison pour son épouse, le supplie d'utiliser ce talisman ; Gu accepte, jeûne pour se purifier, prépare un autel pour l'écriture inspirée et brûle le talisman pour faire descendre les dieux (l'usage d'un tel talisman est extrêmement courant

1. Esposito, « The Discovery of Jiang Yuanting's *Daozang jiyao* ». Un vaste projet d'analyse de ce canon a été organisé par Monica Esposito, disparue tragiquement le 10 mars 2011.

dans l'écriture inspirée). Immédiatement Lü possède le médium (Gu lui-même ?), répond avec une parfaite précision, et une magnifique calligraphie, aux demandes de l'ami, puis, bientôt, de tous les gens des environs qui viennent aussi adresser leurs requêtes au patriarche Lü. Quelques jours plus tard, Lü déclare qu'il souhaite, sur les injonctions de l'empereur de Jade, révéler un texte permettant de sauver l'humanité, et c'est ainsi qu'apparaît en notre monde l'« Authentique révélation », que les amis de Gu font imprimer à leurs frais. Gu insiste sur le fait que ce texte est en parfait accord avec l'orthodoxie de Confucius et Mencius, et supérieur même au *Taishang ganyingpian* et au *Yinzhiwen*. Ce récit montre bien comment les textes doctrinaux sont le produit de pratiques d'écriture inspirée d'abord motivées par des demandes individuelles (de guérison notamment) au sein des élites lettrées locales ; il éclaire aussi l'attrait d'un discours de salut du monde (*jiushi* 救世) chez ces mêmes élites. Dans la seconde préface, Liu Qiao, l'éditeur de la collection, abonde dans le sens de Gu Zhougeng et explique pourquoi il considère que l'« Authentique révélation » est avec le *Zhongxiaogao* 忠孝誥 (« Invocations de la loyauté et de la piété filiale ») l'une des deux plus importantes révélations du patriarche Lü.

L'« Authentique révélation », relativement longue en comparaison des classiques du genre, est écrite en prose parallèle non rimée, où les phrases de quatre caractères sont largement dominantes, mais parfois interrompues par des phrases plus longues. Trois hymnes psalmodiés (*ji* 偈) ponctuent le texte au début et à la fin (comme c'est très fréquent dans les textes liturgiques), mais aussi au milieu. Autre trait qui le rapproche des sutras bouddhiques, des textes révélés taoïstes et des *baojuan*, il s'ouvre par un préambule décrivant une scène se déroulant au Ciel[2]. Le patriarche Lü s'y exprime à la

2. Parmi les autres livres de morale ayant aussi ce préambule narratif se déroulant au Ciel, on peut mentionner le *Jiujie baojing*.

première personne ; il décrit comment la terre est obstruée par une masse de souffles noirs causés par les péchés des humains et enseigne à son auditoire comment se réformer pour mener une vie juste et dissiper ainsi ces miasmes. Le ton n'est pas apocalyptique ; le patriarche ne se présente pas comme le sauveur universel de l'humanité en danger, contrairement à ce qu'il énonce dans d'autres textes un peu plus tardifs qui partagent par ailleurs de nombreux thèmes avec notre texte. Cependant, la dénonciation de l'état de corruption morale de l'humanité y est radicale, comme dans de nombreux autres livres de morale à forte coloration eschatologique. Le choix d'une traduction à la deuxième personne du pluriel (« Et vous, hommes adonnés au vice… ») met en valeur la violence oratoire du texte, alors que le style indirect (« Et ces hommes adonnés au vice… ») était aussi possible. Le patriarche Lü n'insiste pas sur les mécanismes de surveillance et de punition de l'humanité ; il consacre en revanche de riches développements aux différentes catégories sociales et aux choix moraux spécifiques qui sont les leurs.

L'édition critique présentée ici se base sur le *Lüzu quanshu*, en relevant les principales variantes offertes par l'édition du *Daozang jiyao*, qui sont toutes mineures. Les éditions contemporaines ne s'en écartent guère ; la circulation de ce texte, dans les temples comme sur Internet, témoigne qu'il est aujourd'hui largement lu et chanté.

« Authentique révélation pour réveiller les cœurs, par le patriarche Lü »

呂祖醒心真經

呂祖醒心真經

醒心開經偈

[1] 禍福無因, 惟人自取.

吉凶休咎, 非天所與.

善惡之報, 不爽錙黍.

改過自新, 天曹獎許.

[2] 爾時無上仙師雲遊空中, 見有黑氣瘴蔽, 紅光潛消, 知天下之人, 為善者少, 作惡者多, 輪迴六道, 旋轉四生, 未有窮盡. 而若輩作惡之人, 不知不覺, 冥頑不靈, 晨鐘報曉, 遂起慾心, 暮夜不休, 無非私意, 私慾不絕, 惡端日起.

[3] 不忠於君, 不孝於親, 不敬於師, 不信於友, 私其妻子, 傷其手足, 慢其尊長, 薄其親戚,

« Authentique révélation pour réveiller les cœurs, par le patriarche Lü »

Hymne d'ouverture de la Révélation pour réveiller les cœurs.

[1] Les malédictions et les bénédictions [accordées par les dieux] ne viennent pas par leurs propres raisons, c'est chaque homme qui les attire [par ses actions][3]. La bonne ou la mauvaise fortune ne sont pas distribuées [arbitrairement] par le Ciel. La rétribution de la vertu et du vice est exacte et ne laisse pas de place à la moindre approximation. Les officiers célestes seront avec ceux qui se repentent de leurs fautes et veulent se racheter.

[2] En ce temps-là, moi, le maître immortel suprême, je voyageais dans le Ciel. Je m'aperçus que le monde était couvert par des masses miasmatiques de souffles noirs, qui absorbaient toute la lumière du jour. Je compris que la cause en était que, parmi les humains, rares sont ceux qui pratiquent la vertu et que la plupart s'adonnent au vice, si bien qu'ils sont pris dans le cycle des réincarnations sans espoir d'en sortir. Et vous, hommes adonnés au vice, ignorants, insensibles et hébétés, vous vous livrez à vos désirs dès le lever au matin, et vous les poursuivez jusqu'à la nuit ; votre vie n'est que passions égoïstes, et vos péchés s'accumulent jour après jour.

[3] Vous êtes sans loyauté envers votre empereur, sans piété pour vos parents, sans respect pour vos professeurs et sans fidélité envers vos amis. Vous êtes partiaux envers vos épouses

3. Ces deux premiers vers renvoient directement à la première phrase du *Taishang ganyingpian*, qu'ils paraphrasent en changeant deux mots.

同室操戈, 負恩反噬, 殘忍殺命, 昏劣蔑理, 倚勢凌弱, 結黨暴寡, 造計害人, 唆訟漁利, 縱役縱僕, 殃民肆虐. 機械變詐, 作為不法, 欺謀孤嫠, 侮弄老稚.

[4] 取不義之財, 淫非己之色, 奪人之產, 坑人之貲, 擠人之危, 困人之窮, 壞人之名, 敗人之功, 阻人之善, 抑人之才, 傾人爵位, 損人財物, 破人姻親, 間人骨肉, 搆人爭鬪, 誣人過失, 談人閨閫, 辱人婦女, 謗人伎術, 截人生路, 發人陰事, 負人重托, 背約違誓, 翻雲覆雨, 誘人為非, 助人為惡, 好人所惡, 惡人所好, 言不忠信, 行不端正, 曲直違心, 毀譽隨意.

et enfants, vous blessez vos frères, vous méprisez vos aînés et vous faites peu de cas de votre famille. Vous vous battez avec ceux qui partagent votre propre toit, et vous mordez la main qui vous a nourri ; vous n'hésitez pas à prendre la vie et vous faites fi des règles morales. Vous profitez de votre position pour opprimer les faibles, et vous vous liguez avec vos semblables pour abuser des veuves et veufs ; vous combinez des plans pour nuire à autrui et vous intentez des procès dans l'espoir d'en tirer profit. Vous laissez faire vos employés et serviteurs, mais vous accablez les honnêtes gens de votre violence. Par toutes sortes d'artifices, vous violez la loi ; vous dupez les veuves et orphelins, et vous outragez vieillards et enfants.

[4] Vous vous emparez de richesses auxquelles vous n'avez pas droit, et vous convoitez les jolies femmes autres que vos épouses. Vous vous appropriez le bien d'autrui et vous vous enrichissez par des escroqueries. Vous opprimez les gens en difficulté et vous accablez les miséreux ; vous ruinez les réputations et vous détruisez les accomplissements des autres. Vous empêchez les gens de commettre de bonnes actions et vous rabaissez leurs talents ; vous dénigrez les honneurs qui leur sont accordés et vous cherchez à les léser. Vous brisez les mariages et vous dressez les membres des familles les uns contre les autres. Vous impliquez les autres dans vos querelles et vous lancez des accusations calomnieuses ; vous vous permettez de parler de la vie domestique des autres et vous n'hésitez pas à humilier les femmes de leur foyer. Vous médisez des savoirs professionnels des gens, jusqu'à les priver de leur gagne-pain ; vous révélez les affaires privées d'autrui et vous trahissez leur confiance. Vous violez vos serments et vous changez constamment de position ; vous incitez les autres à l'erreur et vous les aidez dans leurs mauvaises actions. Vous aimez ce que les autres détestent et vous détestez ce que les autres aiment. Vos propos sont déloyaux et vos actes malhonnêtes ; vous reconnaissez la réalité des choses à contrecœur, mais vous vous livrez avec enthousiasme à la médisance.

[5] 訕謗聖賢，褻瀆神明，仇敵正人，狎昵匪類，身居下流，甘為汙賤，玷辱祖先，貽憂父母，行險徼倖，苟免無恥，貪得無厭，知過不改，怙終遂非，聞[1]諫加怒，耽樂賭博，迷戀花柳，好勇鬪狠，酗酒詈罵，聚談穢褻，妄興劇戲，耗難得財，作無益事，不惜物力，不重五穀，殘毀經書，抛棄字紙，居不學業，動不循禮，知德不酬，忘本不憶，敗廢祖產，暴露亡柩，臨喪不慎，致祭不誠，制中生子，亡忌舉樂.

[6] 居室不和，教子不嚴，待下不恕，撫幼不慈，治家無法，貽謀不善，嫁娶不時，致生淫佚，

1.「聞」,« 丹桂集 » 本作「開」.

[5] Vous insultez les sages et vous profanez les dieux ; vous considérez les honnêtes gens comme vos ennemis, mais vous vous acoquinez avec les voyous. Vous n'hésitez pas à vivre dans les recoins les plus vils de la société et vous n'avez nul souci d'en être souillé ; vous faites ainsi honte à vos ancêtres et vous causez les tourments de vos parents. Vous vous jetez dans des aventures en tentant le diable, mais vous fuyez vos responsabilités sans aucune honte. Vous brûlez d'avoir toujours davantage, sans jamais être rassasiés, et vous ne vous repentez pas en constatant vos fautes. Vous persévérez dans l'erreur et vous vous mettez en rage si on vous fait des remontrances. Vous vous adonnez à la musique et aux jeux d'argent et vous vous prenez de passion pour des prostituées ; vous adorez les démonstrations de virilité et les combats, vous vous soûlez et vous perdez en injures. Vous bavardez des sujets les plus abjects et vous organisez des spectacles par pure oisiveté. Vous gaspillez en divertissements oiseux de l'argent péniblement gagné ; vous n'avez aucun souci d'économie et vous n'accordez aucune valeur aux céréales. Vous ne craignez pas de détruire les livres sacrés et de jeter des papiers couverts d'écriture ; chez vous, vous vous dispensez d'étudier et à l'extérieur vous ignorez les rites de politesse. Si l'on agit de façon vertueuse à votre égard, vous n'en avez nulle reconnaissance, vous êtes ingrats et oublieux ; vous dilapidez l'héritage de vos ancêtres, et vous n'avez pas scrupule à laisser les corps de vos parents défunts exposés au jour [sans procéder à l'inhumation]. Lors d'un enterrement, vous êtes négligents et vous pratiquez les sacrifices sans sincérité. Vous copulez et procréez pendant les périodes de deuil, et vous vous amusez à écouter de la musique pendant les périodes d'interdit.

[6] Vous ne faites pas régner la concorde dans votre maison et vous n'éduquez pas vos fils de façon rigoureuse. Vous traitez vos serviteurs sans indulgence et les enfants sans bonté. Vous ne savez pas tenir un foyer et vos projets sont sans vertu. Vous arrangez les mariages trop tard ou trop tôt, si bien que

分撥不均, 致生爭鬪, 奢儉違宜, 事失體制, 當為不為, 營求分外, 見富妄圖, 見貴艷慕, 失足不悟, 濡首不止, 飾貌盜名, 違道干譽, 喪己徇人, 矯情絕物, 觀理不清, 聽言不察, 知人不明, 交友不擇, 接待不恭, 出話不謹, 處分不當, 當局不慎, 小忿不懲, 遠患不慮, 立志不高, 居心不一, 古訓不遵, 師傳不習, 省過不勤, 檢身不力, 負慚大廷, 獨欺暗室, 種種過惡, 不可枚舉.

[7] 又見縉紳大夫, 則患得患失, 逢迎固寵, 賂賄公行, 治安莫講, 不憂國事, 不念民瘼, 損下益

les jeunes sont menés vers la dépravation. Vous distribuez les tâches de façon inéquitable, si bien que tous se dressent les uns contre les autres. Vous êtes tantôt avares, tantôt prodigues ; votre gestion est contraire au bon sens. Vous ne faites pas ce que le devoir commande, mais vous cherchez à avoir plus que votre lot ; vous êtes pris de désirs incontrôlés à la vue des richesses et des honneurs. Vous commettez des faux pas sans vous en rendre compte et vous vous enivrez sans savoir vous arrêter ; vous vous couvrez de parures pour justifier une réputation que vous ne méritez pas et vous recherchez la renommée en enfreignant la morale. Sans respect pour vous-mêmes et prêts à suivre n'importe qui, vous vous donnez de grands airs mais vous êtes incapables de maintenir des rapports avec autrui. Vous ne comprenez pas le bon sens et vous êtes incapables de garder une attitude critique envers ce qu'on vous dit ; vous ne savez pas juger de la qualité d'un homme ni choisir vos amis. Vous traitez les gens sans respect et vous parlez sans réfléchir ; vos décisions sont inappropriées et vous exercez vos responsabilités avec négligence. Vous ne savez pas contenir votre colère pour un souci passager, mais vous ne pouvez pas vous concentrer sur les problèmes à long terme. Vos ambitions sont médiocres et votre esprit inconstant ; vous ignorez les leçons des anciens sages et vous négligez de mettre en pratique ce que vous ont enseigné vos professeurs. Vous rechignez à examiner vos propres fautes et à vous discipliner. Même couverts de honte en public, vous continuez à tromper le monde dans la solitude d'une chambre obscure. Vos fautes et péchés sont trop nombreux pour être énumérés.

[7] J'ai vu aussi que, parmi vous, les dignitaires et fonctionnaires ne se soucient que de leurs gains et de prévenir les désirs de leurs collègues pour s'assurer de leurs faveurs. Vous faites régner la corruption dans les affaires de l'État, et vous accordez bien peu d'importance à l'ordre public. Vous vous souciez bien peu de la politique menée par l'empereur, et vous vous désintéressez des souffrances du peuple. Vous lésez

上, 酷刑濫罰, 聚斂有才, 聽訟無術, 見利不興, 見害不革, 好爵是縻, 實曠厥職.

[8] 文人學士, 則荒廢經傳, 奔競功名, 矜才炫能, 誇己忌人, 又或造作淫書, 蠱惑士女, 捏成野史, 淆亂是非, 流害無窮, 作孽莫大.

[9] 庸夫俗子, 則胸無點墨, 目不識丁, 輒冠儒冠, 服儒服, 徒思蠅營狗苟, 不知返本窮源, 稍得寸進, 面貌昂然, 蔑視小民, 傲睨先輩, 遇單寒則掉頭不顧, 見顯達則搖尾乞憐, 刻剝窮人, 錙銖必較, 守財慳吝, 見義不為, 不度才, 不量力, 強不知以為知, 假不能以為能, 附會斯文, 胡謅滿

vos administrés pour flatter vos supérieurs, et vous abusez des châtiments corporels et des amendes. Vous avez beaucoup de talents pour collecter les impôts, mais aucun pour rendre la justice ; vous êtes incapables de mettre en place une politique profitable, ni de réformer une mauvaise pratique. Vous êtes totalement dépendants de vos riches prébendes, mais vous négligez les charges de votre fonction.

[8] Parmi vous, les lettrés et étudiants jettent aux orties l'étude des classiques pour se précipiter dans la course aux honneurs. Vous vous vantez de vos talents et vous vous glorifiez tout en jalousant vos camarades, et pourtant vous composez des romans pornographiques pour ensorceler les femmes et les jeunes hommes. Vous écrivez des fantaisies en mélangeant l'historique et l'imaginaire : les confusions ainsi perpétrées se transmettent sans fin et constituent un crime sans limite.

[9] Parmi vous, les hommes ordinaires sont d'une ignorance crasse et ne connaissent pas un caractère d'écriture, et pourtant se parent de la coiffe et de la robe des lettrés ! Vous vous contentez de fureter à la recherche de petits profits comme de vulgaires mouches et vous ignorez ce que signifie réfléchir à ses origines et retrouver ses racines. Au moindre petit succès, vous vous pavanez, vous regardez de haut les humbles gens et vous méprisez vos aînés. Si vous éprouvez la moindre difficulté, vous abandonnez de suite l'affaire ; mais, si vous rencontrez une personne haut placée, vous allez faire le chien en vous aplatissant devant elle. Vous saignez les pauvres gens et vous comptez jusqu'au dernier centime qu'on vous doit ; vous thésaurisez avec pingrerie et évitez toutes les occasions de vous servir de vos richesses pour le bien commun. Vous n'estimez pas vos capacités à leur juste niveau et vous ne déployez pas vos efforts avec mesure. On n'arrive pas à vous forcer à connaître ce que vous devez connaître et vous feignez de ne pas pouvoir faire ce que vous devriez faire. Vous vous revendiquez de la culture lettrée, mais ce que vous écrivez ne sont que des divagations, et quand vous lisez les écrits d'autrui

紙, 見人著作, 妄肆譏評, 區區斗筲, 言之可恥.

[10] 少年子弟, 則製美而衣, 擇腴而食, 悠忽終年, 嬉遊竟日, 不知稼穡艱難, 不念寸陰堪惜, 老大無成, 傷嗟何及.

[11] 農工商賈, 則漲五穀以入市, 雜贗物以取利, 貴物賤買, 低貨高賣, 價不隨值, 錢不即給, 秤戥斗尺, 不公不平, 出輕入重, 出小入大, 欺謾愚稚, 凌壓孱弱, 造作不固, 效力不勤, 暗設魘魅, 浪費工料, 損人損物, 天之所怒, 藝術九流, 則學業未精, 便思行世, 輕視死生, 妄談禍福, 小則傷人財, 誤人事, 大則隕人命, 絕人祀, 豈惟人怨, 且有天刑.

[12] 吏胥隸役, 則婪贓作弊, 舞文弄法, 增減事情, 出入人罪, 縱奸陷善, 罔上行私, 錢糧恣其

vous vous laissez aller à des railleries. Hommes de médiocre talent, vous devriez avoir honte de vous-mêmes !

[10] Parmi vous, les jeunes gens se fabriquent de beaux vêtements et se gorgent de riches mets, vivent dans l'oisiveté à longueur d'année et passent leurs journées à s'amuser. Vous n'avez aucune idée à quel point le travail agricole est pénible et vous ne réalisez pas que chaque instant de la vie est précieux ! Vous atteindrez la vieillesse sans avoir rien accompli et vous le regretterez amèrement.

[11] Parmi vous, les paysans, artisans et commerçants gonflent les prix des céréales au moment de les vendre et mélangent les ersatz aux vrais produits pour augmenter leur profit ! Vous vous débrouillez pour acquérir à bas prix les biens de valeur et pour vendre cher les produits médiocres. Vous fixez les prix sans tenir compte de la valeur du bien vendu et vous ne rendez pas le change en entier ; vos balances sont faussées et vous n'utilisez pas les mêmes mesures à l'achat et à la vente. Vous escroquez les clients simples ou trop jeunes, et maltraitez ceux sans défense ; ce que vous fabriquez n'est pas solide et vous travaillez sans application. Vous pratiquez la sorcellerie en secret, et vous gâchez les matériaux ; vous nuisez aux humains et à tous les êtres vivants, et provoquez ainsi l'ire du Ciel. Vous tous, artisans et spécialistes des divers métiers, votre apprentissage est insuffisant ; vous ne pensez qu'à votre succès, vous prenez à la légère la vie des autres, et parlez à tort et à travers des bénédictions et des malédictions. Même les plus légères de vos fautes ruinent des gens et sèment la confusion dans leurs vies ; les plus graves peuvent causer la mort et rompre la continuité du culte ancestral. Vous attirez ainsi la haine d'autrui, mais plus encore les châtiments du Ciel.

[12] Parmi vous, les petits employés de l'administration sont corrompus et trichent avec les textes de loi et les documents ! Vous ajoutez ou supprimez des éléments dans les dépositions, et vous modifiez les fautes pour lesquelles les gens comparaissent devant les tribunaux. Vous faites libérer les

侵漁, 詞訟任其起滅, 炙詐編氓, 淩辱士子, 此等之人, 永墮地獄, 仙佛不度, 厮養奴僕, 則食人之食, 不思忠人之事, 居人之宅, 不知感人之恩, 當面趨承, 背後訕笑, 明中效力, 暗裏侵財, 心不安於貧家, 禮每失於孱主, 既已委身奉事, 又復蓄念他圖, 犬馬不如, 神人共憤.

[13] 婦人女子, 則性本陰柔, 見多偏隘, 每為乾餱啟釁, 常因長舌興殃, 非無禮於舅姑, 即失和於妯娌, 非苛虐其子婦, 即妒忌其媵妾, 傾女君以邀寵, 淩夫人而自專, 骨肉成仇, 親姻不睦, 罔知四德, 盜曉三從, 至有帷薄不修, 淫奔可醜,

félons, mais vous tendez des pièges aux honnêtes gens ; vous dupez vos supérieurs pour favoriser vos intérêts. Quand vous êtes en charge de la collecte des impôts, vous vous livrez à toutes sortes d'accaparements ; quand vous êtes au greffe du tribunal, vous faites apparaître ou disparaître les pièces comme bon vous semble. Vous manipulez les registres des habitants et faites subir des avanies aux hommes respectables. Votre engeance est destinée à rester au fin fond des enfers ; jamais les immortels et les Bouddhas ne vous accorderont le salut. Et vous, les laquais et les esclaves, vous mangez la nourriture de vos maîtres sans avoir pour eux la moindre loyauté ; vous habitez dans la maison de vos maîtres sans avoir pour eux la moindre reconnaissance. Vous acquiescez à tout ce qu'ils vous disent, mais vous vous moquez d'eux dès qu'ils ont le dos tourné. Vous vous empressez quand on vous regarde, mais vous volez en cachette. Vous êtes incapables d'accepter votre pauvreté, et votre comportement vis-à-vis des autres et des dieux est en contradiction avec votre humble statut. Alors même que vous vous êtes donnés au service de quelqu'un, vous continuez à ourdir vos propres petits desseins. Les chiens et les chevaux sont meilleurs que vous, vous attirez l'aversion des dieux comme des hommes.

[13] Parmi vous, les femmes sont d'un naturel soumis et sont souvent partiales et mesquines. Souvent vous soulevez des querelles parce que la nourriture n'est pas assez riche, ou vous causez des malheurs par votre langue trop bien pendue ; vous manquez toujours à vos devoirs envers vos beaux-parents et vous êtes incapables de vous entendre avec vos belles-sœurs. Quand vous ne tyrannisez pas vos belles-filles, vous vous consumez de jalousie envers les concubines de votre mari. En tant que concubine, tantôt vous flattez l'épouse principale pour attirer ses faveurs, tantôt vous lui battez froid pour tout tirer à vous. Vous vous faites des ennemis de votre famille et laissez régner la discorde dans votre foyer. Vous ignorez tout

既玷本宗, 又辱夫族, 決江河之水, 難洗其羞, 迴日月之光, 不照其穢, 更有身為牙媼, 口習誑言, 誤人婚姻, 將拙配巧, 誤人子女, 略良為賤, 喜為引線之針, 最壞名閨之節, 一淪地獄, 永失人身.

[14] 僧尼道士, 則不解經典, 不守戒律, 淫慾未絕, 葷酒莫除, 借端化財, 實圖餔啜, 勸人禮懺, 徒為金錢, 方便不聞, 慈悲安在, 建醮則天神絕響, 作會則男女混雜, 何曾見性明心, 未見葆

des quatre vertus et ignorez les trois soumissions[4]. Vous allez jusqu'à enfreindre la séparation [entre la partie féminine et la partie publique] de la maison, et à vous déshonorer en allant chez d'autres hommes, souillant ainsi votre propre lignage comme celui de votre mari. Toutes les eaux des fleuves ne pourraient laver une telle honte, et le soleil comme la lune se détourneraient pour ne pas éclairer une telle souillure. Pis encore, certaines d'entre vous font les entremetteuses et passent leur temps à raconter toutes sortes de fantaisies : vous trompez les familles en arrangeant des mariages mal assortis et vous abusez les jeunes femmes en les faisant tomber dans la prostitution. Vous vous amusez à initier toutes sortes d'histoires, mais en fin de compte vous causez la ruine des bonnes familles. Vous tomberez toutes en enfer, et jamais vous ne retrouverez forme humaine !

[14] Parmi vous, les prêtres et prêtresses bouddhistes et taoïstes ne comprennent rien à leurs propres écritures et ne respectent pas leurs vœux. Vous vous abandonnez à vos désirs charnels et vous consommez sans cesse viandes et alcools ; vous inventez des stratagèmes pour récolter des dons dans le seul but de gagner de quoi manger et boire. Vous exhortez les laïcs à vous demander de chanter les litanies de contrition, mais vous n'écoutez que le son de l'argent ; vous avez complètement oublié de convaincre les autres et de pratiquer la charité. Si vous célébrez un rituel d'offrande, la musique que vous jouez pour les dieux est fausse ; si vous organisez une célébration, vous laissez hommes et femmes se mêler. À plus forte raison, vous êtes bien incapables de saisir votre nature originelle et de voir clair en vous-mêmes, ou de conserver votre énergie vitale et de raffiner votre souffle[5]. Vous vous donnez énormément

4. Les quatre vertus de la femme sont celles qu'elle montre dans sa conduite, ses paroles, son maintien et son travail ; les trois soumissions sont celles de la femme à son père, à son mari et à son fils aîné.

5. Ces phrases renvoient à des formes de culture de soi bouddhiques et taoïstes respectivement.

精煉炁, 勞逾白屋, 濁倍紅塵, 孽豈易消, 罪應加等.

[15] 是諸人等, 所作過惡, 習與性成, 毫不自悔, 所以黑氣凝結, 聚而不散, 昏昏然如霧障天, 逐逐然如魔附物, 自古及今, 茫茫苦海, 無時得度, 而若輩漠然安之, 群然趨之, 陷溺日深, 可為隕涕.

[16] 若夫為善之家, 百不得一, 或資生無產, 不能自振, 或同志無人, 不知自奮, 或阻於時勢, 廢焉不前, 或抑於流俗, 喪其所守, 或勉強為善, 而志實不堅, 或中心向善, 而力有不足, 或一時從善, 不能淑其終身, 或一己好善, 不能化其眷屬, 或始念甚誠, 中道改轍, 或力行不怠, 偶爾蕩

de peine pour vous sortir de la pauvreté, mais vous restez plus que jamais englués dans les liens de ce bas monde. Vos péchés seront très difficiles à expier, et vos fautes vous seront comptées plus cher encore que celles des laïcs !

[15] Tous ces types de personnes dépassent les bornes du vice ; cela est devenu leur seconde nature, et ils n'en conçoivent jamais le moindre remords. C'est par leurs actions que se sont formées les masses miasmatiques de souffles noirs, qui se sont tant accumulées qu'on ne peut plus les disperser. Elles obscurcissent le ciel comme d'immenses nuages sombres et s'attachent aux gens comme une foule de démons possédant les êtres vivants. De tout temps, les humains se débattent dans l'océan des souffrances, sans jamais arriver à trouver le salut, mais vous y semblez résignés, vous y plongez tous ensemble de façon grégaire et vous vous y enfoncez encore chaque jour davantage, offrant un spectacle vraiment désolant.

[16] Parmi vous, on n'en trouve pas un sur cent qui pratique la vertu. Quelques-uns le voudraient mais n'ont pas de moyens et ne peuvent même pas subvenir à leurs propres besoins ; d'autres n'ont pas de compagnon animé des mêmes intentions et n'arrivent pas à trouver la motivation d'agir seuls. D'autres sont empêchés par les circonstances et se découragent à poursuivre leurs efforts ; ou bien leurs bonnes intentions ont été écrasées par la force des habitudes, et ils en ont fait leur deuil ; ou bien ils se forcent à pratiquer la vertu, mais leur motivation est vacillante ; ou encore ils sont sincèrement déterminés à faire le bien mais manquent des forces pour aller au bout de leurs intentions. Certains peuvent faire le bien à un moment mais ne peuvent maintenir cette vertu toute leur vie ; d'autres sont personnellement dévoués à la vertu mais sont incapables d'y convertir leurs proches ; ou s'engagent avec une totale sincérité mais finissent par se dévoyer ; ou pratiquent la vertu sans relâche mais se laissent aller à la luxure fortuitement. Certains, alors qu'ils sont en train de travailler à s'améliorer, se mettent à désirer des choses qui ne leur reviennent pas,

心, 或功夫未到, 妄想非分, 或造詣將深, 忽求效驗, 如是為善, 即為入惡根苗, 所以善氣上達, 方起即伏. 無上仙師, 雖復憐憫, 無可奈何, 可勝浩歎.

[17] 今爾等若欲消除黑氣, 大發紅光, 須聽偈言:

香火何時滅, 滅了又重然.
入於大海中, 百千萬億年.
生老病死苦, 終身被牽纏.
因緣念上起, 念上起因緣.
夢覺即無夢, 泡影亦虛懸.
電光石火中, 埋沒許英賢.
那見杰出者, 不是活神仙.

ou, alors qu'ils sont en bonne voie pour apprendre la sagesse, se mettent à vouloir des récompenses immédiates. Toutes ces façons imparfaites de pratiquer la vertu sont en réalité autant de racines du vice. Aussi, quand un homme ressent l'aspiration à la vertu et se donne de nobles objectifs, il faut qu'il cache humblement les apparences de la vertu dès qu'elles apparaissent. Moi, le maître immortel suprême, bien que je sois empli de pitié pour ces hommes dont la vertu s'égare, je ne peux rien faire d'autre pour eux que d'exprimer ma commisération.

[17] Si maintenant vous désirez dissiper les masses miasmatiques de souffles noirs et libérer la lumière du soleil, écoutez cet hymne :

> Le culte que vous me rendez peut bien s'arrêter,
> Toujours il recommencera.
> Mais, si vous plongez dans le vaste océan [des vies humaines],
> Vous y serez pour des millions d'années.
> Naissance, vieillesse, maladies et mort
> Sont des souffrances qui vous enchaîneront éternellement.
> L'enchaînement des conséquences commence à la moindre pensée
> Et provoque d'autres pensées et d'autres conséquences.
> Si vous pouviez vous réveiller du rêve ou vous vivez, vous réaliseriez
> Qu'il n'y a pas de rêve et que vos illusions ne flottent que dans le vide.
> Dans l'instant fugace que dure une étincelle,
> On a déjà enterré et oublié n'importe quel sage ou héros.
> Si vous rencontrez quelqu'un qui se prétend être un homme extraordinaire,
> Il n'est assurément pas un immortel vivant.

[18] 偈畢, 願爾等大眾, 生生世世, 在在處處, 永不起貪得心, 瞋怨心, 殺傷陷害心, 忤逆凌犯心, 奸淫偷竊心, 占奪爭鬪心, 欺蔑侮弄心, 奸詐誑騙心, 嫉妒毀謗心, 諂媚趨附心, 驕矜傲慢心, 慳吝苟簡心, 奢靡逸樂心, 妄想分外心, 求謀鑽刺心, 眷戀富貴心, 憂愁貧賤心, 計較得喪心, 分別爾我心, 炫燿名譽心, 遮蓋過失心, 瞞昧自欺心, 膠執自是心, 疑惑猶豫心, 懊悔改變心, 畏難退縮心, 安逸自在心, 苟且小就心, 責效旦夕心, 如是等心, 各各猛省, 務使方寸之中, 空空洞洞, 一物不交, 一私不受, 如皓月當空, 萬境澄徹, 如明鏡照人, 鬚眉畢現, 更如慧劍在身, 可以水斷蛟龍, 陸剸犀象, 斯為夢醒, 不在大夢.

[19] 又常起怖懼心, 慚愧心, 歡喜心, 決斷心, 勇猛精進心, 堅固耐久心, 凡此等心, 須以大智

[18] Maintenant que vous avez entendu cet hymne, je fais le vœu que vous tous, dans chaque famille, à chaque génération, dans chaque lieu, vous n'ayez plus jamais l'esprit de convoitise, de colère, de meurtre ou d'agression, de désobéissance et d'outrage ; que vous n'ayez plus jamais l'esprit de luxure et de vol, d'accaparement et de conflit, de mépris et de moquerie, de fourberie et de tromperie ; que vous n'ayez plus jamais l'esprit de jalousie et de médisance, de flatterie et de servilité, de vanité et d'arrogance, d'avarice et de négligence ; que vous n'ayez plus jamais l'esprit de gaspillage et d'oisiveté, de désir immodéré d'avoir plus que votre lot, de machinations et de faveurs auprès des puissants, d'amour des richesses ; que vous n'ayez plus jamais l'esprit affligé par la pauvreté, obsédé par le détail des gains et pertes, systématiquement prévenu contre autrui et assoiffé de gloire ; que vous n'ayez plus jamais l'esprit porté à dissimuler vos fautes et à vous abuser vous-mêmes, obstinés dans vos opinions ou toujours irrésolus ; que vous n'ayez plus jamais l'esprit plein de remords à chaque tournant, apeuré et voulant reculer à la moindre difficulté, oisif et heureux de ne rien faire, ou négligent et vite satisfait, mais qui exige des autres des résultats immédiats. Tous ceux dont l'esprit est ainsi tourné doivent s'examiner avec la plus grande sévérité et s'appliquer à ce que leur cœur soit vide et libre, sans aucun attachement aux choses extérieures, sans aucune pensée égoïste. Il doit voir clairement toutes choses dans l'univers entier, comme la lune brillante dans le ciel noir ; il doit distinguer parfaitement chaque détail, comme un miroir sans défaut reflète précisément les visages. Il doit encore pouvoir trancher les dragons au fond des eaux et les bêtes sauvages sur les chemins, comme une épée de sagesse qui garde le corps de l'intérieur. Avec [un esprit ainsi affûté], vous vous éveillerez et ne vivrez plus dans un long rêve.

[19] Vous devez encore constamment avoir un esprit de crainte respectueuse, de honte [de vos propres insuffisances], de joie [face aux bénédictions reçues] et de ferme résolution ;

慧照之, 大精神赴之, 大力量任之, 斯能無微不燭, 無堅不破, 無難不成, 身混塵俗, 志氣清明, 與天地合其撰[2], 與鬼神合其德, 何有於仙, 何有於凡, 何凡之非仙, 何仙之非天, 道化一理, 天人一家, 黑氣消滅, 紅光燭天, 是謂大醒, 永不入夢.

[20] 夫其有黑氣紅光者何以故 ? 人之有身, 如天地之有五行, 五行別為五色, 五色之中, 紅為暢滿, 黑為滯塞, 人之心一於惡, 則胸中壅塞, 不能流通, 故生黑氣. 一於善, 則仰不愧天, 俯不怍人, 胸懷浩蕩, 暢美快足, 故生紅光. 夫人之良心, 未盡滅絕, 雖在奸惡, 言及善事, 亦必面從, 其面從者, 由其善根未泯, 其終不為善者, 由其習惡既久, 心靈蔽塞, 不知為善之樂, 不知為不

2. 「撰」, « 丹桂集 » 本作「道」.

vous devez encore constamment avoir un esprit de farouche détermination à progresser et de solide résistance aux épreuves. Tous ceux dont l'esprit est ainsi tourné doivent encore le mettre à l'épreuve de la plus grande sagesse, l'appliquer aux tâches les plus spirituelles et le mettre à l'ouvrage avec la plus haute intensité : c'est alors seulement que vous pourrez éclaircir les moindres problèmes, surmonter toutes les résistances et accomplir les missions les plus difficiles. Tout en vivant au cœur du monde ordinaire, votre énergie et votre détermination resteront pures et intactes ; vous partagerez le Dao du Ciel et de la Terre ; et vous partagerez la force vertueuse des dieux. Qu'importent les distinctions entre immortels et hommes ordinaires ; les hommes ordinaires ne sont pas des immortels ; les immortels ne sont pas des dieux célestes, mais l'ordre moral du Dao est le même pour tous, et le Ciel et les hommes forment une même famille. En comprenant et appliquant cela, vous dissipez les masses miasmatiques de souffles noirs et vous libérez la lumière du soleil pour qu'elle éclaire le ciel entier : j'appelle cela le grand dégrisement, qui permet de sortir définitivement du rêve éveillé [qu'est la vie des hommes ignorants].

[20] Comme se fait-il qu'il y ait les masses miasmatiques de souffles noirs et la lumière du soleil ? Le corps humain fonctionne comme l'univers, qui contient les cinq agents. Ces derniers correspondent aux cinq couleurs : le rouge correspond à la plénitude, tandis que le noir correspond à l'obstruction. L'homme dont l'esprit est entièrement concentré sur le vice voit son cerveau bouché, et ses énergies ne peuvent plus circuler ; il génère ainsi des souffles noirs. Mais celui dont l'esprit est entièrement concentré sur la vertu peut lever le regard vers le Ciel sans avoir honte de lui et regarder ses congénères sans être embarrassé ; son esprit est vif et débordant d'énergie, et son corps épanoui et vigoureux ; il génère ainsi de la lumière rouge. La nature innée et bonne de l'être humain n'est jamais totalement annihilée. Même celui qui sombre dans le vice,

善之害, 謂天地鬼神, 於我無見, 於我無聞, 夫天地鬼神, 豈真無見, 豈真無聞, 人自不見, 人自不聞, 昏昏冥冥, 恣其所為, 詎知天地鬼神, 默伺微窺, 洞若觀火. 善不可掩, 惡不可藏, 殃慶殊途, 報應如響, 自古及今, 未之或爽.

[21] « 易 » 曰 : « 積善之家, 必有餘慶 ; 積不善之家, 必有餘殃. » 所謂積者, 或以月計, 或以歲計, 或以世計, 蓋非一朝一夕之故, 其所由來者漸也, 積其善, 可以一世, 可以十世, 可以百世, 可以千萬世, 可以無有盡世, 積其惡, 輕或可以二世, 重則不能一世, 吾觀普天之下, 有積德礪行, 半世轗軻, 時至事起, 一朝榮顯者, 又有簞

quand on lui parle de vertu, acquiescera, même à contrecœur, parce que les germes de la vertu existent encore en lui. S'il ne suit pas cette voie et persiste dans le vice, c'est parce que le vice est devenu en lui une habitude profondément ancrée et qu'en conséquence son intelligence s'est obstruée : il ne comprend plus que faire le bien est source de joie et que faire le mal est cause de souffrances. Il dira que les dieux, partout dans l'univers, ne le verront ni ne l'entendront mal agir. Mais croyez-vous vraiment que les dieux puissent manquer de voir ou d'entendre ? Même si aucun humain ne vous voit ni ne vous entend, que vous donnez libre cours à vos désirs dans la plus grande obscurité, sachez que les dieux vous observent en silence, voient tout dans le plus grand détail et vous connaissent à fond. Il est impossible de taire les bonnes actions et de dissimuler les mauvaises ; les bénédictions et les malédictions séparent clairement les unes et les autres, et la rétribution des bonnes comme des mauvaises actions est rapide comme l'écho. Ce principe est éternel et ne connaît pas le moindre écart.

[21] Le *Yijing* dit : « Ceux qui accumulent les bonnes actions recevront un surcroît de grâces ; ceux qui accumulent les mauvaises actions recevront un surcroît de désastres[6]. » On peut mesurer cette accumulation en en faisant le compte chaque mois, ou chaque année, ou sur l'ensemble de son existence. La rétribution n'est pas soldée chaque jour, mais elle se cumule au cours du temps. Ceux qui accumulent des bonnes actions en recevront des bénédictions pendant une, dix, cent, un million ou un nombre incalculable d'existences ; ceux qui accumulent des mauvaises actions en recevront des malédictions pendant deux existences, si ces actions sont bénignes, ou, si elles sont graves, ne pourront même pas achever leur présente existence [jusqu'à son terme initialement alloué]. J'observe le monde entier et je vois que certains accumulent les actes vertueux et

6. Voir p. 36

瓢樂道, 終身窮餓, 百年之後, 究與蘭蕙齊芳, 日月爭光者, 又有盡瘁事國, 殺身成仁, 名既留於身後, 福亦降於子孫, 報或顯於來世, 祿必享於天曹者, 又有富貴之家, 偶行不義, 福消孽積, 罰及後人者, 又有衣冠之子, 未聞大道, 身多疵病, 受累無窮者, 又有蚩蚩之輩, 不知三尺, 敢作非為, 輒罹法網者, 又有凶暴之徒, 橫行無忌, 罪惡貫盈, 身家破壞者.

[22] 是非天道不齊, 皆由其家積善積不善, 自所召致, 不足疑怪. 蓋天道人事, 默相符合, 不爽毫髮, 亙古如斯, 於今為烈. 智者知而信之, 則可以寡過, 可以致祥. 愚者不信, 則禍不旋踵. 人苟

aiguisent leur sens moral, et pourtant restent embourbés dans les épreuves une bonne partie de leur vie, mais, le moment arrivé, ils connaissent enfin les honneurs. D'autres vivent heureux sans aucun bien matériel et restent jusqu'à leur dernier jour sans argent, et ayant à peine de quoi manger, mais des siècles plus tard leur réputation remplit le ciel et la terre. D'autres encore se dévouent corps et âme au service de l'État, et n'hésitent pas à se sacrifier pour le bien d'autrui ; non seulement ils laissent une réputation glorieuse mais attirent aussi des bénédictions sur leur descendance ; ils jouiront des heureuses rétributions de leur vertu dans une prochaine existence et seront promus dans la bureaucratie céleste. Mais je vois aussi que certains, bien que vivant dans la richesse, ne se comportent pas de façon juste ; ils épuisent leur lot de bénédictions et accumulent les malheurs, et attirent aussi des punitions sur leur descendance. D'autres, bien que nés dans les bonnes familles, n'ont jamais prêté attention à l'enseignement de la morale : ils tombent victimes de maladies et reçoivent toutes sortes de punitions. D'autres encore, simples et ignorants, sont incapables mais se lancent dans des entreprises inconsidérées et ne manquent jamais de tomber dans les filets de la justice ; ou, laissant libre cours à leur violence, se déchaînent et commettent tous les méfaits possibles, causant leur ruine et celle de leur famille. Ceux qui agissent selon l'ordre moral du monde ou à son encontre ne sont pas traités de la même manière : tout dépend de leur accumulation de bonnes ou de mauvaises actions.

[22] Leur destin ne découle que des conséquences de leurs actes, et il n'y a rien là d'étrange ou de mystérieux. L'ordre du monde et le déroulement des vies humaines se correspondent très exactement, en silence mais sans jamais le moindre écart : il en a toujours été ainsi, et cela est aujourd'hui plus vrai que jamais. Les hommes sages comprennent ce principe et ont foi en lui ; ils peuvent ainsi diminuer leurs fautes et attirer les choses fastes ; en revanche, les ignorants refusent d'y croire et attirent immédiatement les calamités. Si vous voulez écarter

欲除殃積慶，務須遵守吾教，大醒自心，勿許一念游移，勿許一時間斷，久久自然黑氣全消，紅光繚繞，不獨一身榮昌，子孫亦獲吉慶，不獨一家康泰，一里盡得消殃，但吾教伭伭，伭之又伭，識得伭伭，神仙有傳，不識伭伭，徒事談伭，謂之瀆仙，罪亦彌天. 謹守吾法，慎勿略焉，愚蒙比比，願爾先覺，更以覺世，功亦齊仙，面是背非，報應必顯，尚其勉旃. 大眾寂靜，諦聽偈言：

[23] 道德無終亦無始，善則福臻惡禍至.
若能滌慮並洗心，從前作孽皆堪恕.
我今大開方便門，願引愚蒙同入道.
勿謂不覺與不知，天曹日日關心竅.

les malheurs et attirer les faveurs divines, il vous faut respecter strictement mon enseignement, réveiller votre esprit, ne pas laisser une seule de vos pensées s'égarer et ne pas relâcher un seul instant votre discipline. Si vous pratiquez ainsi, les souffles noirs se dissiperont progressivement d'eux-mêmes et la lumière rouge circulera : vous connaîtrez les honneurs et votre descendance sera couverte de bénédictions ; votre famille sera dans l'aisance, et même tout votre village sera protégé des malheurs. Mais mon enseignement est subtil, il révèle la subtilité au cœur de la subtilité. Celui qui peut saisir cette double subtilité sera adopté comme disciple par les immortels célestes ; les autres qui s'obstineront à parler à tort et à travers de la subtilité seront sacrilèges, et leur faute sera immense. Observez avec grand soin mes règles et ne vous laissez jamais aller à la moindre approximation. Ignorants que vous êtes ! Je fais le vœu que vous puissiez vous éveiller et que vous éveilliez ensuite toute l'humanité, pour atteindre autant de mérites que les immortels. Soyez juste et rejetez l'erreur : vous verrez se manifester la rétribution de votre vertu. Ne relâchez pas vos efforts ! Et maintenant, écoutez tous en silence cet hymne :

[23] La voie et la vertu n'ont ni commencement ni fin,

Les bonnes actions attirent les bénédictions, et les mauvaises provoquent les malédictions.

Si vous pouvez purifier vos pensées et avoir l'esprit pur,

Alors vos fautes antérieures pourront être pardonnées.

Je vous ouvre maintenant la porte d'un enseignement adapté à votre situation,

Et je fais le vœu de vous convertir, tout ignorants que vous êtes.

Ne dites plus que vous n'êtes pas éveillés et pas instruits,

Car désormais les fonctionnaires célestes surveillent en permanence les mouvements de votre esprit !

[24] 呂祖親示奉行規條果報

一、凡讀是經者, 務於每日清晨, 盥漱焚香, 洗心滌慮, 志誠朗誦此經一遍, 然後料理諸事不得束置高閣.

一、持誦之後, 務須潛心玩味, 身體力行, 每夜省察一日所為, 有何罪惡, 久久行之, 自然功多過少, 慶集殃消, 不得口誦身違, 虛應故事.

一、是經為救人度世之經, 有能刻板流傳者, 自身榮昌, 子孫吉慶, 有能刷印廣施者, 救諸苦厄, 凡事如心, 有能奉行不倦, 有功無過者, 不論人等, 即成仙佛, 有閉藏毀謗, 見不奉行者, 殃及一身, 禍流後代, 慎之慎之.

[24] Règles et rétributions concernant la mise en pratique de ce texte, directement révélées par le patriarche Lü

1) Ceux qui veulent lire ce texte doivent, chaque matin dès l'aube, se laver les mains, se rincer la bouche et brûler de l'encens, se purifier le cœur et les pensées, et avec une parfaite sincérité psalmodier[7] ce texte dans son entier. Après cela, vous pouvez vaquer à vos affaires de la journée. Il vous est interdit de ranger ce livre dans un coin de la bibliothèque et de ne plus y toucher.

2) Après avoir psalmodié le texte, vous devez vous consacrer totalement à vos affaires et y mettre toute votre énergie ; mais, chaque soir, examinez vos actions de la journée écoulée et notez toutes les fautes et les péchés. En pratiquant ainsi tous les jours, à la longue, vos mérites s'accroîtront et vos démérites diminueront, les faveurs divines se feront plus nombreuses et les malheurs se dissiperont. En revanche, il est interdit de réciter ce texte tout en agissant sans tenir compte de ses exhortations, comme s'il ne s'agissait que de belles histoires.

3) Ce texte a été révélé pour sauver l'humanité. Ceux qui en feront graver des planches d'impression pour le diffuser seront récompensés par les honneurs en ce monde, et leur descendance sera couverte de bénédictions. Ceux qui en feront tirer de nombreux exemplaires et les distribueront gratuitement seront sauvés de tous les périls et verront leurs désirs exaucés. Ceux qui pourront mettre son enseignement en pratique sans jamais faiblir et accumuleront uniquement des mérites sans jamais fauter, quel que soit leur statut en ce monde, deviendront des immortels ou des Bouddhas. Mais, ceux qui garderont leur exemplaire sans l'utiliser, ou le dénigreront, sans le mettre en pratique, seront frappés du malheur, et les malédictions poursuivront leur descendance. Réfléchissez-y !

7. Le *langsong* est un type de psalmodie lente, en usage dans certains rituels taoïstes.

以上三條, 係呂帝[3]親示, 讀者務觸目警心, 依教奉行, 勿徒作文字看過, 有辜聖訓.

3. 據 « 道藏輯要 »改.

Ces trois articles ont été révélés directement par le patriarche Lü. Lecteurs, gravez-les dans votre esprit ! Mettez en pratique son enseignement et ne le traitez pas comme une vulgaire lecture, car cela serait une grave offense à ses saintes instructions.

Yuli baochao 玉歷寶鈔,

« Précieux manuscrit du Calendrier de Jade »

Introduction

Le *Yuli baochao* est aujourd'hui l'un des livres de morale les plus diffusés ; on en trouve des éditions dans de très nombreux temples chinois du monde entier, et il est abondamment diffusé par différents réseaux, bouddhiques ou relevant des nouvelles religions. Pourtant, ce texte est relativement récent, même si son histoire reste très mal connue. Il se distingue nettement des autres livres traduits ici en tant qu'il décrit la rétribution des péchés dans l'au-delà, et non sur terre, même si tous les livres de morale évoquent aussi bien la rétribution des actes immédiate que différée après la mort. En ceci, il relève d'une note plus sombre ; sa description détaillée des punitions qui attendent les pécheurs après leur mort est aussi en contraste avec d'autres livres de morale qui insistent sur la possibilité de mener une vie sainte et d'obtenir ainsi des bénédictions pouvant aller jusqu'à l'immortalité.

Le *Yuli baochao* se présente comme une révélation collective accordée à l'humanité par les dieux, et où le premier rôle est occupé par le bodhisattva Dizang 地藏 (Ksitigarbha), réputé dévoué au salut des âmes souffrant dans l'autre monde[1]. Il a pour but d'expliquer aux vivants quels jugements et quelles

1. Sur le culte de Dizang et son rapport aux rituels funéraires, voir Wang-Toutain, *Le Bodhisattva Ksitigarbha*.

punitions attendent les pécheurs après leur trépas, et les moyens d'y échapper par la repentance. À l'exception des pécheurs coupables des crimes les plus abominables, qui sont damnés pour l'éternité, la majorité des âmes subissent des châtiments pénibles mais limités dans le temps, au terme desquels ils sont dirigés vers une nouvelle existence, si bien que cet au-delà peut être qualifié de purgatoire ; les rituels de repentance permettent d'en abréger la durée.

Le cœur de l'ouvrage consiste en une description des dix cours de justice du purgatoire, présidées par les dix rois, et des diverses prisons (*yu* 獄) qu'ils gèrent. La représentation des dix rois et de leurs tribunaux a été élaborée en Chine dans les milieux bouddhiques vers les Ve-VIIe siècles, en combinant les idées bouddhiques importées d'Inde et d'Asie centrale concernant la rétribution des péchés dans l'au-delà et une vision bureaucratique et judiciaire du monde des morts que l'on retrouve dès la fin de l'Antiquité chinoise, notamment dans des textes taoïstes[2]. Les âmes défuntes sont réputées passer devant chacune des dix cours l'une après l'autre, pour y être punies de leurs divers péchés avant de pouvoir, à la dixième cour, obtenir de renaître. Cette vision a trouvé son expression principale dans les rituels funéraires qui accompagnent le passage des âmes défuntes devant chacune des dix cours ; les séries de dix peintures représentant ces cours sont, un peu partout dans le monde chinois, des éléments importants dans les rituels de salut des défunts pratiqués aussi bien par le clergé bouddhiste que taoïste ou par d'autres spécialistes religieux.

Les mentions des dix cours du purgatoire sont innombrables tout au long de l'histoire depuis l'époque des Tang jusqu'à aujourd'hui, dans la littérature populaire, le théâtre, le roman et le rituel. Le *Yuli baochao* n'est cependant pas une simple reprise de ce thème ancien. Dans ce cadre narratif et visuel (avec diverses variantes dans la nomenclature et la topologie

2. Teiser, *The Scripture on the Ten Kings*.

des purgatoires par rapport aux textes bouddhiques plus anciens) s'insère en effet un discours qui est bien celui des livres de morale de l'époque des Qing ; les péchés détaillés sont les mêmes que ceux des livres que nous avons lus précédemment, et on y retrouve également le système de surveillance des humains par l'administration morale de l'univers. De fait, bien qu'étant le personnage à l'origine du texte, Dizang, de même que les autres divinités bouddhiques, y joue finalement un rôle relativement mineur, subordonné à l'administration céleste présidée par l'empereur de Jade – le plus souvent nommé Empereur céleste, Tiandi 天帝, dans le texte. L'intervention de Dizang consiste à introduire dans le code de loi régissant l'au-delà de nouveaux articles (approuvés par l'empereur de Jade) visant à apporter un élément de compassion en prévoyant de réduire la punition des humains qui se repentiront de leurs fautes. Cette repentance doit être intérieure mais aussi ritualisée. Les humains sont appelés, à des dates[3] et par des procédures précisément fixées, à prêter serment et à pratiquer des rituels de repentance, *lichan* 禮懺. Ces textes, qui consistent en des litanies des noms de Bouddhas ou de dieux taoïstes et en des listes de péchés, sont récités par des spécialistes religieux lors de divers rituels (dont les rituels funéraires) au nom d'une personne ou d'une communauté : leur formulation des péchés correspond parfaitement à celle des livres de morale, mais, contrairement à ces derniers, l'accent y est mis sur le pouvoir des dieux ou des Bouddhas d'effacer les péchés[4].

3. Les dates des anniversaires des dix rois, qui sont dans notre texte les moments clés pour demander la rémission des péchés, existent dès l'époque des Ming : Wang Chien-ch'uan, *Ming Qing minjian zongjiao jingjuan wenxian*, introduction, p. 10-12.

4. Pour une comparaison éclairante entre les litanies de contrition chinoises (en prenant le cas bouddhique, mais des textes très proches sont utilisés en contexte taoïste) et la confession catholique, voir Zürcher, « Buddhist Chanhui and Christian Confession ». Sur la formation des litanies de contrition dans le bouddhisme chinois, voir Kuo, *Confession et contrition*.

Si l'éducation morale par la menace des punitions à venir domine dans le *Yuli baochao*, les appels à la conversion et à la réforme morale y abondent ; ce livre complexe, mêlant textes et images, éthique et rituel, références canoniques bouddhiques et culture religieuse moderne syncrétique, se présente comme constitué de nombreuses strates. Les diverses formes de destin posthume qui existent dans la culture religieuse chinoise[5] – divinisation, réincarnation, accès au paradis de la Terre Pure, damnation éternelle – y sont présentes, de façon plus ou moins prééminente, à l'exception du statut d'ancêtre qui n'est pas évoqué. Sa vision de la rétribution des actes tente de ménager le plus strict légalisme et la possibilité de solutions rituelles permettant de pardonner les péchés.

L'origine du texte est des plus obscures. Son propre récit de transmission, donné *in fine*, et qui le ferait remonter aux Song, est légendaire. Selon ce récit, le *Yuli baochao* aurait été révélé en rêve à un taoïste nommé Danchi. Le mode réel de révélation est inconnu, mais des préfaces dictées par l'écriture inspirée sont présentes dans certaines éditions ; les plus anciennes (si les dates sont exactes) sont datées de 1809[6]. Par ailleurs, un colophon daté de 1794 existe dans certaines éditions mais pas dans la nôtre, et son authenticité est incertaine.

Par la critique interne, divers chercheurs le font remonter à la fin des Ming[7] ou aux années 1730[8]. Les premières éditions connues datent du tout début du XIXe siècle. De surcroît, la très rapide diffusion du texte dans la seconde moitié du siècle s'accompagne d'une multiplication des éditions qui, si elles véhiculent toutes le même message d'ensemble, présentent des variantes très importantes dans le texte, y compris dans l'ordre

5. Cohen, « Souls and Salvation ».

6. Duan Yuming, « *Yuli zhibaochao* : jiuxi sheijia zhi shanshu ? ».

7. Yoshioka, « Chūgoku minkan ». Voir aussi Sawada Mizuho, *Jigokuhen*, p. 30-36.

8. Wang Chien-ch'uan, *Ming Qing minjian zongjiao jingjuan wenxian*, introduction, p. 9-12.

des parties ; l'histoire textuelle du *Yuli baochao* est beaucoup plus complexe que celle des autres livres de morale traduits ici. Aucune de ces éditions ne s'impose à l'évidence comme plus ancienne ou « originale ». Le titre même de l'ouvrage ne semble pas fixé : on trouve *Yudi cien zuanzai tongxing shijian nanfu gaihui qianfei zhunshu zuie yuli* 玉帝慈恩纂載通行世間男婦改悔前非准贖罪惡玉歷, « Calendrier de Jade, compilé sous les ordres du compatissant empereur de Jade, pour circuler de par le monde et permettre aux hommes et à leurs épouses de se repentir de leurs fautes et d'obtenir le rachat de leurs péchés » ; *Yuli jingshi* 玉歷警世, « Calendrier de Jade pour mettre l'humanité en garde » ; *Yuli chao chuan jingshi* 玉歷鈔傳警世, « Manuscrit du Calendrier de Jade pour mettre l'humanité en garde ». Les deux titres les plus courants aujourd'hui sont *Yuli baochao* et *Yuli zhibaochao* 玉歷至寶鈔, « Très précieux manuscrit du Calendrier de Jade ». Le terme *yuli*, « Calendrier de Jade », remonte aux textes taoïstes médiévaux, où il désigne les registres des noms des immortels (qui échappent donc aux mondes souterrains où l'on juge les morts), mais il semble ici plutôt désigner un code de loi[9].

Les illustrations très riches et précises qui accompagnent presque toutes les éditions du texte sont elles aussi variées. Ces images ont d'ailleurs joué, et continuent à jouer un rôle crucial dans la popularité du texte[10]. Leur représentation très sanglante des tortures du purgatoire ne correspond pas exactement au texte, mais le complète ; cet aspect spectaculaire est surtout représenté dans le texte lui-même par les listes baroques des prisons annexes. D'autres éléments viennent s'ajouter qui font du *Yuli baochao* un livre à part entière, plutôt qu'un fascicule comme le *Taishang ganyingpian* ou d'autres textes courts. Outre l'introduction, la description des dix cours du purgatoire

9. Chen Yaoqian, *Taiwan de diyu sifa shen*, p. 66-73.

10. Une étude de l'iconographie du *Yuli baochao* est fournie par Timothy Brook dans « Tormenting the Dead ».

et d'autres lieux de l'au-delà, et les illustrations, la plupart des éditions comportent des récits de miracles, le texte du *Taishang ganyingpian*, une liste des anniversaires des dieux les plus importants et des recettes de remèdes médicaux. Sous cette forme, qui existe dès le XIXe siècle et qui reste très populaire, notre texte constitue une sorte de bréviaire d'usage quotidien. Je ne traduis ici que le cœur de l'ouvrage, mais il faut garder en tête le contexte de culture religieuse dans lequel il s'insère.

Le succès du *Calendrier de Jade* a suscité une version en langue moderne, rédigée par un auteur inconnu, sans doute vers la moitié du XXe siècle[11] ; c'est très majoritairement elle que l'on trouve aujourd'hui, aussi bien sous forme de livre distribué dans les temples que sur Internet. Cette particularité met aussi le *Yuli baochao* à part des autres livres de morale, qui continuent à circuler dans leur version originelle en langue classique simple. J'ai édité et traduit ici une version ancienne en langue classique, en me basant sur une édition de 1830[12] et en la comparant avec une édition de 1920 en ma possession[13]. La version en langue moderne tend à expliciter la langue plus allusive de la version classique, mais s'en écarte parfois.

Le *Calendrier de Jade* a été plusieurs fois traduit ; dès 1898 par George Clarke, dans une revue savante[14], puis en 1916 par Herbert Giles[15]. Une traduction récente en anglais, publiée en ligne par David Jordan et adossée au texte chinois est basée sur la version en langue moderne du texte[16].

11. Goh, « Old Scripture in New Language ».

12. Cette édition, publiée par le Songyunxuan 松雲軒 de Taïwan, qui porte le titre long *Yudi cien zuanzai tongxing shijian nanfu gaihui qianfei zhunshu zuie yuli* en première page, et celui plus court de *Yuli chao chuan jingshi* en titre courant, a été reproduite dans *Ming Qing minjian zongjiao jingjuan wenxian*, vol. 9, p. 853-888.

13. *Huitu yuli baochao quanshiwen*.

14. Clarke, « The Yü-li or Precious Records ».

15. Giles, *Strange Tales*, appendix.

16. Site web de David Jordan : http://weber.ucsd.edu/~dkjordan/chin/yuhlih/yuhlih-intro.html, consulté le 14 mai 2012.

« Précieux manuscrit du Calendrier de Jade »

玉歷寶鈔

玉歷寶鈔

[1] 幽冥教主地藏王菩薩誕辰，十殿閻君諸神, 合掌拜祝. 菩薩大發慈悲曰：« 我欲超度眾生. 每逢此夕降諭, 將諸鬼犯各罪, 分別赦宥, 或減等, 放令往生六道. 奈因為善者少, 作惡者多. 我觀陰司所設刑罰甚慘, 當令細細較核. 如有犯過能悔, 在陽世曾轉勸作一二善事者, 從寬量減

« Précieux manuscrit du Calendrier de Jade »

[1] Le jour de l'anniversaire du patriarche des ténèbres, le bodhisattva Ksitigarbha, les rois Yama[1] et les autres dieux des dix cours du purgatoire vinrent lui rendre hommage en s'inclinant devant lui. Le bodhisattva prononça alors un grand vœu de compassion, disant : « Je veux sauver tous les êtres vivants. Aussi, chaque année en ce jour, je promulguerai un édit pardonnant les fautes ou réduisant les peines de toutes les âmes coupables, en fonction de chacun de leur cas ; puis je les renverrai dans l'une des six voies de la réincarnation[2]. Hélas, ceux qui pratiquent la vertu sont rares, et ceux qui s'adonnent au vice sont nombreux. Je vois que dans l'administration de l'au-delà les punitions sont très sévères et que chaque procès est instruit avec la plus grande précision. Mais, si un coupable est capable de repentance et que, lorsqu'il était encore vivant,

1. Yama est dans le monde indien, dès l'époque védique, le gardien et juge des enfers, et a été apporté par le bouddhisme en Chine. Dans le système des dix rois qui se forme sous les Tang, Yama (affecté à la cinquième cour, au milieu de la série) devient le plus éminent de ces rois, qui sont aussi tous appelés rois Yama.

2. Les six voies sont les états de divinité (*deva*), d'homme, d'*asura* (divinité inférieure malfaisante), d'animal, de fantôme affamé et de damné des enfers.

抵免. » 是時十殿閻君會議. 凡人在陽世, 自幼存心行善者, 壽終應得引登仙道. 功過兩平者, 命終免入三途受苦, 即令脫生人道, 遂了恩義夙緣. 善少惡多者, 勾入諸獄受苦. 仍令往生人道, 分別貴[1]賤壽殀疾廢, 再試心性. 增善者轉生福地. 多孽者復差厲鬼, 攝入諸獄受苦, 再投極貧極賤極苦之處, 生受災殃, 死歸地獄沉淪.

[2] 所有不忠不孝, 妄自輕生, 任性好殺, 多傷物命, 不信因果, 諺云 « 人死則精氣散盡, 丟下皮囊, 何[2]身受苦 ? 只有活人受罪. 那見死鬼帶枷 ? 死了死了, 都是不得知的了 ». 殊不知身落空亡, 魂魄終在. 生前所作種種之惡, 死後必有種種之報. 凡遺害聳惧後世者, 現皆永禁無間等

1. 1830 年本作 « 貧 ».
2. 1920 年本作 « 無 ».

il a pu se laisser convaincre de commettre au moins une ou deux bonnes actions, alors je le traiterai avec indulgence et je réduirai ou annulerai sa peine. » Alors, les rois Yama des dix cours du purgatoire délibérèrent. Ils rappelèrent : « Les humains, s'ils peuvent toute leur vie garder à l'esprit la volonté de pratiquer la vertu, peuvent au terme de leur existence accéder à l'immortalité. Ceux dont les mérites et démérites sont en quantité égale peuvent vivre leur terme ; ils sont sûrs de ne pas renaître dans les trois voies pénibles de la réincarnation et pourront renaître comme humains, afin de poursuivre les liens tissés par leurs rapports bienfaisants et justes. Mais ceux qui se sont livrés au vice bien plus qu'à la vertu sont enchaînés et entraînés dans les prisons du purgatoire pour y subir leur châtiment. S'ils peuvent renaître comme humains, leur destin sera, suivant leur cas, marqué par une condition honorable ou infâme, une vie longue ou courte, et diverses maladies et infirmités ; et l'on évalue alors leur qualité morale. S'ils progressent dans la vertu, leur vie suivante se déroulera dans une terre bénie, mais, s'ils progressent encore dans le vice, ils seront alors condamnés à devenir fantômes errants : ils seront de nouveau entraînés dans les prisons du purgatoire pour y subir leur châtiment et, cette fois, relégués dans les états les plus misérables, infâmes et douloureux. De leur vivant, ils connaîtront les catastrophes et la mort prématurée ; dans l'au-delà, ils seront plongés dans les prisons les plus profondes de l'autre monde.

[2] » Ces pécheurs, qui ignorent la loyauté et la piété filiale, qui se suicident sans motif valable, qui se laissent aller à tuer les êtres vivants et causent du tort aux animaux, qui ne croient pas en la rétribution des actes, répètent tous qu'"à la mort l'énergie vitale se dissipe et abandonne ce sac de chair qu'est le corps ; il n'y a plus personne pour être puni : il n'y a que les vivants qui puissent être punis ; a-t-on jamais vu un fantôme porter la cangue ? Un mort est un mort, c'est tout, il n'y a rien que l'on puisse savoir sur l'au-delà." Mais ils ne savent

獄受苦. 無如世人雖見歷代三教各訓, 皆以為泛常虛語. 均負慈恩, 在生執迷. 故犯百無一改. 是以立法加嚴, 添設刑罰.

[3] 今菩薩慧眼觀之, 垂慈復諭, 理合遵奉酌議. 陽世壯病衰老男婦, 往昔作惡, 如肯發心於菩薩. 及吾等降生之辰, 齋戒立誓, 懺悔, 從今改過不犯. 或竭力作一善事者. 氣絕勾至陰司, 准免受苦一重. 除為臣而不忠, 為子而不孝, 與自盡橫死, 及陰謀詭譎欲害好人. 致奉雷擊, 命喪水火虎狼毒蛇者. 分別加罪, 押交諸獄外. 逐層

pas que, si le corps disparaît dans le néant, les âmes *hun* et *po* sont éternelles[3]. Chacune des mauvaises actions commises du vivant doit être payée après la mort. Ceux qui transmettent aux générations suivantes de tels propos qui aveuglent les gens sont tous condamnés à être punis à perpétuité dans l'enfer Avīci[4]. Mais, bien qu'ils aient entendu les exhortations diffusées par les Trois Enseignements au cours des âges, ils les tiennent pour de simples bavardages ; ils renient les faveurs reçues et persistent dans leurs erreurs tout au long de leur vie. Ils peuvent commettre cent fautes sans éprouver une seule fois de repentance. C'est pourquoi les lois ont été rendues plus sévères, et de nouvelles punitions ont été prévues.

[3] » Aujourd'hui, vous bodhisattva, regardez ces pécheurs avec sagesse, étendez vers eux votre compassion et [nous vous proposons de demander la] promulgation d'un nouvel édit, que [tous les officiers de l'au-delà] devront appliquer après étude approfondie. [Cet édit déciderait que], parmi les vivants, forts ou faibles, jeunes ou vieux, hommes ou femmes, qui auront commis des péchés, ceux qui pourront tourner leur cœur vers le bodhisattva et, le jour de son anniversaire[5], se purifier et faire le serment de se repentir et de ne plus jamais fauter à nouveau, ou de consacrer toutes leurs forces à commettre au moins une bonne action ; ceux-là, le jour de leur mort, quand ils seront entraînés dans les cours de l'au-delà, verront leur châtiment diminué. Seuls seront exclus de cette remise de

3. Les âmes *hun* (généralement considérées comme étant au nombre de trois) sont éthérées et forment le substrat de ce qui, de la personne, peut se réincarner ou devenir ancêtre ou divinité ; les âmes *po* (généralement considérées comme étant au nombre de sept) sont liées au corps et restent dans la tombe après la mort. Notre texte évoque fréquemment les *hun* mais ne mentionne les *po* (au sujet des tombes) qu'à deux reprises.

4. Avīci, qui signifie « sans fin », est l'un des rares termes sanskrit conservé en translittération dans notre texte. Il désigne les parties du purgatoire où les coupables sont enfermés pour l'éternité.

5. L'anniversaire de Ksitigarbha est le 31e jour du 7e mois, clôturant le cycle rituel de salut des défunts qui dure tout le 7e mois.

較查功德深淺, 量減各苦劫數, 以償善報. 彙集世人陽間所犯事項, 至陰司該入何獄受刑. 註明淺顯男女易知之言. 呈覽. 俟有德行者還陽, 普傳天下.

[4] 菩薩觀之稱善. 即於八月初三日, 率同十王諸神, 奏達上天. 帝曰 : « 善哉善哉. 嗣後諸神檢察. 如有世人誓願向善, 在生改悔一事, 能不再犯, 准贖二罪. 如改過力行五件, 餘罪概赦. 男子就生福地. 婦女即轉男身. 善事如能過五件者, 并准替修冥福, 超度眷屬亡靈脫離苦惱. 速

peine ceux qui en servant l'État auront manqué de loyauté, ceux qui auront manqué de piété envers leurs parents, ceux qui en se suicidant seront devenus victimes de male mort, ou qui, en ourdissant des intrigues et en colportant des calomnies, auront cherché à nuire aux hommes de bien. Ceux-là seront frappés par la foudre, et leur corps sera brûlé, noyé ou dévoré par les tigres, les loups ou les serpents, et ils seront ensuite punis par des peines aggravées et transmis aux diverses prisons en fonction de leurs cas. Nous examinerons précisément les quantités de mérites des âmes punies dans les différentes prisons de l'au-delà et réduirons en conséquence la durée du châtiment de chacune, afin qu'elles soient aussi rétribuées de leurs bonnes actions. Et nous rassemblerons les vivants [pour leur expliquer] pour chaque faute commise en ce monde quelle est la cour dans l'au-delà où ils seront punis. Nous expliquerons cela en termes clairs pour que tous, hommes et femmes, puissent les comprendre, et soumettrons ce texte à votre approbation. Enfin, nous attendrons qu'un homme vertueux puisse être renvoyé parmi les vivants pour diffuser ce texte dans le monde entier. »

[4] Le bodhisattva approuva ce rapport et, le 3e jour du 8e mois, suivi des rois des dix cours du purgatoire, s'en alla le présenter en un mémoire au Ciel. L'empereur de Jade répondit : « Excellent. Désormais, vous tous êtes en charge d'examiner les dossiers des âmes ; si parmi elles l'une a de son vivant prêté le serment de pratiquer la vertu, s'est repentie d'une de ses fautes et a été capable de ne plus la commettre de nouveau, alors elle sera entièrement absoute de deux péchés. Si elle a pu ainsi se repentir pour cinq fautes distinctes, alors elle sera absoute de la totalité de ses péchés. Si c'est un homme, il pourra renaître dans une terre bénie ; si c'est une femme, elle pourra renaître comme homme. Et dans les cas où ces actes vertueux dépasseront le nombre de cinq, il lui sera aussi accordé d'étendre à d'autres âmes les bénédictions auxquelles elle a droit et de contribuer à sauver des châtiments infernaux

將所奏各條纂載玉冊[3]，通行下城隍土地門竈神鬼知之. 恪遵此旨. 均宜謹凛奉行.

[5] 一殿 秦廣王

專司人間壽殀生死冊籍, 統管幽冥吉凶. 鬼判殿居大海沃燋石外, 正西黃泉黑路. 凡善人壽終之日, 是有接引往生. 凡勾到功過兩平之男婦, 送交第十殿發放仍投人世. 或男轉為女, 女轉為男. 較量富貴貧賤, 以了冤緣相報. 凡惡多善少者, 使入殿右高臺. 名曰 « 孽鏡臺 ». 臺高丈一, 鏡大十圍, 向東懸掛, 上橫七字, 曰 : « 孽鏡臺前無好人 ». 押赴多惡之鬼, 自見在世自心之險, 死

3. 1920 年本作 « 歷 ».

ses parents défunts. Compilez maintenant un registre de jade avec les règlements détaillés que vous avez soumis à mon approbation et diffusez-le à l'attention des dieux sous mon autorité : dieux des Villes, des Territoires, des Portes et des Foyers ; qu'ils appliquent tous cet édit avec le plus grand soin. Que cet édit soit proclamé pour application immédiate ! »

[5] Première cour : le roi Qinguang

Cette cour est en charge des registres des naissances et des morts, et de la longueur de chaque vie ; elle contrôle aussi les rétributions bonnes et mauvaises dans l'autre monde. La salle où sont jugées les âmes des défunts se trouve dans le grand océan, en dessous de la montagne Wojiao[6], au bout du chemin sombre qui mène, vers l'ouest, aux sources Jaunes. Les humains vertueux, au terme d'une longue vie, sont de suite escortés [par les sbires de l'autre monde] pour renaître [comme humains]. Ceux et celles dont les bonnes et mauvaises actions sont en quantité égale sont amenés directement à la dixième cour pour y être examinés, puis on leur attribue une nouvelle existence parmi les humains ; parfois [en fonction de leurs mérites], un homme peut être réincarné en femme, ou une femme en homme ; on mesure aussi le niveau de richesse et d'honneur qui doit être le leur, afin d'accomplir le fruit de leur karma et des dettes contractées. Mais ceux qui se sont livrés au vice bien plus qu'à la vertu sont amenés dans la salle de jugement de cette première cour, sur une terrasse haute d'une toise qui la surplombe sur la droite et s'appelle « Terrasse du miroir des péchés ». Le miroir qui s'y trouve, suspendu face à l'est, est large de dix empans ; il porte une inscription horizontale disant : « Devant la Terrasse du miroir des péchés, plus personne ne peut se dire homme de bien. » Les âmes des pécheurs qui sont amenés devant ce miroir peuvent y voir les

6. Cette montagne se trouve au fond de l'océan et est rendue brûlante par les purgatoires qui se trouvent en dessous.

赴地獄之險. 那時方知萬兩黃金帶不來, 一生惟有孽隨身. 入臺照過之後, 批解第二殿, 用刑發獄受苦.

[6] 如有世人, 不思天地生人, 父母養身, 非同容易. 四恩未報, 不奉勾帖, 擅自輕身. 自刎自縊, 服毒投水等類, 尋死者. 除忠孝節義殉難為神之外. 若因細小之忿, 或因犯事發覺, 罪不至死. 或欲延害他人, 而弄假成真. 輕生者氣絕, 門竈諸神, 即解本殿, 收入飢渴廠. 每逢戌亥, 悉如臨死痛苦, 照樣現形.

pièges que leur propre attitude a ouvert de leur vivant et qui se referment sur eux maintenant que, morts, ils sont amenés devant les cours du purgatoire ; ils découvrent alors que dans l'au-delà ils ne peuvent apporter avec eux un seul gramme de tout l'or amassé de leur vivant et que seuls leurs péchés les accompagnent. Après s'être vus dans le miroir, ils sont déférés devant la deuxième cour pour y subir les châtiments qu'ils encourent.

[6] Certains vivants oublient que Ciel et Terre donnent la vie à chaque humain, que ses parents l'élèvent et lui permettent de grandir et que ces dons sont rares et précieux ; ils ne repaient pas ces quatre faveurs [reçues du Ciel, de la Terre, du père et de la mère], n'attendent pas le mandat d'amener vers l'au-delà [quand les sbires infernaux viennent chercher le mourant], mais s'arrogent le droit de prendre leur propre vie en se coupant la gorge, en se pendant, en avalant du poison ou en se jetant à l'eau. Ceux qui se suicident ainsi pourront être pardonnés et même promus au rang des dieux si leur acte est justifié par la loyauté, la piété filiale, la chasteté, la justice ou la nécessité de se sacrifier pour l'empire. Mais ceux qui se suicident pour de simples querelles ou parce que leurs méfaits, sans même qu'ils encourent la peine capitale, sont révélés, ou dans le but de nuire à autrui et de mettre à exécution de simples menaces, ceux-là, quand ils expirent en méprisant ainsi leur propre vie, sont directement envoyés par les dieux des Portes et du Foyer à la première cour, qui les place dans l'enclos de la faim et de la soif. Là, les jours *xu* et *hai*[7], ils éprouvent à nouveau les souffrances du moment de leur mort et sont exactement semblables à ce qu'ils étaient alors.

---

7. *Xu* et *hai* sont les 11e et 12e des douze « rameaux terrestres » servant à compter le temps ; il y a dix jours *xu* ou *hai* par cycle de 60 jours. Le texte de 1830 peut aussi signifier les heures *xu* et *hai* de chaque jour (soit de 7 heures à 11 heures du soir environ), ce qui semblerait même plus logique, mais les éditions modernes précisent qu'il s'agit des jours.

[7] 或七十日，或一二年之後，押魄歸附尋死之處，毋許受享羹飯紙帛. 知悔歛藏，不現形影驚人，妄尋替代，俟遭累人等，各無牽涉之日. 門竈諸神，仍將鬼犯解到本殿，轉發第二殿，查較功過，從重加刑. 另再遞交各殿發獄受苦. 如有起此等心，及將此等言語謊詐. 雖未至死，而在生即有善行[4]，諸獄概不准抵免. 凡輕生已死之後，若不斂形，驚斃人者. 即差青面獠牙鬼役，勾到各獄受苦. 滿日發入阿鼻大獄，永遠鎖弔，不許超生.

[8] 凡僧道得錢代人拜誦經懺，遺失字句卷頁者，至本殿發進補經所. 各入黑暗斗室，內藏經懺. 其遺失字句之處，概皆簽出補誦. 設有燈盞，貯油數十斤，只用細線一根燃火. 或時明，或

4. 1920 年本無此句.

[7] Puis, au bout de soixante-dix jours, de un ou deux ans, selon les cas, leurs âmes *po* sont amenées sur le lieu du suicide, mais sans qu'elles puissent recevoir les offrandes de nourriture ou de monnaies [présentées par les vivants]. Si elles expriment leur regret et contrôlent leurs sentiments, se retiennent d'apparaître sous l'aspect d'un fantôme pour effrayer les gens et ne cherchent pas à causer le suicide d'un autre humain qui viendrait prendre leur place ou à rencontrer ceux envers qui elles avaient un grief ; si elles peuvent ainsi atteindre le point où les griefs et rancœurs [ayant mené au suicide] se sont dissipés, alors les dieux des Portes et du Foyer ramènent ces âmes coupables à la première cour, d'où elles peuvent ensuite être déférées à la deuxième cour, où l'on examinera leurs mérites et démérites, les punira en fonction de la gravité de leurs péchés et les transmettra aux différentes cours pour exécution des peines, en fonction des péchés commis. Si un vivant songe au suicide ou en parle autour de lui pour intimider autrui, quand bien même il ne passe pas à l'acte et compte par ailleurs des actes vertueux à son crédit, les cours du purgatoire lui font rendre compte de ces intentions suicidaires sans aucune circonstance atténuante. Quant à ceux qui se sont suicidés et qui, après leur mort, continuent à laisser errer une partie de leurs âmes en ce monde pour effrayer et pousser vers la mort d'autres humains, on envoie à leurs trousses les sbires infernaux, au visage vert et aux crocs protubérants, qui les attrapent et les amènent aux cours du purgatoire, où ils sont punis, avant d'être enfermés dans l'enfer Avīci, où ils sont enchaînés pour l'éternité, sans aucun espoir de renaître.

[8] Les membres des clergés bouddhiste et taoïste qui ont accepté d'être payés pour réciter les écritures et les litanies de contrition pour des laïcs, s'ils sautent des mots, des phrases ou des pages, sont amenés à cette première cour pour être placés dans le Bureau de correction des sutras. Chacun y est enfermé dans une petite cellule sombre où se trouvent des sutras et litanies. Ils doivent y recopier puis psalmodier tous

時暗, 不能一氣補足. 即清修僧道在生得人錢物者, 亦皆不免. 如在家男婦, 自心自口, 拜念一切經咒佛號. 即有舛錯遺失, 重在誠心而不重在字句. 尼姑亦然, 佛旨免補. 每月初一日, 按名載錄善籍. 世人若於二月初一日, 持齋向北誓願, 諸惡不作, 將此轉念免入地獄. 慈諭鈔寫成卷. 普傳世間廣勸男婦聽信改悔, 壽終即命青衣童子, 送往西方極樂之所.

[9] 二殿 楚江王

司掌大海之底, 正南沃燋石下, 活大地獄. 此重縱廣五百由旬. 另設十六小獄.

一名黑雲沙小地獄　　二名糞屎泥小地獄

les passages qu'ils ont sautés de leur vivant. Leur cellule est équipée d'une lampe, avec une réserve de quelques dizaines de livres d'huile et une seule fine mèche ; la cellule se trouve tantôt éclairée et tantôt plongée dans l'obscurité, si bien qu'ils ne peuvent jamais finir de copier un passage d'un seul trait. Les membres des clergés qui, tout en vivant reclus au monastère, ont accepté les cadeaux et l'argent des fidèles sont aussi soumis à la même peine. Quant aux laïcs, hommes et femmes, qui de leur propre initiative et pour eux-mêmes ont psalmodié les sutras, les invocations et le nom des Bouddhas, s'ils ont commis des fautes ou des omissions, parce que leur esprit était tout à l'intention sincère et pas à la littéralité du texte psalmodié, un édit du Bouddha les dispense de toute punition, de même que les moniales.

Chaque 1er jour du mois, on inscrit sur les registres de la vertu le nom de tous ceux [qui ont fait le bien]. Si les humains peuvent, le 1er jour du 2e mois, se purifier par le jeûne et, tournés vers le nord, prêter le serment de ne plus commettre aucune mauvaise action, alors cet acte de conversion à la vertu leur vaudra d'éviter les prisons [de cette première cour] ; Moi [Ksitigarbha] j'écrirai de ma main l'édit leur garantissant cette exemption. Que ceci soit annoncé partout dans le monde pour exhorter tous les hommes et toutes les femmes à se repentir ; au terme complet de leur existence, j'enverrai les émissaires divins habillés de vert les escorter à la [Terre Pure] du bonheur illimité de l'ouest.

[9] Deuxième cour : le roi Chujiang

Cette cour est en charge de la vaste prison des vivants qui se trouve au fond du grand océan, en dessous de la montagne Wojiao, vers le sud. Cette prison mesure cinq cents *yojana* [journées de marche] dans chaque direction et comporte aussi seize prisons annexes, à savoir :

1) la prison des nuages de sable noir ;

2) la prison des excréments et de l'urine ;

三名五叉小地獄　四名饑餓小地獄

五名燋渴小地獄　六名膿血小地獄

七名銅釜小地獄　八名多銅釜小地獄

九名鐵磓小地獄　十名𨟃量小地獄

十一名鷄小地獄　十二名灰河小地獄

十三名斫截小地獄　十四名劍葉小地獄

十五名狐狼小地獄　十六名寒冰小地獄

[10] 陽世如犯騙誘少年男女, 削髮入空門, 男婦輕意剪髮 ; 他不托交寄存字畫經書等件, 捏稱遺失, 圖謀為己物 ; 損人耳目手足, 指下不明醫藥取利 ; 不放贖壯年婢女, 凡議姻親, 貪圖財勢, 隱匿年歲 ; 及說合未定之先確知或男或女, 實

3) la prison des fourches à cinq piques ;
4) la prison où vous mourrez de faim ;
5) la prison de la soif brûlante ;
6) la prison du pus et du sang ;
7) la prison des chaudrons de bronze ;
8) la prison des multiples chaudrons de bronze ;
9) la prison des meules de fer ;
10) la prison des toises de Bin[8] ;
11) la prison des poulets ;
12) la prison du fleuve de cendres ;
13) la prison où vous êtes décapité ;
14) la prison où les feuilles sont des épées ;
15) la prison des renards et des loups ;
16) la prison de glace.

[10] Parmi les humains, certains ont leurré de jeunes garçons ou filles pour les convaincre de se raser le crâne et d'entrer dans le clergé ; ou d'eux-mêmes par un caprice irréfléchi se sont ainsi rasé le crâne ; ou n'ont pas rendu les livres et peintures qui leur avaient été confiés et prétendu qu'ils étaient perdus, dans le but de se les approprier ; ou ont causé de graves dommages aux organes ou aux membres de gens en leur vendant des remèdes dont ils ignoraient les vraies propriétés ; ou, possédant des servantes-esclaves[9], ont refusé de les libérer et de les marier quand elles avaient atteint l'âge adulte, et quand on leur proposait un tel mariage ont cherché à augmenter leur profit en mentant sur l'âge de la servante ; ou, au cours des discussions avec une autre famille en vue d'un mariage, ont appris que le ou la fiancé(e)

8. Allusion à une histoire voulant que dans la principauté de Bin, sous l'Antiquité, un tyran faisait étirer ou raccourcir les gens pour qu'ils aient tous la taille prescrite par sa toise.

9. Le droit impérial, jusqu'en 1911, reconnaissait la vente des personnes (y compris par elles-mêmes), mais la personne ainsi vendue conservait certains droits, dont celui au mariage.

有惡疾姦盜等情，含糊不以實告，悞人終身者；查核事犯多寡，年分淺深，有無延害變端. 即令猙獰赤髮等鬼推入大獄，另發應到何小獄受苦. 滿期轉解第三殿, 加刑發獄.

[11] 世間男婦, 常將玉歷說與人知警, 或鈔寫流傳；及見有病者, 醫藥相助；貧難者饘粥, 或施錢救濟多人者，並悔前非；准照功過兩平之例，餘罪勿論. 勾到之日即交第十殿，發放投生人道. 如能愛惜眾生，不妄殺害，訓勸兒童勿傷昆蟲，於三月初一日，誓願戒殺放生者，命終免入諸獄, 亦即交第十殿發放往生福地.

avait une grave maladie ou était un criminel, mais n'ont pas révélé ces faits avant la conclusion du contrat pour ne pas compromettre leur gain, et ont ainsi condamné un couple [au malheur] pour toute leur existence : tous ceux-là sont examinés [dans la deuxième cour]. On évalue la quantité des fautes commises, leur durée et les conséquences et torts causés à autrui ; puis des sbires démoniaques hideux aux cheveux rouges les entraînent dans la deuxième cour où ils sont enfermés dans l'une des prisons en fonction de leurs fautes, pour y subir leur châtiment ; quand celui-ci est arrivé à son terme, ils sont transférés à la troisième cour, où de nouvelles peines les attendent.

[11] Les vivants, hommes ou femmes, qui exhortent régulièrement autrui en leur parlant du *Calendrier de Jade* ou qui le copient pour le distribuer, qui paient pour les consultations et les remèdes des malades, ou qui offrent de la nourriture aux miséreux ou encore qui donnent de l'argent à ceux qui en ont un besoin urgent, et qui de surcroît se repentent de leurs péchés passés : ceux-là, on les traitera selon la règle s'appliquant à ceux dont les mérites et démérites sont en quantité égale, et leurs péchés excédentaires [par rapport à leurs bonnes actions] seront effacés. Le jour de leur mort, quand ils seront entraînés dans l'au-delà, ils seront immédiatement déférés devant la dixième cour et pourront renaître comme humains. Quant à ceux qui auront toujours pris soin de tous les êtres vivants, qui n'auront jamais pris gratuitement la vie d'un animal, qui auront éduqué leurs enfants à ne jamais jouer à blesser des insectes, s'ils ont aussi, le 1er jour du 3e mois, prêté le serment de ne pas prendre la vie et de libérer les animaux [condamnés à la boucherie], alors ils vivront jusqu'au bout de leur destin puis, passés dans l'au-delà, seront exempts de toutes les prisons et pourront également être immédiatement déférés devant la dixième cour, d'où ils pourront renaître dans une terre bénie.

[12] 三殿 宋帝王

司掌大海之底，東南沃燋石下，黑繩大地獄. 此重縱廣亦五百由旬. 另設十六小地獄.

一名鹹鹵小地獄　二名麻繯枷紐小地獄

三名穿肋小地獄　四名銅鐵刮臉小地獄

五名刮脂小地獄　六名鉗擠心肝小地獄

七名挖眼小地獄　八名鏟皮小地獄

九名刖足小地獄　十名拔手腳甲小地獄

十一名吸血小地獄　十二名倒弔小地獄

十三名分髑小地獄　十四名蛆蛙小地獄

十五名擊膝小地獄　十六名爬心小地獄

[13] 陽世為人，不思君德最大；膺位享祿者，不堅臣節；士庶不報水土之恩；妻妾負夫主；應愛繼與人為子嗣，曾受恩惠，及得過財產，負良歸宗支者；奴僕負家主；書役兵隸負本管官

[12] Troisième cour : le roi Songdi

Cette cour est en charge de la vaste prison des cordes noires qui se trouve au fond du grand océan, en dessous de la montagne Wojiao, vers le sud-est. Cette prison mesure également cinq cents *yojana* dans chaque direction et comporte aussi seize prisons annexes, à savoir :

1) la prison de sel ;

2) la prison des cordes et des cangues ;

3) la prison où l'on perce les côtes ;

4) la prison où l'on écorche les visages avec du fer et du bronze ;

5) la prison où l'on racle les graisses du corps ;

6) la prison où l'on extrait le cœur et le foie avec des pinces ;

7) la prison où l'on arrache les yeux ;

8) la prison où l'on racle la peau ;

9) la prison où l'on ampute les pieds ;

10) la prison où l'on arrache les ongles des mains et des pieds ;

11) la prison où l'on suce le sang ;

12) la prison où vous êtes pendu par les pieds ;

13) la prison où l'on fend la clavicule ;

14) la prison des asticots et des mites ;

15) la prison où l'on frappe les genoux ;

16) la prison où l'on arrache le cœur.

[13] Parmi les humains, certains ont oublié que la vertu [d'honorer] son souverain est la plus grande ; ou, ayant reçu une charge et jouissant d'un salaire, ont manqué aux exigences de leur fonction ; des hommes du commun n'ont pas été reconnaissants [au souverain] de la grâce qui leur était faite de marcher sur le sol et de boire l'eau de l'empire ; des épouses et des concubines ont été déloyales envers leur mari et ont désobéi ; des enfants qui, adoptés pour perpétuer une lignée, se sont montrés aimants tant qu'ils étaient couverts de faveurs,

長；夥伴負財東；或犯罪越獄, 及軍流逃遁, 因管押求人具保, 反累官差親屬等事者：久迷而不懺悔, 雖有善行, 發入各重受苦不免.

[14] 如犯講究風水, 阻止殯葬；造墳掘見棺槨, 不即換穴, 有損骨殖；倫漏條糧；遺失宗親墳塚；誘人犯法, 教唆興訟；寫作匿名揭帖, 退婚字據；捏造契議書札, 收回錢債券據；不註不掣, 套描花押圖記, 添改賬目, 遺害後人等事者：查對事犯輕重, 使大力鬼役推入大獄, 另發應至幾重小獄受苦. 受滿轉解第四殿, 加刑收獄. 世

puis, dès qu'ils ont hérité, ont tourné le dos à leur famille adoptive pour revenir à leur lignée originelle ; des serviteurs et esclaves qui ont trahi leur maître ; des sbires et clercs des administrations civiles et militaires qui ont trahi leur supérieur ; des employés qui ont trahi leur patron ; et des condamnés qui se sont échappés de prison, ou qui, envoyés en exil dans une garnison lointaine, se sont évadés, attirant ainsi des ennuis sur les gardes qui étaient responsables d'eux, sur les fonctionnaires en charge et sur leur propre famille. Ces gens-là, totalement aveuglés par leur ingratitude, ne se repentent pas ; même s'ils ont commis par ailleurs de bonnes actions, ils sont condamnés à tous les châtiments [de cette troisième cour], sans espoir d'absolution.

[14] Ceux qui ont pratiqué la géomancie et ce faisant forcé [par leurs mauvais conseils] les gens à repousser l'enterrement de leurs proches défunts ; ceux qui en creusant des tombes ont exposé des cercueils qui se trouvaient déjà en terre et qui, au lieu d'aménager immédiatement une nouvelle tombe pour ces cercueils, ont laissé les os qui s'y trouvaient s'abîmer [en plein air] ; ceux qui ont puisé indûment dans les réserves de céréales ; ceux qui ont perdu trace de l'emplacement des tombes de leurs ancêtres ; ceux qui ont incité autrui à violer la loi ou à intenter des procès ; ceux qui ont écrit et collé des tracts anonymes ; ceux qui ont rédigé des documents pour rompre des fiançailles ; ceux qui ont forgé de faux contrats et de fausses lettres pour récupérer frauduleusement des dettes ou des titres de valeur ; ceux qui ont contrefait les signatures et les sceaux, et qui ont falsifié les comptes, et causé ainsi de graves torts à leurs descendants et successeurs ; tous ceux-ci sont examinés et la gravité de leurs fautes évaluée. Puis des colosses démoniaques les entraînent dans la prison, où ils sont affectés à plusieurs des seize prisons annexes en fonction de leur cas, pour y subir leur châtiment. Après avoir purgé leur peine, ils sont transférés à la quatrième cour, pour y être condamnés à de nouveaux châtiments. Mais, si les vivants peuvent le 8ᵉ jour

人若於二月初八日，誓戒不犯，准即轉發，免進各獄受苦.

[15] 四殿 五官王

司掌大海之底，正東沃燋石下，合大地獄. 此重亦廣五百由旬. 另有十六小獄.

一名砻池小地獄　　二名𨄔錬竹籤小地獄
三名沸湯澆手小地獄　　四名砟面流液小地獄
五名斷筋剔骨小地獄　　六名𨪷肩刷皮小地獄
七名鍴膚小地獄　　八名蹲峰小地獄
九名鐵衣小地獄　　十名本石上瓦壓小地獄
十一名劉眼小地獄　　十二名飛灰塞口小地獄
十三名灌藥小地獄　　十四名油荳滑跌小地獄
十五名刺嘴小地獄　　十六名碎石埋身小地獄

du 2e mois faire le serment de s'abstenir [de tous ces crimes] et s'y tenir, ils seront alors dispensés de passer dans la troisième cour et n'auront pas à y subir de châtiment.

[15] Quatrième cour : le roi Wuguan

Cette cour est en charge de la vaste prison des unions qui se trouve au fond du grand océan, en dessous de la montagne Wojiao, vers l'est. Cette prison mesure également cinq cents *yojana* dans chaque direction et comporte aussi seize prisons annexes, à savoir :

1) la prison de l'étang secoué par des vagues violentes ;

2) la prison où vous devez vous tenir à genoux sur des chaînes et des lamelles de bambou ;

3) la prison où l'on verse de l'eau bouillante sur les mains ;

4) la prison où la peau des mains et des visages ruisselle de sueur ;

5) la prison où l'on sectionne les muscles et décharne les os ;

6) la prison où l'on perce les épaules avec un trident et brosse les peaux ;

7) la prison où l'on creuse des trous dans la peau ;

8) la prison où vous devez vous accroupir sur des pics ;

9) la prison des vêtements de fer ;

10) la prison où vous êtes écrasé par du bois, des pierres, de la terre et des tuiles ;

11) la prison où l'on arrache les yeux ;

12) la prison où des cendres volantes vous remplissent la bouche ;

13) la prison où l'on vous soûle de médicaments ;

14) la prison couverte d'huile pour vous faire glisser et tomber ;

15) la prison où l'on vous perce la bouche ;

16) la prison où vous êtes enterré sous des gravats.

[16] 世人漏稅、抗粮、賴租；用重秤；合假藥；賣著水米；用假銀、欠數錢；賣油粉紬緞、刮漿布疋；路遇瞥廢老幼, 不即讓行；暗佔鄉民及老幼肩販便宜；受託帶家書, 不速交付；竊取街路砌就磚石、及晚夜燈內油燭 ； 窮不安分, 富不恤貧；如有告貸, 先允後覆, 致令悞事；見人有病, 家藏藥食, 吝不給付 ；良方秘不傳授；煎過藥渣, 及碎碗料器等物, 潑置街路；無故養驢馬諸獸, 尿糞妨礙行人；故意荒蕪田地；損人墻壁；咒咀魘魅, 造言驚嚇等事者：查核事犯大小, 令鬼卒推入合大地獄受苦. 滿日送解第五殿察核.

世人若於二月十八日，誓不再犯者，免入本

[16] Certains de leur vivant n'ont pas payé leurs taxes et impôts et refusé de verser le loyer des terres qu'ils louaient ; ou ont utilisé des balances faussées, fabriqué de faux médicaments, vendu du riz mélangé à de l'eau, ou ont trafiqué de l'argent falsifié et rendu moins de pièces de monnaie qu'ils ne devaient ; ou ont fait commerce de [produits de luxe inutiles tels que] des fards, poudres, soieries, satins et toiles empesées ; ou ont refusé de laisser passer des aveugles, des handicapés, des vieux ou des enfants sur la route ; ou ont sournoisement accaparé les petits commerces qui permettaient de faire vivre les paysans, les personnes âgées et les enfants ; ou ont négligé de transmettre des lettres qu'on leur avait confiées ; ou ont volé les pierres et les briques des rues pavées, et l'huile et les bougies de l'éclairage public ; ou se sont révoltés contre leur pauvreté, ou, dans la richesse, se sont montrés sans générosité envers les pauvres ; ou ont d'abord donné leur accord à celui qui voulait leur emprunter de l'argent, puis se sont rétractés, ruinant ainsi leurs plans ; ou ont refusé de donner un médicament qu'ils possédaient au malade qui en avait besoin ; ou ont conservé jalousement la recette d'un remède efficace plutôt que de la diffuser ; ou ont renversé dans la rue l'huile ayant servi à chauffer les médicaments et le contenu des bols brisés et autres récipients ; ou ont élevé sans bonne raison des ânes, chevaux et autres animaux domestiques, et les ont laissés déféquer et uriner sur la voie publique, gênant ainsi les passants ; ou ont laissé volontairement leurs champs en jachère ; ou ont abîmé les murs et enclos d'autrui ; ou ont lancé des imprécations et évoqué les démons, et ont inventé des histoires pour effrayer les gens. Tous ceux-ci sont examinés, et la gravité de leurs fautes évaluée. Puis des sbires démoniaques les entraînent dans la prison des unions pour y subir leur châtiment. Après avoir purgé leur peine, ils sont transférés à la cinquième cour, pour y être jugés.

Mais, si les vivants peuvent le 18e jour du 2e mois faire le serment de s'abstenir [de tous ces crimes], ils seront alors

殿諸獄. 如鈔玉歷全卷, 續加古今因果報應事於後, 化人為善, 遺傳後世, 使見者從此改悔, 人能免過, 汝亦有功.

[17] 五殿

閻羅天子曰 : « 吾本前居第一殿. 因憐屈死, 屢放還陽伸雪, 降調司掌大海之底, 東北沃燋石下, 叫喚大地獄. 並十六誅心小獄. 凡一切鬼犯, 發至本殿者. 已諸獄受罪多年, 即有在前四殿, 查核並無善行. 每各按期七日, 解到本殿. 又查毫不作善, 屍至五七, 未有不腐者也. 鬼犯皆說在世尚有未了善願 ; 或稱修蓋寺院橋樑街路, 開河淘井, 或集勸善書章未成 ; 或放生之數未滿 ; 或父母尊親生養死葬之事未備 ; 或受恩而

dispensés de passer devant la quatrième cour et n'auront pas à y subir de châtiment. Ils peuvent aussi copier le *Calendrier de Jade* dans son entier et y annexer le récit de personnes ayant subi la juste rétribution de leurs actes, dans le passé ou de leur temps, afin de convertir les gens au bien et que ces faits puissent être transmis aux générations à venir en vue de leur repentance ; si d'autres hommes peuvent en conséquence éviter des péchés, alors ils en retireront aussi du mérite.

[17] Cinquième cour

Le roi Yama dit : « J'étais jadis affecté à la première cour. Mais, étant pris de pitié devant les victimes d'une mort injuste, je les renvoyais souvent dans le monde des vivants pour qu'ils puissent se venger. Aussi ai-je été transféré à la direction de la vaste prison des cris qui se trouve au fond du grand océan, en dessous de la montagne Wojiao, vers le nord-est. Cette prison comporte aussi seize prisons annexes pour la punition des âmes. Quand une âme coupable arrive devant cette cour, elle a déjà subi pendant de longues années des châtiments dans les prisons relevant des quatre cours précédentes, et on y a établi si elle a ou non de bonnes actions à son actif. Mais, juste après le décès, tous les sept jours, elle vient directement comparaître devant ma cour. On ne lui trouve pas la moindre bonne action et au bout de la cinquième semaine, son corps est déjà décomposé. Et pourtant les âmes coupables plaident toujours [demandant à être libérées], alléguant qu'elles ont fait vœu d'accomplir de bonnes actions mais sont mortes avant d'avoir pu les mener à bien ; ou bien elles affirment avoir donné de l'argent pour la construction de temples, de ponts ou de routes, pour le creusement des canaux ou des puits ; ou encore avoir collectionné les livres de morale mais ne pas avoir eu le temps de les diffuser ; ou avoir commencé à relâcher des êtres vivants sans pouvoir arriver au nombre qu'elles s'étaient fixé ; ou ne pas avoir fini de s'occuper de leurs parents âgés, ou de préparer leurs funérailles, s'ils sont déjà décédés ; ou devoir

未報, 種種等說, 哀求准放還陽. 無不誓願, 必做好人. »

[18] 吾聞之曰 : « 汝等昔日作惡昭彰, 神鬼知你. 今船到江心補漏遲. 即如地藏王菩薩大發慈悲, 降諭量減抵免, 吾等彙集呈覽. 菩薩引同諸神, 奏達天帝, 加恩降旨, 纂載玉歷通行下界, 頒發酆都. 吾等各殿以来, 年深月久, 未有一個德行之人, 乃能肉身進入冥途, 授此玉歷還陽而傳世警省者. 可見陰司無怨鬼, 陽間少怨人. 真修德行之人, 世間難得. 今來本殿鬼犯, 照過孽鏡,

encore remercier ceux qui leur ont donné des faveurs ; ou, pour d'autres raisons encore, elles supplient toutes de pouvoir revenir à la vie et jurent de devenir meilleures. »

[18] Je leur réponds alors : « Vous avez jadis commis le mal, au su et au vu de tous ; les dieux vous connaissent bien. Aujourd'hui, vos suppliques sont aussi pitoyables que les tentatives de celui qui essaie de boucher le trou dans la coque de son bateau une fois qu'il est arrivé au milieu du fleuve. Quand le bodhisattva Ksitigarbha a formulé son grand vœu de compassion et a émis un édit visant à réduire ou supprimer les châtiments des âmes coupables, nous autres [fonctionnaires du purgatoire] nous sommes réunis et avons rédigé une proposition, et le bodhisattva nous a menés en audience pour présenter cette proposition à l'Empereur céleste, qui dans sa bonté l'a acceptée et l'a promulguée par un édit. Celui-ci ordonne que l'on compile le *Calendrier de Jade* et qu'on le distribue de par le monde, et qu'il soit donné à tous dans les enfers de Fengdu[10]. Depuis lors, dans chacune des dix cours, nous autres juges nous examinons les cas, à longueur d'année, mais nous n'avons pas encore trouvé un seul homme vertueux qui soit digne de venir, de son vivant, dans le monde de l'au-delà recevoir le *Calendrier de Jade* et le rapporter à la lumière du jour pour le diffuser et exhorter les hommes. S'il n'y avait plus d'âmes défuntes rongées par la rancune dans l'au-delà, il y aurait aussi moins d'humains animés par la haine. Mais très rares sont les hommes qui cherchent vraiment à mener une vie vertueuse. Vous autres, âmes coupables qui arrivez maintenant devant ma cour, vous avez pu voir clairement dans le miroir des péchés que vous relevez bel et bien de la catégorie des

10. Fengdu, lieu mythique de l'imaginaire taoïste ancien, tardivement identifié à une localité au bord du Yangzi dans l'actuelle municipalité de Chongqing, était une prison pour les victimes de male mort et les démons : voir Chenivesse, « Fengdu ». La synthèse sur les différentes parties de l'au-delà, que l'on voit à l'œuvre dans notre texte, lui accorde une place, mais sa fonction est loin d'y être clairement définie.

悉係惡類. 毋許多言. 牛頭馬面, 押赴高臺一望可也. »

[19] 所設之臺, 名曰 : « 望鄉臺 ». 面如弓背, 朝東西南三向, 灣直八十一里, 後如弓絃. 坐北劍樹為城. 臺高四十九丈. 刀山為坡, 砌就六十三級. 良善之人, 此臺不登. 功過兩平, 已發往生. 只有惡鬼, 望鄉甚近. 男婦均各能見能聞, 觀聽老少言語動靜, 遺囑不遵, 教令不行, 凡事變換, 逐件改更.

[20] 苦掙財物, 搬運無存. 男思再娶, 女想重婚. 田產抽匿, 分派難勻. 向來賬目, 清揭復溷. 死欠活的, 難少分文. 活欠死的, 奈失據證. 彼此糊賴, 搪突不遜. 一概舛錯, 盡推死人. 三黨親戚, 懷怨評論. 兒女存私, 朋友失信. 略有幾個, 想念

pécheurs ; inutile d'argumenter davantage ! Sbires Tête-de-vache et Face-de-cheval, amenez-les sur la grande terrasse qu'ils y voient pour eux-mêmes ! »

[19] Cette terrasse s'appelle « Terrasse d'où l'on voit sa maison ». Sa façade est en arc de cercle et permet de faire face à l'est, à l'ouest et au sud ; sa circonférence est de quatre-vingt-un *li*. Le mur arrière est droit, au cordeau, et vers le nord il est entouré d'une enceinte d'arbres-épées. La terrasse est haute de quarante-neuf toises, et ses talus sont plantés de couteaux, aménagés avec soixante-trois marches. Les hommes vertueux n'ont pas à monter à cette terrasse ; ceux dont les mérites et démérites sont en quantité égale sont quant à eux directement envoyés vers une nouvelle incarnation. Seules les âmes pécheresses y montent, pour voir de près leur maison : ils peuvent y voir et entendre leurs proches encore en vie et épier les moindres mouvements et paroles des vieux comme des enfants. Ils constatent alors que leurs dernières instructions sont complètement ignorées et que personne ne suit plus les ordres qu'ils avaient donnés. Tout l'ordre de leur maison est changé, et chaque chose est remise en question.

[20] Les biens que le défunt avait laborieusement accumulés sont déjà tous dilapidés. Le veuf songe déjà à se remarier, et la veuve en fait autant. Ses terres changent de propriétaire de façon opaque, et ses biens sont divisés sans aucune équité. Les comptes qui jadis avaient été soldés réapparaissent plus confus que jamais. Les dettes qu'il devait à autrui sont réclamées à ses proches, sans qu'ils puissent obtenir un centime de remise ; mais les dettes que d'autres lui doivent sont oubliées faute de reçu. Ce ne sont que récriminations et insultes où personne ne veut agir avec décence. La seule chose sur laquelle tous s'entendent, c'est d'accuser le défunt de tous les torts : les trois familles [du père, de la mère et de l'épouse] le critiquent toutes avec rancœur. Ses enfants ne pensent qu'à leur propre intérêt, et ses amis le renient. Certes, quelques-uns chérissent encore les liens qui les avaient unis et viennent toucher son

前情, 撫棺一哭, 冷笑兩聲. 更有惡報：男受官刑, 婦生怪病. 子被人嬲, 女被人婬. 業皆消敗, 房屋火焚. 大小家事, 倏忽罄盡. 作惡相報, 非獨陰魂.

[21] 凡鬼犯見聞之後, 押入叫喚大地獄內, 細查曾犯何惡. 再發入誅心十六小獄. 獄內, 各埋木樁, 銅蛇為鍊, 鐵犬作墩, 綑壓手腳. 用一小刀, 開膛破腹, 鉤出其心, 細細割下；心使蛇食, 腸給狗吞. 受苦滿日, 止痛完膚, 另發別殿.

[22] 一名割取不敬神鬼猜疑有無因果報應等心小地獄

二名割取殺害生命等心小地獄

三名割取善願未完諸惡先行等心小地獄

四名割取近邪悖謬習術妄想長生等心小地獄

五名割取欺善怕惡恨他人不速死亡等心小地獄

cercueil en pleurant, mais bientôt se mettent à ricaner. Et puis la rétribution des mauvaises actions se met à frapper : ses fils se retrouvent emprisonnés et torturés ; ses épouses développent d'épouvantables maladies. Les garçons se font violer, et les filles débaucher. Les affaires familiales tombent en ruine, un incendie détruit sa maison, et très rapidement tous les biens sont entièrement dilapidés. Car la rétribution des mauvaises actions ne s'abat pas que sur le coupable lui-même dans l'au-delà !

[21] Une fois que les âmes coupables ont bien vu ce spectacle, on les emmène dans la vaste prison des cris, où les juges examinent en détail tous leurs péchés, puis les envoient dans l'une ou l'autre des seize prisons annexes pour la punition des âmes. Dans ces prisons, ils sont enterrés sous des pieux, ligotés avec des serpents de bronze, écrasés par des chiens de fer, pieds et poings étroitement liés. Avec un petit couteau, [des sbires infernaux] leur ouvrent le ventre et leur arrachent le cœur, qu'ils tranchent finement ; le cœur est donné à manger aux serpents, et les entrailles aux chiens. Après toute une journée de cette torture, la douleur cesse, et leur corps se reforme ; ils sont alors transférés dans une autre prison annexe [où tout recommence].

[22] [Ces seize prisons annexes sont :]

1) la prison où l'on tranche ceux qui n'ont pas respecté les dieux et qui ont douté de la rétribution des bonnes et mauvaises actions ;

2) la prison où l'on tranche ceux qui ont tué ou mutilé des êtres vivants ;

3) la prison où l'on tranche ceux qui ont négligé leur vœu de faire le bien, mais se sont empressés de faire le mal ;

4) la prison où l'on tranche ceux qui se sont adonnés à des techniques perverses et inconvenantes dans l'espoir vain d'obtenir une longue vie ;

5) la prison où l'on tranche ceux qui ont dupé les hommes de bien mais craint les méchants, et ont souhaité la mort rapide d'autrui ;

六名劄取計較移禍等心小地獄

七名劄取男子行強圖謀姦淫,婦女喪貞引誘曲從貪戀有無謀害等心小地獄

八名劄取損人利己等心小地獄

九名劄取慳吝勿顧生死緩急等心小地獄

十名劄取偷盜昧賴等心小地獄

十一名劄取忘恩報怨等心小地獄

十二名劄取狠毒教唆已未能害等心小地獄

十三名劄取騙誘惑眾等心小地獄

十四名劄取好鬪賭勝牽連延累等心小地獄

十五名劄取嫉善妒賢等心小地獄

十六名劄取執迷不改誹謗等心小地獄

[23] 凡世人不信因果,阻行善事；借名燒香,說人過失；焚燬勸善書章；禮斗食葷；厭惡人念佛誦咒；作佛事不齋不戒,誹謗釋道；識字人

6) la prison où l'on tranche ceux qui ont manigancé pour détourner un malheur sur autrui ;

7) la prison où l'on tranche les hommes qui ont usé de la force pour séduire ou violer, et les femmes qui ont abandonné toute pudeur pour charmer et conquérir, qu'elles aient ou non cherché à éliminer [un mari gênant] ;

8) la prison où l'on tranche ceux qui ont nui à autrui pour leur avantage ;

9) la prison où l'on tranche ceux qui dans leur avarice ont refusé d'aider même ceux qui se trouvaient à l'article de la mort ;

10) la prison où l'on tranche ceux qui ont volé et trahi la confiance de leurs partenaires en affaires ;

11) la prison où l'on tranche ceux qui n'ont jamais rendu les faveurs reçues, mais ont toujours cherché à se venger des affronts ;

12) la prison où l'on tranche ceux qui ont vicieusement incité des tiers à nuire à ceux qu'ils ne pouvaient attaquer directement ;

13) la prison où l'on tranche ceux qui ont trompé et dupé les gens ;

14) la prison où l'on tranche ceux qui ont cherché les bagarres, joué aux jeux d'argent et cherché à compromettre les autres dans toutes sortes de mauvaises affaires ;

15) la prison où l'on tranche ceux qui ont jalousé les hommes de bien et les sages ;

16) la prison où l'on tranche ceux qui se sont entêtés dans l'erreur et la calomnie.

[23] Parmi les humains, certains n'ont pas cru en la rétribution des actes et se sont opposés même aux bonnes actions menées par d'autres. Ils ont brûlé de l'encens en prétendant [honorer les dieux] mais ont continué à rapporter les erreurs d'autrui. Ils ont brûlé les livres de morale et ont prié la Grande Ourse tout en osant manger de la viande. Ils ont

不肯將古今報應勸世等文, 念誦婦女人等聽知；刨掘他人墳塚, 填平滅跡；縱火延燒山林, 疎防家丁, 失火延害居鄰；攀弓射箭放彈；誘傴瘦弱疾病人賭力；隔墻抛擲瓦石傷人；河蕩藥魚, 放鳥銃；做造絲網、粘竿、踏籠；鹽滷灑草地；死貓毒蛇等物不深埋, 害人起掘, 犯土喪命；冬凍春寒, 墾掘地土；折墻更竈；私僭官銜[5]；勢占民地；填井塞溝.

[24] 如犯前項等事者, 赴過望鄉臺, 發入叫喚大地獄. 受苦後, 應該割碎其心者, 押交各小獄判發. 先期轉解第六殿, 查對有無他罪. 如在生

5. 1830年本作 « 街 », 錯也.

exécré ceux qui récitaient le nom des Bouddhas ou chantaient les incantations des dieux. S'ils participaient à un rituel, ils ne se purifiaient pas et dénigraient les clergés. S'ils savaient lire, ils refusaient de lire aux femmes et autres personnes illettrées les textes de morale et récits de la rétribution, pour qu'elles en soient édifiées. Ils éventraient les tombes et en effaçaient les traces. Ils allumaient des incendies qui dévastaient les collines et les forêts, ou négligeaient de contrôler leurs hommes de main, causant des feux qui s'étendaient aux maisons voisines. Ils ont lancé des flèches ou des projectiles [sans précaution]. Ils ont provoqué à des épreuves de force des hommes trop jeunes ou malades. Ils jetaient négligemment par-dessus le mur des tuiles ou des pierres, blessant ainsi des passants. Ils empoisonnaient les cours d'eau pour attraper les poissons et chassaient les oiseaux au fusil. Ils fabriquaient des filets, des pièges à glu ou des collets. Ils répandaient de la saumure sur le sol, ce qui tue l'herbe. Ils n'enterraient pas les cadavres des chats, des serpents venimeux et autres animaux assez profondément, mettant ainsi en danger ceux qui les déterrent [par inadvertance], manquant de respect à la Terre et créant un danger mortel. Ils labouraient la terre en plein hiver ou quand le printemps est encore froid[11]. Ils abîmaient les murs et déplaçaient le foyer. Ils fabriquaient de faux sceaux officiels et occupaient indûment des terres appartenant à autrui. Ils bouchaient les puits et obstruaient les canaux.

[24] Tous ceux qui se sont rendus coupables de l'un de ces péchés, après être montés à la Terrasse d'où l'on voit sa maison, sont déférés à la vaste prison des cris pour y subir leur châtiment ; puis certains doivent encore être déférés aux diverses prisons annexes où on leur arrache et découpe le cœur. Finalement, ils sont transférés à la sixième cour, où l'on examinera leurs autres péchés. Les humains qui de leur

11. Labourer en hiver est un crime dans la mesure où cela expose au froid et tue les insectes qui hibernent.

不犯此等事, 或曾犯過, 於正月初八日, 齋戒誓不再犯者, 不獨本殿各獄之刑可免, 並准咨第六殿輕減刑罰. 除殺害生命 ; 近邪悖謬 ; 男子淫毒婦女, 婦人貪婬悍妒 ; 損他人名節者 ; 偷盜昧賴, 忘恩報怨 ; 及在生執迷, 見聞勸善章句, 不即改悔者 : 概不輕減.

[25] 六殿 卞城王

司掌大海之底, 正北沃燋石下, 大叫喚大地獄. 廣大五百由旬. 四圍另設十六小獄.

一名常跪鐵沙小地獄 二名屎泥浸身小地獄

三名磨摧流血小地獄 四名鉗嘴含鍼小地獄

五名割腎鼠咬小地獄 六名棘網蝗鑽小地獄

七名碓搗肉漿小地獄 八名裂皮蹵擂小地獄

vivant n'ont pas commis les fautes énumérées ici ou, s'ils les ont commises, ont, le 8e jour du 1er mois, prêté le serment, après s'être purifiés, de ne plus jamais les commettre, seront non seulement exemptés des châtiments des diverses prisons de cette cour, mais seront aussi traités avec mansuétude dans la sixième cour. Seuls sont exclus de ce pardon ceux qui auront tué des êtres vivants, qui se seront adonnés à des techniques perverses et inconvenantes, les hommes qui auront déshonoré une femme, les femmes lubriques ou acariâtres, ceux qui auront ruiné la réputation d'autrui, volé et trahi la confiance de leurs partenaires en affaires, ceux qui n'auront jamais rendu les faveurs reçues, mais auront toujours cherché à se venger des affronts, se seront entêtés dans leurs erreurs, et qui, ayant lu ou entendu des livres de morale, ne se seront pas repentis : ceux-là seront punis sans la moindre clémence.

[25] Sixième cour : le roi de Biancheng

Cette cour est en charge de la vaste prison des grands cris qui se trouve au fond du grand océan, en dessous de la montagne Wojiao, vers le nord. Cette prison mesure cinq cents *yojana* dans chaque direction et comporte seize prisons annexes disposées des quatre côtés, à savoir :

1) la prison où vous devez vous tenir agenouillé sur de la limaille de fer ;

2) la prison où vous êtes couvert d'excréments ;

3) la prison où les corps sont écrasés sous des meules jusqu'à ce que le sang en jaillisse ;

4) la prison où les bouches sont ouvertes avec des pinces et remplies d'aiguilles ;

5) la prison où les reins sont arrachés et mangés par des rats ;

6) la prison où les corps sont enserrés dans des filets d'épines et piqués par des sauterelles ;

7) la prison où les chairs sont écrasées au pilon jusqu'à devenir de la bouillie ;

8) la prison où les peaux sont lacérées et battues ;

九名銜火閉喉小地獄　十名桑火鞴烘小地獄

十一名糞汙小地獄　十二名牛彫馬躁小地獄

十三名錐竅小地獄　十四名椓頭脫殼小地獄

十五名腰斬小地獄　十六名剝皮揎草小地獄

[26] 世人怨天尤地，憎惡風雷，冷熱晴雨，對北溺便涕泣；偷竊神佛裝塑法身內臟，刮取神聖佛金；妄呼神諱；不敬惜字紙經書；寺塔庵觀前後，潑積穢物；供奉神像，廚竈不潔；不戒食牛犬；藏貯悖謬淫書不燬，塗扯勸善書章器皿；雕刻太極圖、日月、七星、及和合二聖、王母、壽星、上仙形相，繡織卍字花樣在綾紬、紗布、神旛、臥床、椅桌、一切器用，並號字

9) la prison où les bouches sont remplies de feu jusqu'au fond de la gorge ;

10) la prison où les corps sont grillés sur un feu de bois de mûrier ;

11) la prison où vous êtes souillé par des excréments ;

12) la prison où vous êtes encorné par des taureaux et foulé aux pieds par des chevaux ;

13) la prison où vous êtes transpercé par des aiguilles ;

14) la prison où l'on frappe les têtes jusqu'à enlever les boîtes crâniennes ;

15) la prison où l'on coupe les gens en deux par la taille ;

16) la prison où l'on écorche les gens et où l'on enroule leur peau comme une natte.

[26] Parmi les humains, certains ont osé accuser le Ciel ou la Terre de leurs malheurs, ont insulté [les dieux responsables] du vent et du tonnerre, de la chaleur ou de la pluie ; ou ont uriné ou pleuré en direction du nord ; ou ont volé les habits ou les objets de consécration placés dans les statues des dieux, ou raclé l'or les recouvrant ; ou ont prononcé à la légère les noms personnels des dieux ; ou ont manqué de respect aux caractères d'écriture ou aux livres révélés ; ou ont accumulé des choses polluantes aux abords des temples, monastères et stupas ; ou ont présenté en offrande aux dieux des mets préparés dans une cuisine sale ; ou n'ont pas respecté l'interdit de la viande bovine et canine ; ou ont collectionné les livres inconvenants ou érotiques sans les détruire, ou laissé les livres de morale traîner et s'abîmer au milieu de la vaisselle ; ou ont gravé les motifs du Taijitu[12], du soleil et de la lune, des Sept Étoiles [de la Grande Ourse], des deux saints de la concorde, de la Reine Mère, de l'étoile de la longévité, des immortels et

12. Le Taijitu, schéma montrant l'interconnexion et la production mutuelle du *yin* et du *yang*, est devenu à l'époque moderne un symbole omniprésent, particulièrement, mais pas uniquement, dans les milieux taoïstes.

記；僭服龍鳳衣裙；作踐五穀；囤米望昂者：俱發入大呼喚大地獄，查所犯事件，應發何小獄.受苦滿日，轉解第七殿，再查有無別惡.

凡人在陽世，能於三月初八日持齋誓願，今後不敢再犯，並能每逢五月十四、十五、八月初三、十月初十，此四日，戒不交媾，立願輾轉勸戒者，准免以上諸小獄受苦.

[27] 七殿 泰山王

司掌大海之底，西北沃燋石下，熱惱大地獄.週圍廣五百由旬.並另設十六小獄.

一名搥蚶自吞小地獄　二名笞腿火逼坑小地獄
三名㓟胸小地獄　四名枒杈抗髮小地獄
五名犬咬脛骨小地獄　六名頂石蹲身小地獄

autres motifs, ou ont brodé des swastikas sur des soieries, des gazes ou des bannières et en ont décoré leur lit, leurs chaises ou leur vaisselle, ou y ont ajouté leur signature ; ou se sont arrogé le droit de porter des vêtements arborant [le symbole impérial] du dragon et du phénix ; ou ont foulé aux pieds les céréales ; ou ont thésaurisé le riz en espérant le vendre au plus cher pendant une pénurie : tous ceux-là sont déférés dans le vaste enfer des grands cris. On y examine toutes leurs fautes pour déterminer dans laquelle des prisons annexes ils doivent subir leur châtiment ; puis, quand ils ont purgé leur peine, ils sont transférés devant la septième cour, où leurs autres péchés sont à leur tour examinés.

Mais, si les vivants peuvent le 8e jour du 3e mois, après s'être purifiés, faire le serment de s'abstenir [de tous ces crimes], respecter une stricte abstinence sexuelle quatre jours par an – les 14e et 15e jours du 5e mois, 3e jour du 8e mois et 10e jour du 10e mois – et faire le vœu de convertir à leur tour d'autres personnes [pour qu'elles respectent ces interdits], ils seront alors dispensés des châtiments des diverses prisons de cette sixième cour.

[27] Septième cour : le roi du Taishan

Cette cour est en charge de la vaste prison des fièvres anxieuses qui se trouve au fond du grand océan, en dessous de la montagne Wojiao, vers le nord-ouest. Cette prison mesure cinq cents *yojana* dans chaque direction et comporte seize prisons annexes disposées des quatre côtés, à savoir :

1) la prison où l'on frappe les nez jusqu'à ce que le sang ruisselle dans la gorge ;

2) la prison où l'on fouette, brûle et enterre les jambes ;

3) la prison où l'on ouvre les poitrines ;

4) la prison où l'on arrache les cheveux en frottant les têtes avec des broussailles ;

5) la prison où des chiens vous mordent les jambes jusqu'à l'os ;

6) la prison où l'on vous place sur la tête des pierres dont le poids vous force à vous accroupir ;

七名剅頂開額小地獄　八名燠痛哭狗墩小地獄

九名剺皮豬拖小地獄　十名貓鴇上下啄咬小地獄

十一名弔筆足小地獄　十二名拔舌穿腮小地獄

十三名抽腸小地獄　十四名騾踏獾嚼小地獄

十五名烙手指小地獄　十六名油釜滾烹小地獄

[28] 凡陽世, 煉食紅鉛、陰棗、人胞；飲酒費用較應用之數過多；搶奪誘賣；盜取棺內衣飾；取死屍骨殖為藥；離散他人至戚；將養媳賣與人為婢妾；任妻溺女, 悶死私孩；朋賭分財掉

7) la prison où l'on vous frappe sur la tête jusqu'à vous ouvrir le front ;

8) la prison où l'on vous brûle jusqu'à ce que vous gémissiez comme un chien sur la tombe de son maître ;

9) la prison où la peau est découpée et tirée par des cochons ;

10) la prison où vous êtes mordu et attaqué de tous côtés par des blaireaux et des outardes ;

11) la prison où l'on vous suspend et où l'on vous frappe les pieds ;

12) la prison où l'on tire sur les langues et perce les joues ;

13) la prison où l'on sort les entrailles ;

14) la prison où vous êtes piétiné par des mules et rongé par des blaireaux ;

15) la prison où l'on vous brûle les doigts au fer rouge ;

16) la prison où vous êtes bouilli dans une marmite d'huile.

[28] Parmi les humains, certains ont osé préparer et consommer du sang menstruel, des jujubes ayant été placées dans un vagin, ou du placenta[13] ; ou ont bu ou dépensé au-delà de la raison ; se sont emparés de biens par la violence, ou en ont vendus en escroquant les clients ; ont dérobé les vêtements et bijoux des défunts dans leur cercueil ; ont pris les cadavres ou les cendres des morts pour en fabriquer des potions ; ont séparé les membres d'une même famille ; ont vendu comme concubine ou servante la fille qu'ils avaient adoptée comme future bru ; ont laissé leur épouse noyer le bébé qui venait de naître parce que c'était une fille ou ont étouffé le fils bâtard ; ont joué aux jeux d'argent avec leurs amis, dispersant ainsi les

13. Ces produits ont pour objectif de fortifier le corps ; les jujubes ayant absorbé le maximum d'énergie *yin* féminine et le placenta sont recherchés par les personnes souffrant d'un excès d'énergie *yang*.

帛；師長不嚴，悞人子弟；不顧輕重，拷打婢僕傷命；魚肉鄉里，違悖尊長；枉口嚼舌，尖酸搬鬪、事端者：逐查明，在於熱惱大地獄內提出，發何重小獄受苦. 滿日轉解第八殿收獄查治.

[29] 人間服藥，何物不可用. 將禽獸蟲魚，活活殺命而治病，已大壞其心術. 乃服紅鉛，及婦女陰中之物，胞臍之類，豈不更壞其心. 況食此等穢物，則口舌竟與婦女之陰戶無異. 雖在世多般行善，若誦經咒，非特無功，且有大罪. 冥主斷難寬貸. 聞此勸者，速改！從今戒殺，並買放生

biens de leur famille ; ont éduqué les élèves qui leur étaient confiés sans aucune rigueur, menant ainsi les enfants d'autrui vers l'égarement ; ont sans aucune considération pour la gravité ou la légèreté des fautes frappé à mort leurs serviteurs ; ont tyrannisé leurs voisins et agi grossièrement envers leurs supérieurs et aînés ; ou ont par leurs calomnies et médisances provoqué des inimitiés, des conflits et des crimes. Tous ceux-là sont examinés dans la vaste prison des fièvres anxieuses, puis déférés à l'une des prisons annexes en fonction de leur cas, pour y subir leur châtiment. Quand ils y ont purgé leur peine, ils sont transférés devant la huitième cour, où ils sont à nouveau examinés et punis.

[29] Il n'est pas permis d'utiliser n'importe quel ingrédient pour élaborer un médicament. Utiliser des parties d'un oiseau, d'un mammifère, d'un insecte ou d'un poisson, de telle façon qu'il faille tuer un animal pour soigner un humain, est déjà un acte qui porte atteinte à la qualité morale de celui qui l'accomplit ; mais, à plus forte raison, consommer du sang menstruel, des choses provenant des organes sexuels d'une femme, du placenta ou du cordon ombilical ruine l'âme de ceux qui s'y adonnent. Consommer ce type de choses polluées vous rend la bouche semblable à un vagin. Même si vous avez par ailleurs commis de bonnes actions, telles que réciter les textes révélés ou les incantations des dieux, celles-ci non seulement ne vous apporteront aucun mérite, mais vous seront même comptées pour de graves péchés [14]. Les juges des cours du purgatoire ne pourront pas le pardonner. Vous qui écoutez nos admonitions, repentez-vous ! Abstenez-vous désormais de prendre toute vie animale, achetez le plus grand nombre possible d'animaux [promis à la boucherie] pour les relâcher ; et chaque matin, après vous être lavé la bouche, chantez le nom des Bouddhas. Si vous faites ainsi, au moment de votre

14. Réciter un texte sacré avec une bouche polluée est un crime d'irrespect envers les dieux.

靈百萬. 每早漱口, 念誦佛號, 臨終必有淨孽使者, 以燈照除穢氣, 得消前愆.

[30] 人間有竊取被火燒死人骨, 及私孩皮肉全身, 製配合藥 ; 并竊死屍髑髏骨殖, 買賣為藥 ; 更有遍偷成担, 堅實者為器具, 鬆枯者擂粉燒窑等用. 此種人, 在生即有功於世, 勾入陰司, 其功別抵他過, 冥主諒不輕減. 發入熱惱大地獄, 或再入何小獄. 受苦後, 知照第十殿, 發放為人時, 割去耳目手足嘴唇鼻孔之類, 使其殘疾一二件報之. 如有犯過此等事者, 即肯懺悔, 永不再犯, 能於貧難死亡, 購買棺木, 或勸助收殮多屍, 其家竈神, 在勾使鬼役牌票上, 點一黑點. 到時, 准免此報.

[31] 人間偶有荒歉之處, 失食倒斃. 且有尚未氣絕者, 乃割其肉以作饅頭糕餅之餡, 賣與人

mort, un émissaire chargé d'effacer les péchés viendra auprès de vous et avec une lampe dispersera les miasmes et effacera les traces de vos anciennes transgressions.

[30] Certaines personnes ont volé les os et cendres des corps qui ont brûlé, ou les cadavres entiers des bâtards que l'on a abandonnés, pour en fabriquer des potions, ou encore ont volé les crânes ou les cendres dans les tombes et en ont fait commerce pour ceux qui veulent fabriquer des potions ; d'autres encore ont transporté de pleins paniers d'os volés : les entiers servent à fabriquer des outils, et les fragments sont réduits en poudre pour les fours à chaux. Ces gens-là, même s'ils ont par ailleurs commis de bonnes actions, quand ils sont amenés devant les tribunaux de l'au-delà, ne peuvent pas faire valoir leurs mérites pour contrebalancer leurs péchés, et les juges ne peuvent en aucun cas atténuer leurs châtiments. Ils sont amenés dans la vaste prison des fièvres anxieuses puis transférés dans l'une des prisons annexes pour y subir leur châtiment. La peine purgée, quand ils sont transférés devant la dixième cour d'où ils sont envoyés pour renaître comme humains, on leur coupe les oreilles, les yeux, les mains, les pieds, les lèvres, la langue ou le nez, les affligeant d'un ou plusieurs handicaps qui seront le prix de leurs crimes. Celui qui a commis de tels crimes, s'il peut se repentir et s'abstenir définitivement de récidiver, et acheter des cercueils pour les donner aux familles pauvres en deuil, ou participer et encourager l'enterrement dans les formes de nombreux corps, le jour de sa mort, quand les sbires de l'au-delà viendront l'emmener, le dieu du Foyer inscrira un point noir sur la tablette de transfert de l'âme défunte. Quand il sera arrivé devant les cours du purgatoire, les juges, voyant ce point, lui accorderont d'être exempté de payer ce prix [d'être handicapé dans sa prochaine incarnation].

[31] Il arrive aussi que, lors d'une famine, des gens meurent de faim et que certains, alors même qu'ils n'ont pas encore rendu leur dernier souffle, se voient découpés par des hommes

食. 心狠若是, 凡割賣人肉者, 解到之時, 冥主將犯發交各獄受刑四十九日. 加刑之後, 知照第十殿註冊, 轉知第一殿, 添入生死簿內. 發生人道者, 使為餓殍 ; 畜生道者, 使見餕棄之物, 不能入嘴, 而餓死報之. 除將此等罪魂, 不准抵免下世受報外, 凡悞食之人, 知而復食者, 亦當受報下世, 或為人, 或為畜類. 使其咽喉作腫, 雖餓極皆不得食而死. 若知而不復食者,情有可原. 如能遇歉歲, 捐資賑濟, 或煮粥施食, 或將升合之米給貧, 或設薑荳濃湯於要路, 以救片時, 令人得此種種實惠者, 非惟此過全消, 並能增現在之善報, 更添來生之福壽.

qui prennent leur chair pour la manger avec du pain ou pour la vendre à d'autres. Ceux qui ont fait preuve d'une telle bestialité en coupant et vendant de la chair humaine, quand ils sont déférés devant les cours du purgatoire, sont immédiatement envoyés par les juges subir quarante-neuf jours de tortures dans chacune des diverses prisons. Au terme de ces tortures, ils sont déférés devant la dixième cour et inscrit au greffe, avec copie à la première cour, de telle façon que dans les registres de la vie et de la mort il soit spécifié que leur prochaine incarnation comme humain soit en tant que miséreux affamé et que leur prochaine incarnation comme animal soit sous la forme d'un être qui voie tomber devant lui tous les rebuts de ceux qui ont trop à manger sans qu'il puisse en toucher un morceau et qui finalement meure de faim pour payer ses fautes passées. Outre ces âmes criminelles qui ne pourront en aucun cas échapper à la rétribution de leurs actes dans leur prochaine existence, ceux à qui l'on a fait manger de la viande humaine, s'ils ont persisté à en manger après avoir compris de quelle viande il s'agissait, devront aussi payer cet acte dans leur prochaine existence, qu'elle soit en tant qu'humain ou qu'animal domestique. Leur gorge se couvrira d'abcès, si bien que même affamés ils ne pourront rien avaler et finiront par mourir de faim. Ceux en revanche qui ont arrêté d'en consommer après avoir compris de quelle viande il s'agissait se verront accorder des circonstances atténuantes. S'ils peuvent de surcroît donner pour le secours des pauvres lors des famines, organiser eux-mêmes des soupes populaires, distribuer des rations de riz aux nécessiteux ou servir des soupes chaudes au gingembre et aux haricots dans les rues principales, afin de maintenir en vie ces gens autant que possible ; s'ils peuvent vraiment faire bénéficier les gens de ces actes charitables, alors non seulement les péchés mentionnés précédemment leur seront complètement pardonnés, mais ils jouiront aussi d'une rétribution favorable de leur vivant, et des bénédictions et la longévité les attendent dans leur prochaine existence.

[32] 以上三條, 係本殿文武各判會議二條, 大獄使司亦擬一條, 各奏摻入本殿議內. 吾另錄各判司獄之所擬, 附奏天帝批准,照擬并載玉歷, 通行各判司獄記名陞賞. 復諭人間作孽之事, 諸神已逐件議擬；尚有如軍政公務儀禮、私造各違禁等情, 其未能盡悉者, 概遵陽世四大部洲帝王國法所定律例. 治罪外, 倘有逃躲, 移累他人者, 并諭糾察速報等司, 准訴顯應. 欽此欽遵.

世間男婦, 能於三月二十七日, 持齋向北, 立誓懺悔, 鈔傳全卷, 勸化人間者, 准免本殿諸苦.

[33] 八殿 都市王

司掌大海之底, 正西沃燋石下, 大熱惱大地

[32] Les trois règles ci-dessus ([29], [30] et [31]) ont été rédigées pour deux d'entre elles par la communauté des juges civils et militaires de la septième cour et, pour la troisième, par le directeur de sa prison principale. Elles ont été réunies et soumises ensemble pour approbation à moi, roi du Taishan, qui les ai ensuite rassemblées et les ai présentées à l'Empereur céleste, qui les a acceptées et promulguées, et les a fait inscrire dans le *Calendrier de Jade*. Les juges et directeurs de prison [auteurs de ces propositions] ont été honorés et promus [pour leur excellente initiative]. L'empereur a de surcroît décrété : « [Les punitions concernant] les divers péchés commis par les humains ont déjà fait l'objet de propositions détaillées de la part des dieux. Par ailleurs, les infractions aux règles protocolaires, les contrefaçons de sceaux officiels et autres violations des règlements des administrations civiles et militaires ne peuvent être toutes traitées en détail [dans le *Calendrier de Jade*] ; il convient dans ces cas de suivre le code pénal du royaume de ce bas monde dans lequel l'infraction a été commise. Outre la punition [prévue par le code], si le coupable a échappé à la justice des vivants ou a impliqué des innocents, j'ordonne que l'on saisisse immédiatement le Bureau de la rétribution immédiate[15], qui sera autorisé à le punir de façon éclatante. Respectez l'ordre impérial ! »

Mais, si les vivants hommes et femmes peuvent, le 27e jour du 3e mois, après s'être purifiés par le jeûne, se tourner vers le nord et faire le serment de se repentir [de tous ces crimes], copier et donner un exemplaire complet [du *Calendrier de Jade*] pour convertir d'autres hommes, ils seront alors dispensés des châtiments des diverses prisons de cette septième cour.

[33] Huitième cour : le roi de la Capitale

Cette cour est en charge de la vaste prison des grandes fièvres anxieuses qui se trouve au fond du grand océan, en

15. Voir p. 61, n. 12.

獄. 此獄縱廣五百由旬. 另設十六小獄.

一名車崩小地獄　二名悶鍋小地獄

三名碎剮小地獄　四名拵孔小地獄

五名剪䤒小地獄　六名常圜小地獄

七名斷肢小地獄　八名煎臟小地獄

九名炙髓小地獄　十名爬腸小地獄

十一名焚膲小地獄　十二名開膛小地獄

十三名剜胸小地獄　十四名破頂撬齒小地獄

十五名剮割小地獄　十六名鋼叉小地獄

[34] 世人如有不孝, 親存不養, 親歿不葬；使父母翁姑, 有驚懼愁悶煩惱等心者. 若不速改前非, 竈神先將此等男女, 記名上奏, 減除衣祿, 任邪作祟. 死後受過前殿諸苦, 解到本殿. 牛頭馬面各卒倒拖鬼犯, 擲入大獄受苦, 再各小獄加刑. 受盡痛苦, 解到第十殿轉劫所內, 改頭換面,

dessous de la montagne Wojiao, vers l'ouest. Cette prison mesure cinq cents *yojana* dans chaque direction et comporte seize prisons annexes, à savoir :

1) la prison où les voitures s'écrasent ;

2) la prison où vous êtes enfermé dans un chaudron ;

3) la prison où vous êtes découpé en morceaux ;

4) la prison où l'on bouche les orifices du corps ;

5) la prison où l'on tranche la luette ;

6) la prison des latrines éternelles ;

7) la prison où l'on tranche les membres ;

8) la prison où l'on fait frire les viscères ;

9) la prison où l'on rôtit les jambes ;

10) la prison où l'on racle les intestins ;

11) la prison des chairs consumées ;

12) la prison où l'on vous ouvre la poitrine ;

13) la prison où l'on vous arrache les côtes ;

14) la prison où l'on vous casse le crâne et arrache les dents ;

15) la prison où l'on vous découpe ;

16) la prison des fourches d'acier.

[34] Parmi les humains, certains ont manqué de piété filiale : ils n'ont pas entretenu leurs parents de leur vivant, ni assuré leur enterrement après leur mort. Ils ont causé à leurs parents ou aux parents de leur époux des frayeurs, des chagrins et des angoisses. S'ils ne se repentent pas rapidement de telles fautes, le dieu du Foyer fait un rapport [à l'empereur de Jade], notant leur nom et demandant qu'on leur retire leurs richesses et qu'on envoie des démons les posséder ; après leur mort et après avoir subi les divers châtiments administrés par toutes les cours précédentes, ils sont amenés devant la huitième cour par Tête-de-vache, Face-de-cheval et leurs sbires, qui tirent les âmes coupables pour les jeter dans cette vaste prison où ils reçoivent leurs châtiments. Ils sont ensuite punis à nouveau dans chacune des prisons annexes, puis, quand ils ont souffert la totalité de leur dû, ils sont transférés au Service

永為畜類.

[35] 如有男婦遵信玉歷, 於四月初一日, 立誓痛改前非 ; 並無論早晚, 對向竈神立願改悔者, 臨死本宅竈神分三等 : 或於額上寫一遵字, 或一順字, 或一改字. 交勾使鬼卒, 帶至第一殿起至第七殿, 即犯他罪, 悉皆減半 ; 免解本殿. 即交第九殿, 查無放火陰毒等事者, 隨交第十殿分別發生人道.

天帝加恩批諭 : 再能鈔傳玉歷, 使世間男婦知警者, 自第一殿至第八殿, 各苦悉免. 九殿再查, 無過犯, 即交第十殿發往福地投生人道.

[36] 九殿 平等王

司掌大海之底, 西南沃燋石下, 阿鼻大地獄.

des réincarnations de la dixième cour où on leur donne une nouvelle apparence, avec une tête d'animal.

[35] Les hommes et femmes devraient observer respectueusement le *Calendrier de Jade* et, le 1er jour du 4e mois, prêter serment de regretter amèrement et de réparer leurs fautes passées, et ils devraient aussi, tôt ou tard, faire le vœu devant le dieu du Foyer de se repentir. À ceux-là, au moment de leur mort, le dieu du Foyer inscrira sur leur front le caractère « observant », « soumis [à ses parents] » ou « repenti », suivant le niveau d'excellence [de leur respect du vœu]. L'émissaire de l'au-delà venu les chercher, [voyant cette marque], les emmènera devant chacune des sept premières cours, où leurs fautes autres [que le manque de piété filiale] seront sanctionnées, mais avec des peines réduites de moitié ; et ils seront totalement dispensés de comparaître devant la huitième cour. Arrivés devant la neuvième cour, on examinera s'ils ont commis le crime d'allumer des incendies ou de répandre des poisons, et, s'ils en sont innocents, ils seront déférés devant la dixième cour d'où ils seront envoyés vers une nouvelle vie en tant qu'humains.

L'Empereur céleste a ajouté à ce règlement un édit manifestant sa bonté, qui précise que ceux qui auront copié et transmis le *Calendrier de Jade* et qui auront ainsi permis à d'autres hommes et femmes de prendre conscience de [leurs fautes] seront totalement dispensés des divers châtiments administrés de la première à la huitième cour ; ils seront examinés devant la neuvième cour et, s'ils n'y sont pas trouvés coupables, ils seront déférés devant la dixième cour, d'où ils seront envoyés vers une nouvelle vie en tant qu'humains dans une terre bénie.

[36] Neuvième cour : le roi de l'Égalité

Cette cour est en charge de la vaste prison Avīci qui se trouve au fond du grand océan, en dessous de la montagne Wojiao, vers le sud-ouest. Cette prison ronde et composée

圜疊繞廣八百由旬. 密設鐵網之內. 另設十六小獄.

一名敲骨灼身小地獄　二名抽筋擂骨小地獄

三名鴉食心肝小地獄　四名狗食腸肺小地獄

五名身濺熱油小地獄　六名腦箍拔舌拔齒小地獄

七名取腦蝟填小地獄　八名蒸頭刮腦小地獄

九名羊搯成　小地獄　十名木夾頂睉小地獄

十一名磨心小地獄　十二名沸湯淋身小地獄

十三名黃蜂小地獄　十四名蟻蛀熬肬小地獄

十五名蝎鉤小地獄　十六名紫赤毒蛇鑽孔小地獄

[37] 凡陽世, 帝王制定刑法律例, 如十惡中之極惡. 應得凌遲斬絞處. 死後受過前殿諸苦, 解

de multiples étages mesure huit cents *yojana* dans chaque direction et est enclose dans une grille de fer au maillage étroit. Elle comporte seize prisons annexes disposées des quatre côtés, à savoir :

1) la prison où l'on frappe les os et brûle les chairs ;

2) la prison où l'on arrache les muscles et broie les os ;

3) la prison où des canards vous mangent le cœur et le foie ;

4) la prison où des chiens vous dévorent les intestins et les poumons ;

5) la prison où l'on vous asperge d'huile bouillante ;

6) la prison où un anneau vous compresse le cerveau et où l'on vous arrache la langue et les dents ;

7) la prison où l'on vous enlève le cerveau pour le remplacer par un hérisson ;

8) la prison où l'on vous cuit la tête à la vapeur et où l'on vous racle le cerveau ;

9) la prison où des béliers vous tirent jusqu'à ce que vos chairs ne soient plus que hachis ;

10) la prison où vous êtes écrasé dans une presse en bois et où votre tête est percée ;

11) la prison où votre cœur est passé à la meule ;

12) la prison où vous prenez une douche d'eau bouillante ;

13) la prison des guêpes ;

14) la prison où les fourmis et les vers vous brûlent de leurs piqûres et vous extraient tous les fluides du corps ;

15) la prison des aiguillons de scorpion ;

16) la prison où des serpents venimeux pourpres vous percent de part en part.

[37] Parmi les humains, certains ont commis les crimes les plus abominables, définis comme les dix abominations dans les codes pénaux des différents empires. Ceux-là sont soumis au supplice du démembrement[16], de la décapitation ou de la

16. Sur le supplice du démembrement, voir Bourgon, *Supplices chinois*.

到本殿者及放火焚燒. 製蠱毒、揉腹胎、吸臍氣、耗童精、畫春宮、作淫書、合悶香迷啞墮孕等藥, 如犯此等事之人, 自聞玉歷, 即劈板燬稿, 焚方不傳邪術者, 准免各苦, 即交第十殿發放往生人道. 若聞見玉歷, 仍作此等事者, 自第二殿受苦起, 至本殿加刑. 用空心銅柱, 鍊其手足相抱, 煽火焚燒燙燼心肝. 遍受諸刑後, 落足發入阿鼻大獄. 刀穿肺腑, 自口含心, 漸漸陷下

strangulation, puis, après leur mort, ils doivent subir les divers châtiments prévus pour eux dans les cours précédentes, avant d'arriver devant la neuvième cour où ils sont brûlés. Cependant, ceux qui ont concocté des poisons, qui ont volontairement provoqué des avortements par des massages, qui ont absorbé le souffle vital d'un enfant [en aspirant] son placenta ou ont épuisé son énergie en captant sa semence[17] ; ceux qui ont composé des dessins érotiques ou des livres de débauche ; ceux qui ont préparé des anesthésiants, des stupéfiants, des abortifs et autres drogues ; tous ceux-là, si, après avoir pris connaissance du *Calendrier de Jade*, ils se résolvent à détruire les planches d'impression et les exemplaires [des livres immoraux], et à brûler les recettes [des drogues et techniques impies] pour que personne ne puisse les apprendre, ils seront exemptés des divers châtiments [de la neuvième cour] et seront déférés devant la dixième cour, d'où ils seront envoyés vers une nouvelle vie en tant qu'humains. Mais si, après avoir pris connaissance du *Calendrier de Jade*, ils continuent à se livrer à de tels crimes, alors tous les châtiments qu'ils devront subir à partir de la deuxième cour et jusqu'à la neuvième comprise seront augmentés. Ils seront attachés à un pilier de bronze creux [et rempli de feu] qui leur cuira mains et pieds, et un feu ardent leur dévorera complètement le cœur et le foie. Après avoir subi tous les châtiments possibles, ils tomberont dans la vaste prison Avīci où des épées leur transperceront la poitrine et les entrailles ; on leur mettra leur propre cœur dans la bouche, et de torture en torture ils sombreront jusqu'au fond de cette prison où ils souffriront sans jamais un instant de repos. Ce n'est que lorsque toutes leurs victimes auront retrouvé une vie normale ou se seront réincarnées en humains et que la totalité des autographes et des reproductions des livres, images et recettes criminelles composés ou copiés par ces âmes coupables

17. Le sens de ces pratiques de magie noire ou sexuelle n'est pas clair, et les versions modernes ne les ont pas retenues.

獄底, 受痛無休. 直到被害者家家復業, 個個投生, 及鬼犯親手畫作鈔方遺留描刻等物盡絕之後, 方准提出, 解交第十殿, 發生六道.

[38] 世人如犯此等惡端, 於四月初八日, 或朔望齋戒立願, 收買淫書、邪術等集焚燬者. 或鈔傳此玉歷, 展轉勸化. 命終時, 竈神於額端寫奉行二字. 自第二殿至本殿, 凡有別罪考功輕減. 富貴者, 嚴拿放火兇徒, 并搜淫書刻板, 示禁招貼及害人間等物者, 准蔭現在子孫科甲綿綿. 即貧難孤老之人, 能勉力央倩鈔傳玉歷勸化者, 准即送交第十殿, 發往福地投生.

[39] 十殿 轉輪王

殿居幽冥沃燋石下, 正東直對世界五濁之處. 設有金、銀、玉、石、木板、奈何等橋六座.

auront été détruits qu'ils seront enfin autorisés à sortir [de cette prison] et à venir comparaître devant la dixième cour, pour renaître dans l'une des six voies de l'existence.

[38] Si vous avez commis l'un de ces crimes, alors purifiez-vous par le jeûne et faites le serment, le 8e jour du 4e mois ou le 1er ou 15e jour de n'importe quel mois, de racheter tous les exemplaires que vous pourrez trouver des livres érotiques et des recettes impies pour les brûler ; et de copier et distribuer le *Calendrier de Jade*, et d'exhorter les gens à le mettre en pratique. Si vous faites ainsi, au moment de votre mort, le dieu du Foyer inscrira les mots « a observé son serment » sur votre front ; grâce à cela, on tiendra spécialement compte de vos mérites pour diminuer les punitions infligées par les différentes cours, de la deuxième à la neuvième. Les hommes riches et puissants qui mettent à profit leur position pour arrêter les voyous qui mettent le feu aux maisons, pour racheter et détruire les exemplaires et planches d'impression des livres érotiques et pour interdire les affiches collées sur la voie publique et autres choses qui nuisent à la société seront récompensés en voyant leurs fils et petits-fils être tous lauréats des examens mandarinaux. Pour leur part, les pauvres, les orphelins et les vieux qui feront tout leur possible pour convaincre autrui de copier et diffuser le *Calendrier de Jade* et pour exhorter les gens à le mettre en pratique seront directement déférés devant la dixième cour, d'où ils seront envoyés vers une nouvelle vie dans une terre bénie.

[39] Dixième cour : le roi qui fait tourner la roue des existences

Cette cour se trouve dans l'autre monde, au-delà de la montagne Wojiao, vers l'est. Elle fait face à notre monde décadent marqué par les Cinq Afflictions. On y trouve six ponts : les ponts d'or, d'argent, de jade, de pierre et de planches de bois, et le pont Naihe. Cette cour est en charge de fixer le destin de chaque âme, après qu'elle a été libérée par les cours

專司各殿解到鬼魂, 分別核定發往四大部州, 投生男女、壽殀、富貴貧賤之家者. 逐名詳細開載, 每月彙知第一殿, 註冊送呈酆都. 陰律凡胎卵濕化, 無足、二足、四足、多足等類, 死就為蜰. 輪推磨轉, 或年季生死, 或朝生暮死, 翻復變換. 為不定殺, 為必定殺之類, 概令轉劫所內. 查較過犯, 分發各方受報. 歲終彙奏酆都.

[40] 凡陽世讀易儒士、誦經僧道, 有犯種種

précédentes, en lui attribuant une nouvelle existence sur l'un des continents de notre terre, masculine ou féminine, avec une vie longue ou courte et dans une famille riche ou miséreuse. Un registre de ces destins est rigoureusement tenu, et une copie en est faite chaque mois et transmise à la première cour où on la recopie dans les archives avant de la transmettre à l'administration [des enfers] de Fengdu. Le code pénal de l'autre monde veut que tous les êtres, qu'ils soient nés d'une matrice, d'un œuf, d'un milieu humide ou par transformation d'un autre être, qu'ils soient munis d'aucune, de deux, de quatre ou de multiples pattes, doivent tous après leur mort devenir des spectres[18]. La roue de l'existence les écrase, comme une meule sans cesse en rotation ; certains vivent une année ou une saison, d'autres meurent le soir même de leur premier jour, puis reviennent à la vie, sans cesse sous une autre forme. Certains sont tués, soit par accident, soit que c'était là leur destin [pour un animal d'élevage] ; tous doivent passer par le Service des réincarnations. Après que leurs fautes ont été examinées, ils sont envoyés vers une nouvelle existence dont les conditions précises constituent la rétribution [de leur existence précédente]. À la fin de l'année, un rapport détaillé [sur toutes les réincarnations ainsi fixées] est envoyé à l'administration des enfers de Fengdu.

[40] Les lettrés qui ont étudié le *Livre des Mutations* et les clercs bouddhistes et taoïstes qui ont récité les écritures révélées, même s'ils ont commis toutes sortes de crimes, quand ils sont amenés devant les cours de l'autre monde, ne peuvent pas être soumis aux châtiments dans les prisons[19]. De tels

18. Le terme (assez peu courant) employé ici, *jian*, renvoie précisément à ce qui subsiste d'une âme défunte, *gui*, quand celle-ci est elle-même anéantie.

19. Le statut spirituellement protégé des membres des trois clergés (confucianiste, bouddhiste, taoïste) est explicité lors des rituels d'ordination (notamment bouddhiques et taoïstes) : on y apprend que les clercs, enregistrés en tant que tels dans la hiérarchie céleste, sont protégés des démons et des

罪惡者, 勾至陰司, 諸獄不能用刑. 解交本殿, 逐名註載, 并繪本來面目, 名曰 : « 墮落生冊 ». 押交孟婆神醧忘臺下, 灌飲迷湯, 派投人胎. 轉世死於腹中, 或生一二日, 或百十日, 或一二年促死. 使忘三教真言之後, 第一殿加差厲卒, 勾到各獄查察前惡, 補受苦報.

[41] 凡解到功過兩平, 及已受苦滿功少過多等魂, 酌定為男女妍醜安勞, 發往何方富貴貧賤之家者. 即交醧忘臺下.

[42] 本殿點名發放往生人道之中, 屢有婦女哀求, 供稱尚有切齒之讎未報, 甘為餓鬼, 不願

clercs criminels doivent être transférés devant la dixième cour, où ils sont enregistrés sur un registre spécifique, le « Registre des dépravés », où l'on dessine aussi leur portrait. Ils sont ensuite transférés à la Terrasse où l'on boit jusqu'à l'oubli, chez Grand-mère Meng, où on leur fait boire la décoction qui fait perdre la tête, puis ils se retrouvent fœtus dans une matrice humaine. Dans cette nouvelle existence, ils meurent presque aussitôt, dans le ventre de leur mère, ou après quelques jours, quelques mois ou au plus un ou deux ans. Ils ont alors oublié les incantations des Trois Enseignements et, quand ils se présentent à nouveau devant la première cour, une escorte nombreuse de sbires féroces les entraîne dans chaque prison tour à tour, où l'on passe en revue les crimes de leur existence précédente pour qu'ils puissent enfin en subir le dur châtiment.

[41] Les juges [de cette cour] délibèrent et décident, au sujet de chacun de ceux dont les mérites et démérites sont en quantité égale, ainsi que de ceux qui se sont livrés au vice bien plus qu'à la vertu mais qui ont fini de subir la totalité des châtiments dus, s'il sera dans sa prochaine existence un homme ou une femme ; beau ou laid ; vivant dans le confort ou condamné aux durs labeurs ; et dans quelle famille, noble ou humble, et en quel lieu il sera envoyé naître. Cela décidé, l'âme est transférée à la Terrasse où l'on boit jusqu'à l'oubli.

[42] Parmi les âmes dont la prochaine réincarnation a déjà été enregistrée par la dixième cour et qui doivent aller renaître parmi les humains se trouvent souvent des femmes qui implorent les juges en disant qu'elles ont encore une vengeance brûlante à accomplir. Ces femmes préféreraient

---

interventions des membres subalternes de la bureaucratie divine. Pour cette raison, il était courant dans la Chine traditionnelle (et encore parfois de nos jours) pour des laïcs de procéder à une ordination nominale, sans adopter un mode de vie religieux. Les versions modernes du *Yuli baochao* précisent que les clercs évitent les punitions en enfer parce qu'ils peuvent réciter des incantations qui les protègent, mais cela n'est pas nécessairement le sens précis du texte traduit ici.

為人. 研詢情由, 多係閨女. 或素係貞潔之婦, 因被讀書中之惡少, 或貪姿色, 或圖財物, 裝盡風騷百般投好, 計誘成姦. 誑云未有妻妾, 誓必央媒聘娶. 或有甜騙婢女, 娶納為妾. 或有謊許養老其婦, 或允撫養伊前夫之子女者不等. 悞被計騙, 癡心順從. 失節相贈後, 日久反出惡言揚醜, 致令父兄知覺, 親鄰鄙賤, 寃無可伸, 羞忿尋死, 或欝結而亡者. 聞負心賊子, 今科該中, 此恨難消. 號泣求准索命等供. 細查事果屬實, 但該生

devenir des fantômes affamés [capables de se venger] plutôt que des humains. Si on examine leurs cas, on trouve beaucoup de femmes qui n'ont jamais été mariées, ainsi que des femmes de caractère chaste mais qui, abusées par un jeune étudiant sans morale qui ne pensait qu'au sexe ou à l'argent et savait se présenter de façon romantique et attirer ses bonnes grâces, ont fini par succomber au piège de l'adultère. Ces jeunes vauriens leur mentaient en leur jurant n'être pas encore mariés et vouloir faire arranger leurs épousailles par l'entremetteuse. D'autres encore sont des servantes trompées par les paroles mielleuses de l'homme qui promettait de les prendre comme concubines ou comme compagnes pour s'occuper de l'épouse principale âgée ; ou encore des veuves qui ont cru le menteur qui leur promettait de prendre soin des enfants du défunt mari. Toutes ces femmes, quand elles ont découvert qu'elles avaient été dupées, qu'elles s'étaient stupidement soumises et qu'elles avaient fait le cadeau de leur honneur, se sont bientôt retrouvées insultées [par l'homme à qui elles avaient fait confiance] ; celui-ci a dévoilé le scandale, il a été jusqu'à le dire aux parents et aux frères de la fille. Ses proches et ses voisins l'ont méprisée et rejetée, et elle n'a eu nulle part où exprimer son grief, si bien que folle de honte elle s'est suicidée ou s'est laissée mourir de mélancolie. Arrivée dans l'au-delà, elle apprend que le voyou qui lui a brisé le cœur va passer les examens mandarinaux avec succès. Sa haine inextinguible la pousse à supplier les juges de l'autre monde de lui accorder de pouvoir le tuer pour se venger. Les juges examinent alors sa demande et vérifient la véracité de ses dires ; mais souvent il se trouve que le destin de ce jeune homme n'est pas encore arrivé à terme et que l'héritage de mérites reçus de son père et de ses ancêtres n'est pas encore épuisé. Dans un tel cas, les juges donnent alors à l'âme de cette femme un laissez-passer l'autorisant à entrer dans les salles d'examen et gêner et induire en erreur le candidat qui rendra une copie fautive, si bien que son nom est finalement

陽壽未終，并有伊祖父餘德未滅，本殿姑准婦女賫票，魂入科場，阻惑違式，更換榜上之名. 俟應絕之日，准同勾死鬼進門索命，仍在第一殿判斷.

[43] 世人能于四月十七日，誓立信心，遵奉玉歷行事，常將以上諸語，向人談說者，來生發往陽世為人，不遭官刑水火傷體之災.

[44] 轉劫所

地廣七百由旬；週圍上下，俱是鐵柵. 內分八十一處，逐處皆有亭臺，判吏設案記事. 柵外另有羊腸細路十萬八千條，盤曲灣通四大部洲. 其內暗如煤漆. 使鑿道死生進出此路. 外則望入亮如水晶，絲毫畢露. 判派吏役，輪班把守. 進出各仍照初生本來面目分別無差.

凡司此所之判吏，悉皆在世孝友，并戒殺放

absent de la liste des lauréats et remplacé par un autre. Puis, le jour où le destin de cet homme arrive à son terme, elle est autorisée à accompagner le sbire de l'au-delà quand il entre chez le défunt pour l'emmener et jusqu'au moment où ce dernier sera jugé devant la première cour.

[43] Les hommes et femmes devraient, le 17e jour du 4e mois, prêter serment de croire fermement et d'observer respectueusement le *Calendrier de Jade* et de parler de ses enseignements à leurs semblables en toute occasion. S'ils peuvent faire ainsi, leur prochaine existence se déroulera en tant qu'humains, et ils ne connaîtront pas les malheurs tels qu'emprisonnements et châtiments, inondations, incendies et blessures graves.

[44] Le Service des réincarnations

L'espace [occupé par ce service] est large de sept cents *yojana* et il est entièrement entouré, sur les côtés, au-dessus et en dessous, d'une palissade de fer. Il est divisé en quatre-vingt-une sections, dont chacune a une salle et une terrasse, où des greffiers mettent à jour les dossiers [des âmes qui y passent]. À l'extérieur de la palissade partent dix-huit mille chemins, aussi tortueux que des entrailles, qui mènent après d'infinis méandres vers les différentes contrées de la terre. Tous ces chemins, pour ceux qui s'y trouvent, sont plongés dans une obscurité aussi profonde que le noir du charbon ; c'est là que les fantômes passent entre la mort et une nouvelle vie. Pourtant, vu de l'extérieur, ce labyrinthe est clair comme du cristal, et on y distingue les moindres détails. Les juges [de la dixième cour] y affectent des greffiers et des sbires qui surveillent les différentes sections, par tours de garde. Chacune des âmes qui y entrent a encore le visage qu'elle avait lors de son existence précédente, si bien qu'elles sont toutes identifiées sans aucune erreur possible.

Les juges et greffiers affectés à ce service ont tous été des humains vertueux, pieux envers leurs parents et fidèles envers leurs amis, et qui ont évité de tuer des êtres vivants pour au

生之善人. 送入此所, 查辦輪迴轉劫等事. 辦過五載, 如無舛錯, 加級調陞. 如有怠惰, 或擅專主, 不同合所判吏妥議辦理發放, 或失察漏逃隱匿者, 奏請降貶.

[45] 凡在生不孝, 及多殺物命之兇魂, 受過諸獄苦訖, 發交所內者, 將桃條抽死為蟞. 改頭換面, 發進羊腸細路為畜類.

凡有禽獸魚蟲, 受過萬千等劫已滿, 如胎生各獸、卵生蛟龍龜蛇飛禽、濕化相生、蜂蝶蛆蟲之類, 使其轉變輪迴受報, 復投為胎生等類. 劫數已滿, 如有能三世不傷物命, 可復使為人者. 敘明冊籍, 奏呈第一殿, 批判發往弗於逮、瞿耶尼、閻浮提、欝單越四大部洲之中, 為男女者. 即交至醧忘臺下.

contraire libérer des animaux. Une fois affectés à ce service, leurs supérieurs surveillent la façon dont ils accomplissent leur fonction de diriger les âmes vers une nouvelle incarnation. Au bout de cinq ans, s'ils n'ont pas commis d'erreur, ils sont promus à un grade plus élevé ; si au contraire ils ont fait preuve de négligence, ou s'arrogent la prérogative de décider seuls des réincarnations à accorder sans tenir compte des décisions prises collectivement par les juges, ou encore laissent par distraction des âmes s'échapper, alors ils font l'objet d'un rapport qui mènera à leur rétrogradation ou à leur punition.

[45] Les âmes criminelles qui lors de leur existence précédente ont manqué de piété filiale ou ont beaucoup tué d'êtres vivants arrivent dans ce service après avoir subi des châtiments dans chacune des diverses prisons ; elles y sont alors frappées à mort avec des bâtons en bois de pêcher, devenant ainsi des spectres. On leur donne alors un nouveau visage et on les envoie dans les chemins tortueux vers une nouvelle incarnation sous une forme animale.

Les animaux aussi, qu'ils soient oiseaux, mammifères, poissons ou insectes, ont aussi à endurer des réincarnations inférieures pendant des cycles de temps très longs. Les mammifères nés d'une matrice, les dragons, tortues, serpents et oiseaux nés d'un œuf, les abeilles, papillons et vers nés spontanément d'un milieu humide, tous doivent renaître sous une nouvelle forme en rétribution de leurs actes passés. S'ils ont déjà obtenu de renaître sous la forme [supérieure] d'un mammifère né d'une matrice le nombre de fois prescrit par décision des juges et que pendant trois existences ils n'ont pas nui aux autres êtres vivants, ils obtiennent alors de pouvoir renaître comme humains. Leur cas est alors noté dans les registres et fait l'objet d'un rapport soumis à la première cour, qui donne son accord pour procéder à l'incarnation, sur l'un des quatre continents Pūrvavideha, Aparagodāniya, Jambudvīpa et Uttarakuru, sous une forme masculine ou féminine. On les envoie alors à la Terrasse où l'on boit jusqu'à l'oubli.

[46] 孟婆神

生於前漢. 幼讀儒書, 壯誦佛經. 凡有過去之事不思, 未來之事不想, 在世惟勸人戒殺喫素. 年至八十一歲, 鶴髮童顏, 終是處女. 只知自己姓孟, 人故稱之曰孟婆阿奶. 入山修真, 至後漢. 世人有能知前世因者, 妄認前生眷屬, 好行智術, 露泄陰機. 是以上天敕令, 孟氏女為幽冥之神, 造築醧忘一臺. 准選鬼吏[6]使喚. 將十殿擬定, 發何方為人之鬼魂, 用採取俗世藥物合成似酒非酒之湯, 分為甘苦辛酸鹹五味, 派諸魂飲此湯,

6. 1830 年本作 « 史 ».

[46] Grand-mère Meng est née sous la dynastie des Han antérieurs [-206-8]. Dès son enfance, elle étudia les classiques confucéens et, devenue adulte, elle se consacra à la récitation des sutras bouddhiques. Elle ne se préoccupait ni des choses du passé, ni de celles à venir, mais elle se dévouait entièrement à exhorter ses contemporains à ne pas tuer d'êtres vivants et à devenir végétariens. À l'âge de quatre-vingt-un ans, ses cheveux étaient blancs, mais son teint était toujours celui d'un enfant, et elle conserva toujours sa virginité. Elle n'avait pas d'autre nom que son nom de famille, Meng, aussi les gens l'appelaient Mamie Meng. Elle se retira en montagne pour pratiquer l'ascèse, où elle était encore sous [la dynastie suivante des] Han postérieurs. À cette époque, certaines personnes étaient capables de connaître les causes, dans leurs vies antérieures, de leur condition présente ; ils allaient identifier, à tort et à travers, ceux qui avaient été leurs parents dans ces vies antérieures et se servaient de ce don pour vendre leurs services ou pour révéler les secrets de l'autre monde. Aussi, le souverain céleste décréta que Mademoiselle Meng était promue parmi les dieux régnant sur le monde des morts et qu'elle devait faire construire une Terrasse où l'on boit jusqu'à l'oubli. Il l'autorisa à sélectionner elle-même des sbires parmi les morts pour être à ses ordres.

Depuis lors, quand une âme est envoyée par les juges de la dixième cour vers une réincarnation en tant qu'humain dans telle ou telle partie du monde, elle doit d'abord boire une décoction préparée [par Grand-mère Meng] avec divers ingrédients du monde des vivants, qui ressemble à une liqueur sans être pourtant alcoolisée et qui peut être suivant les cas dominée par l'une des cinq saveurs – doux, amer, âcre, acide ou salé. Les âmes ayant bu cette décoction oublient tout de leur vie passée et n'emportent avec elles vers une nouvelle existence que de vagues sensations physiques, comme la salive abondante causée par les soucis, la transpiration causée par la joie, les pleurs causés par l'angoisse, les sanglots causés

使忘前生各事. 帶往陽間, 或思涎, 或笑汗, 或慮涕, 或怒泣, 或唾恐, 分別常帶一二三分之病. 為善者, 使其眼耳鼻舌四肢, 較往昔愈精明、愈強健. 作惡者, 使其消耗精神, 漸成疲憊. 而預報知, 令人懺悔為善.

[47] 臺居十殿冥王殿前, 六橋之外. 高大如方丈. 四圍廊房一百零八間. 向東甬道一條, 濶一尺四寸. 凡奉交到男婦等魂, 廊房各設盞具, 招飲此湯, 多少不論. 有刁狡鬼魂不肯飲者, 腳下鉤刀絆住, 上以銅管刺喉, 灌吞.

[48] 飲畢, 各使役卒攙扶從甬道而出. 推上苦竹浮橋, 下有紅水横流之澗. 橋心一望對岸赤石巖前, 上有斗大粉字四行, 曰 : « 為人容易做人難. 再要為人恐更難. 欲生福地無難處. 口與心

par la colère ou les crachats causés par la peur ; les âmes, suivant leur passé, se retrouvent affligées d'un, deux ou trois de ces malaises. Ceux qui avaient été vertueux se trouvent dotés d'yeux, d'oreilles, d'un nez, d'une langue et de quatre membres plus vifs et plus forts encore que précédemment ; mais ceux qui s'étaient adonnés au vice se trouvent affligés d'un esprit déjà usé et qui sera bientôt épuisé. Soyez-en averti dès maintenant, repentez-vous et faites le bien !

[47] La Terrasse [où l'on boit jusqu'à l'oubli] se trouve devant les cours des dix rois de l'au-delà, de l'autre coté des six ponts. Elle est haute comme la montagne Fangzhang et est entourée des quatre côtés de galeries comportant cent huit pièces. Une voie surélevée en part vers l'est, large d'un pied quatre pouces. Toutes les âmes, masculines ou féminines, qui sont transférées vers la terrasse, sont amenées dans l'une des pièces où se trouvent des coupes et où on leur fait boire la décoction – peu importe la quantité. Certaines âmes rusées refusent de boire ; on les attache alors avec des crochets placés à leurs pieds, on enfonce une paille de bronze jusque dans leur gorge, et on les force à boire la décoction.

[48] Quand les âmes ont bu, des sbires les emmènent par la voie surélevée et les poussent sur le pont flottant des souffrances, fait de bambou. Sous ce pont passe un torrent débordant d'eau rouge. Au milieu du pont, les âmes voient sur la rive en face une falaise de pierre rouge, sur laquelle est écrit un texte de quatre lignes en caractères gros comme un boisseau et tracés à la chaux :

Être un homme est facile, agir comme un homme est ardu ;

Pouvoir revenir [dans sa prochaine existence] comme humain est encore plus difficile.

Si vous voulez naître dans une terre bénie, la méthode est simple :

Si votre bouche et votre esprit sont en harmonie, il n'y aura pas de problème.

同卻不難». 鬼魂讀畢, 對岸跳出長大二鬼撲至水面. 一個是頭蓋烏紗, 身穿錦袄, 手執紙筆, 肩插利刀, 腰掛刑具, 撐圓二目, 哈哈大笑, 其名活無常. 一個是垢面流血, 身穿白衫, 手捧算盤, 肩負米袋, 胸懸紙錠, 愁緊雙眉, 聲聲長嘆, 其名死有分. 推魂落於紅水橫流之內. 根行淺薄者, 歡呼幸得人身. 深厚者, 悲泣自恨在生未修出世功德, 苦根難斷.

[49] 男婦等魂, 如醉如癡, 紛紛各投房舍. 陰陽更變, 顛倒不能自由. 雙足蹬破紫河車, 奔出

Quand les âmes ont lu ce poème, deux immenses démons sautent de la falaise en face et se mettent à frapper la surface de l'eau. L'un d'eux porte un chapeau noir de fonctionnaire et une veste de brocard ; il tient à la main papier et pinceaux et porte en bandoulière une épée acérée ; des instruments de torture sont accrochés à sa ceinture, il écarquille deux grands yeux ronds et éclate d'un rire sardonique : son nom est La-vie-ne-dure-pas-toujours. L'autre a le visage sale et couvert de sang ; il porte une tunique blanche et tend des deux mains un boulier ; il porte en bandoulière un sac de riz et en collier de la monnaie d'offrande pliée en forme de lingots[20]. Les sourcils froncés par la tristesse, il soupire sans arrêt : son nom est La mort-sépare-les-hommes. Ces deux démons poussent les âmes passant sur le pont et les font tomber dans le torrent débordant d'eau rouge. Ceux dont la conduite dans leurs existences précédentes a été superficielle et inconséquente se réjouissent alors de se diriger vers une réincarnation humaine ; mais ceux dont la conduite a été plus profondément ancrée [dans la moralité] pleurent et se reprochent de ne pas avoir su accumuler plus de mérites et pouvoir ainsi échapper au cycle des naissances et des morts. La racine des souffrances [causées par le cycle des vies humaines] est en effet très difficile à extirper.

[49] Les âmes, masculines et féminines, abruties comme par l'alcool ou la folie, s'en vont ainsi [emportées par le courant] en cohue, pour se retrouver chacune dans une chambre [où une femme va accoucher]. En passant du monde *yin* au monde *yang*, elles se retrouvent la tête en bas [dans une matrice] et incapables de bouger ; elles donnent des coups de pied contre le placenta jusqu'à sortir du ventre de leur mère. Puis, en grandissant, les bébés ont de plus en plus de désirs alimentaires et n'accordent plus aucune attention aux vies animales [dans leur désir de viande] ; ils perdent ainsi leur nature de Bouddha.

---

20. Il s'agit de monnaie d'offrande brûlée pour les défunts.

娘胎. 日久口貪滋味, 勿顧物命, 漸失如來佛性. 有負天帝神佛慈恩, 不慮善終惡死, 何樣結局. 而復又作拖屍之鬼矣. 以上二十二餘行, 係醧忘臺下書吏, 謹叙附奏天帝, 並准纂載玉歷, 通行下界知之.

[50] 時天下太平. 庚午年秋九月重陽日, 貧道淡癡登高遊於渺茫之中, 見一石碑. 銘曰 :

無為大道
天知人情
無為窈冥
鬼見人形
心言意語
鬼聞人聲
犯禁滿盈
地收人魂.

[51] 篆書三十二字. 又見金釘朱戶, 額懸 « 出

Beaucoup d'entre eux oublient totalement les faveurs qu'ils ont reçues de l'Empereur céleste, des dieux et des Bouddhas, et ne songent pas un instant aux choix de vie qui résultent en une bonne ou une mauvaise mort. Et c'est ainsi qu'au terme d'une nouvelle existence ils se retrouvent une nouvelle fois attrapés par les démons qui entraînent les cadavres.

Les vingt-deux lignes ci-dessus ont été rédigées par un secrétaire de la Terrasse où l'on boit jusqu'à l'oubli, qui les a soumises à l'Empereur céleste ; celui-ci les a approuvées pour inclusion dans le *Calendrier de Jade*, afin qu'elles soient diffusées pour l'information de tous les vivants.

[50] En ce temps-là, le monde était en paix. Le jour du double *yang* du 9e mois de l'année *gengwu*, moi, le pauvre taoïste Danchi, je me promenais dans les immenses solitudes des montagnes. Je vis une stèle de pierre qui portait l'inscription suivante :

Le grand Dao est régi par le non-agir,
mais le Ciel connaît les sentiments des hommes.
Les profondes ténèbres de l'autre monde sont régies par le non-agir,
mais les âmes de l'au-delà voient bien les vivants.
Le cœur et la volonté des vivants s'expriment,
et les âmes de l'au-delà entendent bien les bruits des vivants.
Les méfaits des vivants qui enfreignent les interdits sont innombrables,
et l'administration souterraine reçoit les âmes de ces pécheurs.

[51] Ce poème de trente-deux mots était écrit en caractères sigillaires. Puis je vis aussi une porte laquée de rouge et décorée de clous dorés : sur le fronton, on lisait : « Ici, vous sortez de la vie pour entrer dans la mort. » Alors que je contemplais

生入死 » 四字. 正在觀瞻, 青衣將貧道扯進角門. 丹墀参拜, 退立堦下. 十殿冥君, 從外帶各鬼判, 直至殿庭, 慶祝酆都大帝聖誕. 祝畢, 帝曰:

[52] « 地藏王菩薩欲超眾魂. 將諸鬼在生過犯, 曾有懺悔者, 從寬抵免受苦. 諸神已彙集, 奏達天帝, 降旨纂載玉歷, 加恩通行下界, 恪遵奉行. 此歷頒發本殿以來, 未逢德行之人, 可付還陽曉諭. 令堦下淡癡, 儘可托咐傳世. 既已得人, 判吏速將玉歷並同諸神語錄, 繕寫成卷. »

[53] 前奉天帝玉旨 : « 所有各奏摺中之前後繁文, 及諸神之履歷姓名, 概行刪去. 只以某帝、某菩薩、某殿、某王、某判吏, 或吾等字之下, 加一曰字. 即敘所議各項字句, 逐細圈斷, 毋庸裝點更改, 可使世間男婦, 易能易曉. 欽此

cette porte, un sbire habillé de vert surgit et me força à entrer par une porte latérale. Je me retrouvai sur les marches d'une salle du trône, où je dus me prosterner en compagnie d'autres personnes, puis reculer jusqu'en bas des marches. Je vis alors les dix seigneurs des cours de l'au-delà qui arrivaient, suivis de leurs juges infernaux, jusque dans la salle pour saluer le grand empereur de Fengdu dont c'était l'anniversaire. Les saluts terminés, l'empereur dit :

[52] « Le bodhisattva Ksitigarbha désire sauver toutes les âmes. Il a proposé que toutes les âmes qui de leur vivant ont commis des fautes mais qui se sont repenties soient traitées avec indulgence et que leur peine soit réduite ou annulée. Les dieux ont compilé un code sur cette base, qu'ils ont soumis à l'Empereur céleste, qui par un édit l'a approuvé et promulgué sous le titre de *Calendrier de Jade*. Il a décidé dans sa bonté de le faire distribuer au monde entier afin que tous puissent l'observer et le mettre en pratique. Hélas, depuis que j'ai reçu ce *Calendrier de Jade*, je n'ai pas encore trouvé un seul humain vertueux à qui je puisse le confier pour qu'il l'emporte et le proclame parmi les vivants. Mais maintenant ce Danchi qui est là aux pieds des marches est digne qu'on lui confie la mission de transmettre le *Calendrier* aux hommes. Puisque j'ai trouvé notre homme, que mes secrétaires se hâtent de copier un exemplaire du *Calendrier de Jade* ainsi que des discours des différents dieux !

[53] » J'ai aussi reçu un édit de l'Empereur céleste disant : “[L'exemplaire du *Calendrier de Jade* devant être transmis aux hommes] doit être expurgé des formules protocolaires accompagnant les divers mémoires qui m'ont été soumis pour préparer le *Calendrier* ainsi que des noms et titres des dieux les ayant soumis, pour ne laisser que les citations des divers articles réglementaires ayant été adoptés, précédées d'attributions telles que ‘un empereur’, ‘un bodhisattva’, ‘le roi d'une des cours’, ‘un juge’ ou bien simplement ‘nous’. Le texte ainsi édité sera simplement ponctué, mais sans aucune

欽遵.» 吾亦另有辯明陽間以誤傳誤等條. 於壬午年季春甲辰日, 上奏天帝, 准並纂入玉歷. 十王即欣然拈筆補列.

[54] 酆都大帝曰：« 枉死城, 係圜繞本殿之右. 世人悞以為凡受傷冤枉死者悉皆歸入此城之說, 遍傳為實. 須知屈死者, 豈再加以無辜之苦乎 ? 向准冤魂各俟兇手到日眼見受苦, 使遭害者, 得消忿恨. 然任其游行並不圈禁. 至此城為無故輕生自戕尚未投生者設, 並非屈死之魂, 概入此城. 若是忠義孝烈之人, 及捐軀報國之軍兵, 或有死即成神, 或即完膚, 發往福地投生. 豈有亦入枉死城中受苦之理乎.»

décoration ou embellissement. C'est ainsi qu'il sera transmis aux humains, hommes et femmes, qui pourront aisément le comprendre. Respectez cela !" J'ai par ailleurs moi-même rédigé des articles supplémentaires dans le but de dissiper des erreurs que les hommes se transmettent les uns aux autres. J'ai soumis ces articles à l'Empereur céleste en un mémoire daté du jour *jiachen* du printemps de l'année *renwu* ; l'empereur les a approuvés et inclus dans le *Calendrier de Jade*. » Entendant cela, les dix rois se réjouirent et copièrent les articles supplémentaires suivants.

[54] Le grand empereur de Fengdu dit : « La ville de la mort vaine s'étend à droite de la cour que je dirige. Les humains croient faussement que tous ceux qui meurent de blessures et tombent ainsi victimes d'une mort injuste se retrouvent dans cette ville, et ils racontent des histoires tendant à prouver la véracité d'une telle invention. Or vous devez savoir qu'il n'y a aucune raison pour que des victimes d'injustice subissent ici une peine supplémentaire quand ils n'ont commis aucun crime ! Au contraire, les règlements prévoient depuis toujours que ces âmes souffrant d'injustice puissent attendre le jour où leur assassin arrive dans l'au-delà pour voir par eux-mêmes les tourments qui lui sont infligés. Ainsi, celui qui a souffert peut apaiser sa haine et son désir de vengeance ; il est ensuite libre de poursuivre son parcours dans l'au-delà, et il n'y a pas lieu de l'enfermer. Cette ville murée a en réalité été construite pour recevoir ceux qui se sont suicidés ou mutilés sans raison valable, en attendant qu'ils soient envoyés vers une nouvelle existence. Elle n'accueille donc pas les victimes de mort injuste. Quant aux suicidés par loyauté, sens de la justice, piété filiale et chasteté et aux soldats qui ont donné leur vie pour l'empire, certains sont promus parmi les dieux après leur mort, d'autres, après avoir récupéré leur corps intact, sont envoyés renaître dans une terre bénie ; il n'est pas question pour eux d'avoir à subir de peine dans la ville de la mort vaine.

[55] 血污池置設殿後之左. 陽世誤聞尼僧所說, 皆因婦人生產有罪, 死後入此污池. 謬之極矣. 凡坤道生育,應有之事. 即難產而暴亡者, 均不罪其屍鬼污穢, 發入此池. 如生產未過二十日, 即身近井竈, 滌洗衣袄, 曬亮高處者, 其罪歸家長三分, 本婦罪坐七分, 設此污池. 無論男女, 在陽世不顧神前佛後, 不忌日辰, 如五月十四、十五, 八月初三, 十月初十, 此四日, 男婦犯禁交媾, 除神降惡疾暴亡, 受苦後, 永浸此池. 及男婦好宰殺, 血濺廚竈神佛廟堂經典書章一切祭祀

[55] » La fosse de sang impur se trouve à gauche à l'arrière de la cour que Je dirige. Dans le monde, les gens se laissent abuser par les moines et les moniales qui racontent que les femmes commettent un péché en accouchant[21] et qu'elles sont donc après leur mort punies dans cette fosse impure. Ceci est le comble de l'absurde. Que les femmes donnent naissance est parfaitement dans l'ordre des choses. Celles qui meurent en couches ne peuvent pas non plus être tenues coupables d'avoir l'âme et le corps pollués [par cette mort sanguinolente] et à ce titre être amenées dans cette fosse. En revanche, les femmes qui, moins de vingt jours après l'accouchement, s'approchent du foyer ou du puits de la maison, ou lavent leurs vêtements et les mettent à sécher en plein air, commettent un péché, dont elles sont responsables pour soixante-dix pour cent tandis que le chef de famille l'est pour trente pour cent, et tous deux sont punis dans cette fosse impure. De plus, les hommes et femmes qui ont violé l'interdit sur les rapports sexuels en présence des Bouddhas et des dieux, ou lors des jours prohibés, notamment les 14e et 15e jours du 5e mois, le 3e jour du 8e mois, et le 10e jour du 10e mois, sont frappés d'une maladie mortelle envoyée par les dieux, puis subissent des châtiments dans l'au-delà, et enfin sont immergés pour toujours dans cette fosse. Par ailleurs, les hommes et femmes qui ont pris plaisir à tuer des êtres vivants [pour les manger] et qui ont laissé du sang de leurs victimes tomber sur le foyer, sur un autel des dieux, dans un temple ou sur un livre révélé, ou encore sur la vaisselle sacrificielle, sont également immergés pour toujours dans cette fosse, sans même pouvoir laisser leur tête émerger. Cependant, si des membres de leur famille encore en vie font le serment de s'abstenir en leur nom de tuer des

21. Le péché consiste à répandre sur la terre un sang impur qui la pollue. Des rituels de salut spécifiques (bouddhiques et taoïstes), dits du « lac de sang », sont effectués pour les femmes mortes en couches, ou, dans certaines traditions locales, pour toutes les femmes défuntes.

器皿之上者，解到浸入此池，不得出頭. 陽世能有親屬立願，代為戒殺買放生命，數足之日，齋供佛神，禮拜血污經懺，方可超脫其苦.

[56] 世間男婦，見人急難，力能救而不為，受恩而忘，記怨必害，雖誦經積功施捨，死後僅免諸獄受苦，罰為魑、魅、魍魎、山妖、木客、水怪、殭屍、遊魂. 附靈性於狐、狸、熊、羆、蛟、蛇之類，在百十年之不等. 如能修醒，返本糾察，使歸福地. 若不斂形，迷惑驚唬人者，罪惡滿盈之日，雷擊為齏，永世不得超生.

[57] 陽世誤尊藏神之名，亦謬矣. 此係男婦在生埋藏錢財，抑或前朝官宦，至死不肯醒悟迷而

êtres vivants et de relâcher des animaux, et, ayant relâché le nombre promis d'animaux, jeûnent, présentent des offrandes aux Bouddhas et aux dieux, et récitent les *Litanies du sang impur*, alors les défunts [souffrant dans la fosse] pourront être libérés de leur châtiment.

[56] » Les hommes et femmes qui, voyant quelqu'un dans la détresse, se sont abstenus de l'aider alors qu'ils en avaient les moyens, ou qui ont oublié toutes les faveurs reçues mais ont cherché systématiquement à nuire à tous ceux envers qui ils avaient un grief, quand bien même ils ont fait réciter des sutras, accumulé des mérites et fait des dons qui leur permettent d'éviter les châtiments dans les diverses cours de l'au-delà, sont malgré tout punis en étant transformés en démons de diverses sortes, tels que les démons des montagnes et des marais, les esprits des rochers et des arbres, les fantômes des eaux[22], les vampires et les âmes errantes. Ou bien leur âme sera incarnée dans un animal malfaisant tel qu'un renard, un ours, un crocodile ou un serpent, pendant des dizaines ou centaines d'années suivant les cas. Si sous cette nouvelle forme ils peuvent s'améliorer et comprendre leurs fautes passées, après examen on leur permettra de revenir à leur forme originelle et de renaître dans une terre bénie. Mais, s'ils continuent à laisser errer une partie de leurs âmes en ce monde pour égarer et effrayer d'autres humains, alors, quand leurs péchés auront atteint leur summum, la foudre les frappera pour en faire des fantômes qui ne pourront plus jamais renaître dans une nouvelle existence.

[57] » Les humains s'adonnent aussi au culte erroné de ce qu'ils appellent les "esprits cachés" : cela est tout aussi absurde. Il s'agit d'hommes ou de femmes qui ont enterré les richesses accumulées de leur vivant ou de ministres des dynasties passées qui, la mort arrivée, n'ont pas été capables

22. Sur ces diverses catégories d'esprits mauvais de la nature, voir Cedzich, « The Cult of the Wu-t'ung/Wu-hsien ».

不捨, 恐被起掘. 魂魄附守此處, 現形驚嚇. 神鬼因念其在生無甚罪過, 任聽管守, 直至聞佛經點化, 身非我有, 五蘊皆空之句, 方始猛省. 身尚非我有之物, 況錢財乎. 遂棄捨, 投生福地.

[58] 故薄福者, 往往受驚成病. 如世人見聞鬼怪出現處所, 向立重誓禱告, 願將十分之三, 替作冥福；再將三分, 代為買放生命；一分濟貧；三分歸己. 如是起取, 自有正神相助, 可保受用而無妨害也.

[59] 凡陽世食糧充當軍兵者, 自奉出剿除叛日為始, 若果實心努力, 及未犯姦縱火、有害民間. 雖身首異處, 屍骨拋零者, 即有在生過犯, 陰司概免受報, 仍准完全原體. 自第一殿點名, 即

de réaliser la futilité des biens et honneurs amassés, et y sont restés attachés. Paniqués à l'idée que quelqu'un viendrait déterrer leurs trésors, ils ont laissé leurs âmes *hun* et *po* garder ce lieu, et apparaître sous une forme effrayante si quelqu'un s'approchait de trop près. Selon cette légende, les dieux considérant que ces personnes n'ont pas commis de péchés graves leur accordent de pouvoir rester à garder leurs trésors. Elles attendent ainsi jusqu'au jour où, entendant la prédication des sutras bouddhiques, elles sont frappées par les mots qui disent que le corps n'est pas une chose que nous possédons et que les cinq agrégats qui le composent sont vides. Elles prennent alors soudainement conscience que, si le corps n'est pas une chose que nous possédons, à plus forte raison les richesses ; elles les abandonnent et peuvent enfin aller renaître dans une terre bénie.

[58] » Ceux dont le lot de bénédictions divines est faible ont souvent le malheur d'être effrayés par de tels esprits cachés et en tombent malades. Aussi, les humains qui découvrent les lieux où les esprits se manifestent devraient aussitôt faire un serment et annoncer aux dieux qu'ils prendront trente pour cent [des richesses cachées qu'ils découvriront] pour faire célébrer des rituels de salut pour ces esprits ; trente pour cent pour acheter et libérer en leur nom des animaux captifs ; dix pour cent pour des œuvres de charité ; et qu'ils ne garderont pour eux que les trente pour cent restants. S'ils procèdent ainsi, ils seront protégés par les dieux de la bureaucratie céleste ; ils pourront conserver leur part du trésor trouvé sans craindre d'être attaqués par les esprits.

[59] » Les soldats enrôlés et payés dans l'armée régulière qui sont envoyés combattre les rebelles, s'ils se consacrent avec courage et dévouement à leur mission, et ne se rendent pas coupables en chemin de viols, d'incendies et autres méfaits envers les civils, et même s'ils tombent victimes des rebelles qui les décapitent, dispersent têtes et membres et éparpillent leurs os, ils se verront absous de leurs fautes dans les tribunaux

交第十殿發往福地投生, 安泰善終. 如械鬪、互相殺死, 及從逆之叛犯, 罪加一等, 仍照生前所犯諸獄受苦.

[60] 世人云：陰司只有十八層地獄之說. 非也. 此是入八重地獄, 如第二殿之活大地獄, 三殿之黑繩大地獄, 四殿之合大地獄, 五殿之叫喚大地獄, 六殿之大叫喚大地獄, 七殿之熱惱大地獄, 八殿之大熱惱大地獄, 九殿之阿鼻大地獄, 八重大獄之外, 各另有十六小獄, 及本殿之血污池、枉死城, 大小共一百三十八獄.

[61] 又有銅柱火焚, 各施刑罰之處. 凡發交一處受苦, 雖皮焦肉爛, 筋斷骨碎, 毛髮皆無. 若解別獄, 悉照初死之魂, 復完披髮裸體之本身, 再

de l'au-delà, et ils pourront récupérer leur corps intact et entier. Leur nom sera inscrit dans un registre à cet effet dans la première cour, d'où ils seront directement déférés à la dixième cour pour y être envoyés vers une nouvelle existence dans une terre bénie. Là, ils jouiront d'une vie longue et paisible. En revanche, ceux qui meurent au combat dans des vendettas ou du côté des rebelles subiront dans les prisons de l'au-delà pour chacune de leurs fautes des châtiments encore augmentés d'un degré.

[60] » Les humains disent que l'administration de l'au-delà ne comprend qu'une prison de dix-huit étages. Cela est faux. Cette expression fait référence aux huit prisons principales : la vaste prison des vivants gérée par la deuxième cour ; la vaste prison des cordes noires gérée par la troisième cour ; la vaste prison des unions gérée par la quatrième cour ; la vaste prison des cris gérée par la cinquième cour ; la vaste prison des grands cris gérée par la sixième cour ; la vaste prison des fièvres anxieuses gérée par la septième cour ; la vaste prison des grandes fièvres anxieuses gérée par la huitième cour et la vaste prison Avīci gérée par la neuvième cour. Outre ces huit prisons principales, chaque cour compte seize prisons annexes, et il faut ajouter la ville de la mort vaine et la fosse de sang impur qui sont gérées par Ma cour, pour un total de cent trente-huit prisons, grandes et petites.

[61] » De surcroît, il y a aussi dans chaque lieu réservé aux tortures un pilier de bronze brûlant. Quand une âme coupable est envoyée en un lieu pour y subir des châtiments [elle est attachée au pilier de bronze] et en sort avec la peau et les chairs calcinées, les muscles sectionnés, les os broyés et tous les poils arrachés ; mais, avant d'être déférée à une autre prison, elle retrouve l'état originel du moment de sa mort. Elle se présente à nouveau avec son corps intact et nu, portant seulement ses cheveux, pour subir ainsi les nouveaux châtiments qui l'attendent, et ceci se répète à chacune des cours qu'il faut traverser. Ne croyez pas qu'il n'y a qu'une prison de

受痛苦. 逐殿如此. 勿誤以為只有十八層地獄！若造作婬詞, 描畫春宮, 傳寫墮胎迷藥等方, 紙板不滅, 雖千萬劫, 亦難脫陰司之逐獄受苦.

[62] 十王補列畢, 發與判吏, 分繕成冊. 十殿閻君, 洎污池使司、枉死巡城判官, 各呈一冊. 自頒發玉歷以來, 百餘獄之鬼犯, 細查僅有往昔在世, 曾於街市叢雜中, 談說因果報應等事. 借此化導有根器深厚者, 聽聞知警此等, 應照勸人改悔之善. 量減罪名之鬼魂, 共五萬零四百八十名.

[63] 今十王會議, 分別為貧賤男女下劣病殀, 派定八方極邊極苦之家, 投生應發醧忘臺, 即使飲湯往生, 並呈繕寫全卷.

[64] 酆都大帝覽畢. 即命文武各判召齊諸鬼,

dix-huit étages ! Quant à ceux qui ont composé des poèmes de débauche ou des dessins érotiques ou qui ont copié et transmis les recettes de drogues abortives ou stupéfiantes, tant que les exemplaires et les planches d'impression n'auront pas été totalement détruits, ils continueront à subir des châtiments dans les diverses prisons de l'au-delà même si cela doit durer des millions de cycles cosmiques. »

[62] Quand les dix rois eurent fini de copier les articles supplémentaires [dictés par le grand empereur de Fengdu], ils confièrent leur exemplaire à un greffier pour qu'il en fasse des copies pour chacun des rois Yama des dix cours, pour le secrétaire de la fosse impure et pour le juge en charge de surveiller la ville de la mort vaine. Depuis que le *Calendrier de Jade* a été promulgué, les juges ont examiné les âmes coupables qui languissent dans les cent et quelques prisons et en ont identifié parmi elles cinquante mille quatre cent quatre-vingts qui peuvent être en partie graciées parce qu'elles ont jadis prêché la rétribution des actes sur les marchés ou dans la rue, et ainsi essayé de convertir les gens ; parmi leurs auditeurs, ceux qui avaient suffisamment de prédispositions au bien en ont été impressionnés, et il faut donc tenir compte à ces âmes de la vertu qu'elles ont eue d'exhorter autrui à se repentir.

[63] Les dix rois ont aussi délibéré et décidé que désormais les âmes qui sont envoyées vers une nouvelle existence comme hommes ou femmes pauvres, miséreux, maladifs et destinés à mourir jeunes, et affectées à des familles dans le plus grand dénuement vivant aux confins du monde, après être passées par la Terrasse où l'on boit jusqu'à l'oubli et avoir bu la décoction, avant de partir vers leur nouvelle existence, recevront aussi un exemplaire du *Calendrier de Jade*.

[64] Quand le grand empereur de Fengdu eut fini de lire [l'exemplaire final soumis à son approbation], il ordonna à ses subordonnés civils et militaires de convoquer toutes les âmes et envoya ses secrétaires aux huit coins [de l'autre monde] pour y réciter à voix haute le *Calendrier de Jade*. Toutes les âmes

使角帶者, 散立八方, 捧誦玉歷. 諸鬼感激恩赦, 泣稱若到陽世, 稍有知識, 得見聞玉歷, 誓遵奉行.

[65] 是時彩霞徧地, 觀世音菩薩下降. 大帝率同十王出殿, 恭立丹墀稽首. 菩薩現出焦面鬼王, 丈六金身, 莊嚴法相, 曰 : « 蒙奉玉皇天帝, 准地藏王菩薩、十王諸神所奏. 世間男婦各犯, 改悔前非, 加恩頒發玉歷, 准贖罪惡, 減免地獄之苦, 發放鬼犯投生. 吾甚欣幸. 聞付淡癡曉諭陽世. 願世間速生勸善之人, 即發菩提心, 信心奉行, 慇懃普傳世界. 若使劍樹刀山, 略皆坦平, 地獄漸空, 其人定成智慧引善遠劫佛. »

大帝十王諸神合掌皈依曰 : « 必定成佛 ».

furent bouleversées par la grâce du pardon [qui y est promise] et pleurèrent de joie en disant que, lorsqu'elles renaîtraient parmi les vivants, si elles avaient la moindre capacité intellectuelle et qu'elles avaient la chance d'entendre ou de lire le *Calendrier de Jade*, elles feraient le vœu de le mettre en pratique.

[65] À ce moment, des nuages multicolores recouvrirent toute la terre, et le bodhisattva Guanyin descendit. Le grand empereur sortit de sa salle, suivi des dix rois, et s'inclina devant elle pour l'accueillir sur les marches. Le bodhisattva prit la forme imposante du roi des démons à la face brûlée et au corps doré de seize pieds de haut, et dit : « J'ai reçu l'édit de l'Empereur céleste de Jade qui approuve les mémoires soumis par le bodhisattva Ksitigarbha et les dix rois. Désormais, quand les humains, hommes ou femmes, commettront des fautes, s'ils se repentent, en accord avec le *Calendrier de Jade* qu'il a promulgué dans sa bonté, leurs péchés leur seront pardonnés, et ils seront dispensés des châtiments encourus dans les prisons de l'au-delà ; et les âmes coupables seront relâchées pour qu'elles puissent renaître à une nouvelle existence. Je me réjouis profondément de cette décision, et je confie maintenant [le *Calendrier*] à Danchi pour qu'il aille l'annoncer parmi les vivants. Je fais le vœu que parmi les vivants apparaissent rapidement des hommes capables d'exhorter les autres au bien, qui conçoivent le désir d'atteindre l'éveil, qui mettent en pratique le *Calendrier de Jade* avec foi et qui le diffusent avec zèle dans le monde entier. S'ils peuvent ainsi transformer les arbres-épées et les montagnes de couteaux [des prisons infernales] en terrains plats, et vider progressivement les prisons de leurs détenus, alors ils deviendront à terme des Bouddhas de sagesse et de vertu capables de repousser la fin du monde. » Alors le grand empereur, les dix rois et tous les dieux saluèrent le bodhisattva et prirent refuge en lui disant : « Oui, ces gens-là deviendront des Bouddhas. »

ILLUSTRATIONS

罰惡司
城隍
土地
賞善
罰惡
賞善司

白無常
一見生財
黑無常
天下太平
查察司
捉拿
青神

鬼王
日遊巡
日巡
判官
夜巡
夜遊巡

馬面
牛頭

5

東嶽大帝

幽明教主地藏王菩薩

酆都大帝

威靈顯赫

11

二殿楚江王
飛义地獄

三殿宋帝王
炮烙地獄
拔舌地獄

四殿五官王
血湖地獄

五殿森羅王
挖心地獄
刀山地獄

六殿卞城王
斷肢地獄

七殿泰山王
油鍋地獄

八殿都市王
鋸子地獄
破肚地獄

九殿平等王
車輪地獄

十殿轉輪王

卵生
胎生
化生

公
侯
將
相
鰥
獨
寡
孤
為人容易
做人難
再要做人
恐再難
士
商
農
工

淡癡尊者親入酆都蒙諸神聖鈔傳至歷轉授弟子勿迷道人廣行警卋

印送善書者神天許佑

印送善書功德最大蓋施衣食不過濟一時送善書可以救一世故凡印送善書者皆獲非常之報如篇中所載諸節是也嘗憶己丑年吾蜀山水暴發潼川射洪及吾遂甯俱遭水患人民淹死無算邑尊親履災區見洪水滔滔屍浮滿江忽見一人抱一竹箱逐浪而至邑尊急令救起尚能言語問其姓名居址其人叩頭答曰小人劉德明射洪人氏遭水漂流幸賴竹箱不至淹斃邑尊驚而問曰漂蕩數百里得慶更生汝曾行大善事否其人曰小人家素貧寒織履度日無善可為惟喜觀善書見玉歷鈔傳尤為敬信故常積錢購送勸人今箱中尚貯數部餘無他善也啟箱視之果有數部邑尊嘉其寒苦好善尤屬難得一俟水退後賞以銀錢使歸故鄉焉施送之玉歷鈔傳護報之若此

Légendes des illustrations

Cet ensemble de gravures est tiré de *Huitu yuli baochao quanshiwen* 繪圖玉歷寶鈔勸世文, publié à Shanghai en 1920 ; il est typique de l'iconographie du *Yuli baochao* dont il existe une grande variété. Tous les personnages dépeints ici ne sont pas mentionnés dans le texte traduit.

1. de droite à gauche : L'officier qui punit le vice ; l'officier qui récompense la vertu ; le dieu de la Ville ; le dieu du Sol.
2. de droite à gauche : L'impermanence blanche et l'impermanence noire (deux amis suicidés devenus des croches-morts) ; l'officier inspecteur ; le dieu des éclipses (qui apporte les calamités).
3. de droite à gauche : le juge ; le roi des âmes défuntes ; les sbires en charge des tournées d'inspection le jour, et la nuit.
4. Tête-de-vache et Face-de-cheval
5. le panneau annonce : « Salle précieuse de l'Empyrée divin » ; la scène représente un prêtre taoïste en audience devant l'empereur de Jade.
6. le panneau annonce : « Grand empereur du pic de l'Est », dont on voit la cour à droite, et à gauche un humain lui soumettant une requête.
7. Le bodhisattva Ksitigarbha
8. le panneau annonce : « Grand empereur de Fengdu »
9. le panneau annonce : « Son pouvoir majestueux est éclatant »

10. sans légende : les émissaires de la mort inscrivent un mot sur le front du défunt qu'ils emportent.
11. Première cour : le roi Qinguang. On voit en bas la Terrasse du miroir des péchés.
12. Deuxième cour : le roi Chujiang. On voit en bas la prison de la justice volante (qui n'est pas mentionnée dans le texte).
13. Troisième cour : le roi Songdi. On voit en bas la prison où l'on arrache la langue, et la prison de la torture du métal brûlant (qui ne sont pas mentionnées dans le texte en rapport avec cette cour).
14. Quatrième cour : le roi Wuguan. On voit en bas la prison du lac de sang (qui n'est pas mentionnée dans le texte en rapport avec cette cour).
15. Cinquième cour : le roi Yama. On voit la Terrasse d'où l'on voit sa maison, la prison où l'on arrache le cœur, et la prison des montagnes de couteaux.
16. Sixième cour : le roi de Biancheng. On voit en bas la prison où l'on tranche les membres (qui dans le texte est mentionnée au sujet de la huitième cour).
17. Septième cour : le roi du Taishan. On voit en bas la prison où l'on tire sur les langues et la prison où vous êtes bouilli dans une marmite d'huile.
18. Huitième cour : le roi de la Capitale. On voit en bas la prison de la scie, et la prison où l'on tranche les ventres (qui ne sont pas mentionnées dans le texte).
19. Neuvième cour : le roi de l'Égalité. On voit en bas la prison des roues de char (qui n'est pas mentionnée dans le texte).
20. Dixième cour : le roi qui fait tourner la roue des existences.
21. La roue des existences : les six voies de réincarnation (en tournant depuis le haut à droite, dans le sens des aiguilles d'une montre) sont : les ducs, marquis, généraux et ministres ; les veufs, célibataires, veuves et orphelins ;

les lettrés, marchands, paysans et artisans ; les animaux nés de transformations spontanées ; les mammifères ; et les animaux ovipares.

22. Le bodhisattva Guanyin.
23. « Le vénérable Danchi est allé en personne à Fengdu et y a reçu des dieux et des saints le manuscrit du « Calendrier suprême » qu'ils ont copié pour lui ; il le transmet à son tour à son disciple Sans-erreur pour qu'il mette en garde toute l'humanité. »
24. La gravure représente la librairie Jinzhang à Shanghai, spécialisée dans les livres de morale (et qui a publié l'ouvrage dont ces gravures sont tirées).

INDEX

TABLE DES MATIÈRES

Ce volume,
le dixième
de la collection « Bibliothèque Chinoise »,
publié aux Éditions Les Belles Lettres,
a été achevé d'imprimer
en mars 2017
par La Manufacture Imprimeur
52205 Langres cedex, France

N° d'éditeur : 8533
N° d'imprimeur : 170439
Dépôt légal : avril 2017
Imprimé en France